Italiani di Sunnyside

Italiani di Sunnyside
La Storia – dal 1895

SECONDA EDIZIONE

GENTE DI FEDE, SPERANZA E AMORE

LAKE VILLAGE, ARKANSAS

Elizabeth "Libby" Olivi Borgognoni
Traduzione a cura di Ernesto R Milani

Pubblicato da
Italians of Sunnyside Foundation

ISBN Copertina rigida: 978-1-7378185-3-3
ISBN Copertina flessibile: 978-1-7378185-4-0
ISBN Copertina flessibile, immagini in bianco e nero: 978-1-7378185-6-4
ISBN ebook: 978-1-7378185-5-7
Library of Congress Control Number: 2021918334

Pubblicato da:
Italians of Sunnyside Foundation (2022)
1904 S. Lakeshore Drive
Lake Village, Arkansas 71653
Tel. 214-718-4848
italiansofsunnyside@gmail.com
www.italiansofsunnyside.org

Copertina del Libro e Interior Design: Creative Publishing Book Design
Comunicazioni: Shira Kelley
Traduzione italiana a cura di Ernesto R Milani

Consultare pagina 241 per la fotografia di copertina con Padre Galloni e l'elenco dei nominativi dei bambini di Sunnyside, circa 1911. Fotografia cortesia della famiglia Giambusto Bariola

Questo libro è stato compilato in memoria dei molti italiani, coraggiosi ed audaci, che iniziarono il loro viaggio verso gli Stati Uniti d'America, nel 1895 stabilendosi poi nella piantagione di cotone di Sunnyside, nella punta sudorientale del lago Chicot, vicino Lake Village, Arkansas.

Scritto, compilato, e pubblicato da Elizabeth "Libby" Olivi Borgognoni, in
collaborazione con Anthony Borgognoni per la seconda edizione.

Con Grande Riconoscenza

Questo libro è stato compilato in memoria dei molti italiani, coraggiosi e audaci, che iniziarono il loro viaggio verso gli Stati Uniti d'America, nel 1895 stabilendosi nella piantagione di Sunnyside, nella punta sud orientale del lago Chicot, vicino Lake Village, Arkansas.

Sono estremamente grata verso tutti coloro che mi hanno incoraggiato, anche insistito perché scrivessi una seconda edizione aggiornata di *Italiani di Sunnyside*. La prima edizione fu scritta oltre 25 anni fa nel 1995 per le Celebrazioni del Centenario della colonia italiana.

Quando ho cominciato a scavare nelle storie raccontatemi da mia nonna (Adele Pianelli Olivi), e dai miei genitori, parenti e dai molti italiani che hanno vissuto davvero quella esperienza, sono stata costretta a raccontare di nuovo la storia dei nostri antenati e di come sono riusciti a farcela.

Visitare ogni casa italiana della regione per raccogliere dettagli di questa incredibile storia, è diventata la mia missione personale. Dai documenti familiari alle storie orali, ho ascoltato con attenzione e accuratamente registrato i ricordi più intimi delle loro sofferenze e tribolazioni. Ancora una volta sono stata profondamente ispirata dalla loro perseveranza per superare le false promesse e le innumerevoli illegalità che dovettero affrontare.

Molti ringraziamenti a tutti coloro che hanno condiviso i documenti familiari e le fotografie. Mi avete aiutato a lasciare un'eredità per le generazioni future. Siccome molti discendenti potrebbero non essere a conoscenza delle loro origini, spero che questo sforzo aprirà loro gli occhi verso questa ricca eredità cui appartengono, una di determinazione nell'inseguire una vita migliore attraverso la fede, la speranza e l'amore verso la famiglia.

Molte grazie e gratitudine ai tanti che hanno aiutato a mantenere vive le memorie e renderci pienamente consapevoli della determinazione, fede, e fiducia che questi immigranti avevano in sé stessi e nel Signore. È un peccato non aver potuto inserire di più in questo libro ma siete invitati ad andare a cercare i rapporti completi ottenuti da molte fonti, ed elencati in fondo a questo libro.

Ci sono due eminenti storici che desidero riconoscere. Il primo è il dott. Ernesto R Milani di Gallarate, provincia di Varese, Italia, il cui lavoro di una vita e collezione personale hanno dato un contributo significativo nel preservare questo patrimonio. Il secondo, il dott. Edward Stibili, che conferma la veridicità della nostra storia per la posterità attraverso una meticolosa documentazione.

Inoltre, mio figlio Anthony Borgognoni e sua moglie Gina, sono stati di enorme aiuto nell'incoraggiarmi a fare un aggiornamento completo del mio lavoro precedente. I nostri antenati arrivarono il 4 dicembre 1895 e si sperava di completare questo libro per commemorare il 125° anniversario di questo evento epico.

Desidero pure esprimere i miei più sinceri ringraziamenti alla dott.ssa Becky Howard, professoressa di storia al Lone Star College di Conroe, Texas. È una discendente di Dionisio Pianalto che morì nel 1895 in un incidente nella segheria della piantagione di Sunnyside. Anthony, Gina e Becky hanno trascorso molte ore per amalgamare tutti i contenuti aggiuntivi in questa edizione aggiornata.

Sono soprattutto eternamente grata ai miei antenati e a quegli straordinari italiani che fecero il viaggio verso questa nuova terra. Pur non conoscendo la lingua, le usanze, le difficoltà o gli ostacoli che li attendevano, attraverso il coraggio e la perseveranza, mantennero con fermezza la fede, la speranza, e la fiducia in Dio: è Lui che ha permesso loro di avere successo.

Commenti del Traduttore:
Ernesto R Milani

Sunnyside ha caratterizzato le mie ricerche e i miei studi sull'emigrazione italiana e ha cementato l'indissolubile amicizia con Libby Borgognoni, Anthony Borgognoni, le loro famiglie e tutti i discendenti della complessa visione che Austin Corbin aveva in mente.

La traduzione del volume Italians of Sunnyside, Italiani di Sunnyside di Libby Borgognoni ha creato un profondo legame con questi immigranti, poco citati nella storia italo americana. Il compito è stato impegnativo e interessante allo stesso tempo poiché lo stile dei diversi articoli esigeva una uniformità per rendere il tutto comprensibile al lettore italiano. La mia conoscenza diretta della storia della piantagione di Sunnyside (le mie presentazioni di ricerca su Sunnyside nel corso degli anni in diverse città come Lake Village, Washington, Minneapolis, Baton Rouge, Mantova e le precedenti traduzioni in italiano dei libri di Susan Young: *So Big, This Little Place: The Founding of Tontitown, Arkansas, 1898-1917 – La Fondazione di Tontitown, Arkansas, 1898 -1917*, e *Memories I Can't Let Go Of, Storie di Vita di Tontitown, Arkansas*) si sono dimostrate fondamentali per trasporre correttamente il significato intrinseco del lavoro di Libby Borgognoni.

A prescindere dai personaggi di spicco come Austin Corbin, Padre Pietro Bandini, Mary Grace Quackenbos e Leroy Percy, l'importanza di questo libro è legata ai racconti degli immigranti che richiedono molta attenzione e un atlante per verificare le loro peregrinazioni. Essi non accettarono il fallimento di Sunnyside ma decisero di rimanere oppure di andare altrove. Nello stesso tempo si sa poco dei procacciatori di manodopera che aiutarono i proprietari delle piantagioni di cotone a sostituire gli afro americani con i coloni italiani, tenuti in uno stato di larvata schiavitù (peonage) e trattati come schiavi soprattutto dopo il primo insuccesso di Sunnyside nel 1899, così ben documentato da Mary Grace Quackenbos nella sua inchiesta del 1907.

Gente particolarmente resiliente che aveva conosciuto a malapena il villaggio natale, imparò in fretta *a non avere paura*, e andò in tutta l'America alla ricerca della terra dei loro sogni. I racconti di chi abbandonò Sunnyside rievocano i vagabondaggi delle varie famiglie. Prendiamone alcune disilluse, come esempio, quelle che nel 1911 partirono da Sunnyside per Leland (Long Switch), Mississippi, dove si stabilirono per poco più di un anno, trasferendosi poi a Bryan, Texas (coloni italiani vi si erano insediati verso la fine degli anni 1870) che lasciarono ben presto per cercare lavoro a Brownsville, Texas. Nel 1914, delusi da queste esperienze, ripresero la strada del Mississippi ma nel 1917 decisero di migrare a Chicago dove erano scappati molti reduci da Sunnyside. Mentre erano in viaggio, sostarono da alcuni parenti a Cincinnati, Ohio , dove si trasferirono definitivamente, senza mai raggiungere Chicago.

Viaggi che ricordano quelli dei migranti dell'Oklahoma durante il Dust Bowl degli anni Trenta, descritti mirabilmente da Sanora Babb nel suo *Whose Names are Unknown, I loro Nomi ci sono Sconosciuti*, storie di persone cui non importava niente a nessuno. Gente letteralmente "On The Road", Sulla Strada, anche se meno carismatica ma molto più reale dei rappresentanti della futura Beat generation di cui scrive Jack Kerouac:

> *"Ehi, Sal, dobbiamo andare senza fermarci finchè non arriviamo."*
> *"Amico mio, dove stiamo andando?"*
> *"Non so, ma dobbiamo andare."*

Tutti in cammino alla ricerca dell'America.

Prima di chiudere, una breve nota sul Mississippi Delta.

La superficie degli stati dell'Arkansas e del Mississippi equivale a quasi il 90% di quella italiana. La città più importante dell'Arkansas è Little Rock con 185.000 abitanti. (La popolazione dell'Arkansas è di 2.916.000 abitanti – 82% bianchi, 16% afro americani). Jackson, invece, è la principale città del Mississippi con 167.000 abitanti: (Il Mississippi ha una popolazione di 2.297.000 abitanti – 58% bianchi, 38% afro americani).

Il Mississippi Delta è una fertile regione alluvionale di forma ellittica che si estende su ambedue le coste del fiume nella zona mesopotamica fiancheggiata dal corso dei fiumi Arkansas e Yazoo, e si snoda da Memphis, Tennessee fino a Vicksburg, Mississippi, circa 240 chilometri a sud.

Invece, il delta del fiume Mississippi si trova si trova 480 chilometri più a sud a New Orleans. Il Mississippi Delta è quindi la caratteristica parte del nord ovest dello stato del Mississippi tra i fiumi Mississippi e Yazoo con una espansione in Arkansas.

Italiani di Sunnyside, il mio regalo personale a tutti gli italiani.

Ernesto R Milani
Ernesto.milani@gmail.com
31 Maggio 2022

Ernesto R Milani è genealogista, storico dell'emigrazione italiana e giornalista. Tra le sue traduzioni: *Italians of Chicago* (Italiani di Chicago) di Dominic Candeloro; *Piedmontese Voices* (Voci Piemontesi) di Robert Tanzilo e *Memories I Can't Let go Of: Life Stories from Tontitown, Arkansas* (Storie di Tontitown, Arkansas) e *So Big, This Little Place: The Founding of Tontitown, Arkansas 1898-1917* (La Fondazione di Tontitown, Arkansas, 1898-1917), ambedue di Susan Young.

IN MEMORIAM
ITALIANI DI SUNNYSIDE
Arrivati nel 1895 dall'Italia

VERSO SUNNYSIDE NEGLI STATI UNITI D'AMERICA

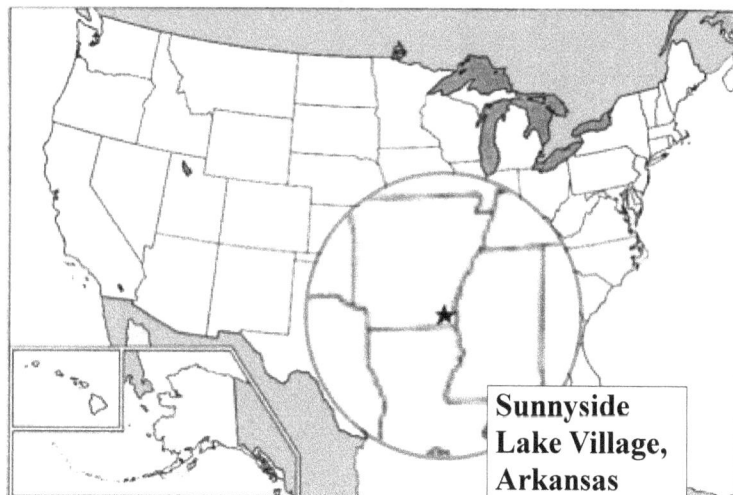

Sunnyside
Lake Village,
Arkansas

Indice dei Contenuti

*Parte di una fotografia di grandi dimensioni degli italiani di Sunny Side.
La fotografia completa con l'elenco dei nomi a pagina 272.*

Chi sono gli italiani di Sunnyside?

La schiavitù non finì con la liberazione dei negri. A partire dal 1895, cento famiglie italiane furono indotte ad andare a lavorare nella nota piantagione di cotone di Sunnyside, a Lake Village, Arkansas. Invece della terra promessa di latte e miele, scoprirono di essere stati scaraventati in un posto orribile. In seguito, le inchieste federali avrebbero confermato che le condizioni erano così spaventose che "anche gli schiavi negri avrebbero rifiutato di sopportarle[1,2,3]."

Sunnyside, una delle più importanti piantagioni degli Stati Uniti, fu devastata dalla guerra civile. In difficoltà finanziare, Sunnyside fu acquisita da un astuto banchiere di New York. Questo astuto uomo d'affari architettò un piano per sostituire la manodopera negra con immigrati italiani. Questo piano, alla fine, ingannò migliaia di famiglie italiane che emigrarono in America pensando che il loro obiettivo fosse la creazione di una nuova colonia descritta come una "Città dell'Oro." Dopo l'arrivo del primo gruppo di immigranti, tra il 1895-1923, seguirono migliaia di italiani che costituirono la principale fonte di manodopera per la maggior parte delle piantagioni e fattorie del Delta dell'Arkansas e del Mississippi.

La storia di Sunnyside dispiega un dramma tra le persone e istituzioni più potenti al mondo con un gruppo di immigranti in apparenza sfortunato e sprovveduto. Questa lotta coinvolse il Papa, alcuni vescovi, un prete complesso e donnaiolo, il presidente, un senatore, una tenace investigatrice che utilizzò la sua astuzia femminile per smascherare le atrocità, e gli immigranti italiani che sopravvissero e prosperarono grazie alla loro resilienza.

Questi insospettabili italiani non trovarono il paradiso che era stato loro promesso ma ebbero un'esperienza insopportabile descritta da taluni come peggiore della schiavitù. Le condizioni di lavoro e le difficoltà divennero intollerabili al punto che le loro proteste raggiunsero infine il comandante in capo, il presidente Theodore Roosevelt. Tutto questo si sviluppò in un'inchiesta pluriennale che coinvolse una brava e speciale investigatrice e un potente senatore americano che non era soltanto il manager della piantagione di Sunnyside ma anche il compagno di caccia del presidente Roosevelt. Questo affascinante e veritiero racconto di storia italo americana sarà dipanato nelle pagine seguenti.

---

[1] *Estratto dal file n.100937 – Attuale n.121643. – Ricevuto 1907 – Inserito M858 – di Mary Grace Quackenbos, Assistente Speciale. Oggetto: Presenta il rapporto sulla piantagione di Sunnyside, Ark., in data 18 settembre 1907, al Dipartimento di Giustizia, Archivi Nazionali, Dipartimento di Giustizia, Washington, D.C., www.archive.gov.*

[2] Des Planches, Edmondo Mayor, *Attraverso gli Stati Uniti Per l'Emigrazione Italiana*, (Torino, Italy:1913, 137,121.

[3] Paul V. Canonici, *The Delta Italians* (2003), 19,20,21

Dalla colonia originale di Lake Village, Arkansas, gruppi di famiglie italiane emigrarono verso altre comunità di tutti gli Stati Uniti. Da queste ramificazioni italiane sono sorte Tontitown, Arkansas; Cincinnati, Ohio; Colorado Springs, Colorado; Irondale, Alabama; Knobview, Missouri, e altre piccole comunità lungo il fiume Mississippi, da Greenville, Mississippi a Memphis, Tennessee. Molti altri insediamenti che originano da Sunnyside sono dettagliati in un capitolo a parte.

Mentre molti dei nostri antenati italiani lavorarono nelle piantagioni del sud, un buon numero di famiglie italiane evitò l'esperienza iniziale della produzione di cotone e si stabilì in queste comunità derivate. Anche se diversi italiani non sono stati nella piantagione originale di Sunnyside, la colonia italiana di Sunnyside ha costituito l'evento catalizzatore che ha portato una grande ondata dei nostri antenati in America, con il risultato che oggi più di un milione di italo americani fanno risalire le loro origini a questa prima colonizzazione italiana.

È nostro desiderio offrire un approfondimento di questa storia incredibile. Sono incluse alcune memorie (alcune tragiche, altre festose) tramesse di generazione in generazione dagli immigrati ai loro figli e nipoti. Speriamo pure di avvincervi con alcuni vivaci brani forniti da persone che si sono impegnate a raccontare il percorso di questa storia epica.

Ciò che avete tra le mani è la storia di come tutto ha avuto inizio e degli eventi accaduti. Questo libro è soltanto un primo passo che parte da quegli italiani originali di Sunnyside. Speriamo soltanto di ripensare per un attimo al passato e rievocare che cosa ci ha portato qui.

Vigneti Piazza, St. James, MO

Mercato Italiano dei Lovera, Krebs, OK

Negozio di Pasta di Regina,
Lake Village, AR

Festival dell'Uva di Tontitown, AR

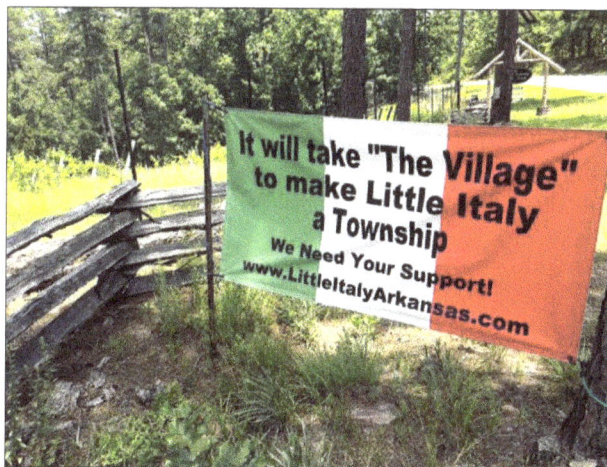

Little Italy, al di fuori di Little Rock, AR

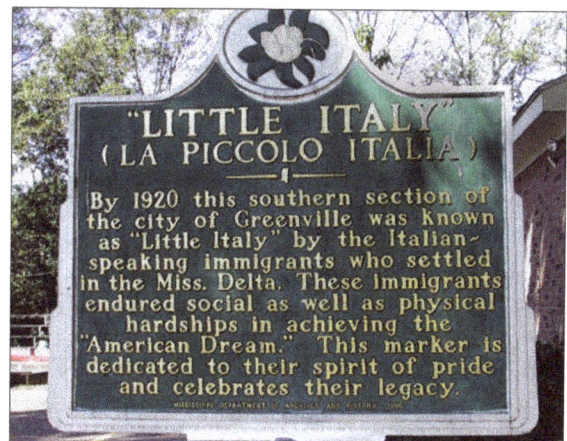

Lapide storica in ricordo della "Little
Italy" e degli italiani di Greenville, MS

Un Popolo Separato

Partirono per l'America verso un posto chiamato Sunnyside.
Mentre lasciavano casa e famiglia, ridevano, ma piansero poi.
Piansero perché forse non avrebbero più rivisto i loro cari, lasciati alle spalle.
E risuonò l'allegria per l'emozione di quello che avrebbero poi trovato.

La vivacità era evidente, sarebbero andati in America,
Dove li aspettavano le opportunità della terra dei coraggiosi e liberi.
Vendettero gli effetti personali e le case per pagare la traversata oceanica,
a bordo di navi mercantili verso un posto che non sapevano dove fosse.

Navigarono per trenta giorni con animali e merci
E in mezzo alla paura dell'ignoto prevalse la loro fede.
Si imbarcarono a New Orleans, su un battello a vapore fino a Greenville,
E con il traghetto traversarono fino a Sunnyside, dopo di che conclusero "l'accordo."

Non c'erano case di lusso e il clima non era sublime.
Il lavoro era duro, le ore lunghe ma nel tempo la terra sarebbe diventata loro.
Ben presto la febbre gialla li devastò e morirono a destra e a manca,
E tra di loro crebbe il pianto che si protrasse per tutta la notte.

Allora alcuni partirono per Tontitown ed altri posti lontani.
Ma per chi aveva deciso di restare la lotta era appena cominciata.
Il loro destino divenne presto oppressione, trattenuti contro il loro volere
Con un contratto parecchio disonorato dagli eredi di Corbin, e tuttavia

Pregando la speranza rimase, e lavorarono il cotone,
uomini e donne, anche i bambini, fin quasi allo sfinimento.
E mentre lavoravano pregavano per la liberazione da questa brutta situazione.
L'amore per la famiglia e la speranza diedero un senso a questa lotta impressionante.

Gente di fede, speranza, valore che aveva fiducia in Dio,
La vessazione, e le avversità affrontate per un piccolo pezzo di terra.
A Sunnyside, in America, il loro destino finale,
Perché sarebbero sopravvissuti, resistendo e prosperando fino al raggiungimento del loro obiettivo.

La tenacia era il loro pilastro mentre risparmiavano fino all'ultimo centesimo
Per saldare i debiti, per abbandonare quel posto, e cercarne altri.
Sarebbero diventati un modello da seguire, vincenti, invidiati, elogiati, applauditi.
Il tutto grazie all'amore e all'orgoglio per gli antenati che avevano elogiato.

Passeranno alla storia come gente speciale,
Che in tutto quanto faceva, metteva anima e corpo,
Con fede in Dio, speranza infinita e amore per la famiglia.
Abbiamo imparato una grande lezione che durerà in eterno.

Libby Borgognoni, 1995
(Trad. Ernesto R Milani)

La Storia di Sunnyside

Elizabeth "Libby" Olivi Borgognoni

L'Italia è una terra d'amore, sole, e fiori con un clima gradevole. La temperatura non raggiunge mai un livello tale da poter produrre il cotone. Essendo una penisola, c'è poca pestilenza poiché venti miti soffiano dall'Adriatico al mar Mediterraneo. L'Italia è divisa in province ma fino al secolo scorso in ciascuna di esse si parlava un dialetto derivato dalla lingua italiana che in genere poteva essere capito dalla gente delle altre province. La lingua di Dante, l'autore della *Divina Commedia,* si parlava in Toscana, la regione confinante con le Marche. Oggi, in Italia, è la lingua parlata da tutti.

L'Italia del centro nord era divisa in tre regioni particolarmente favorevoli all'agricoltura: il Veneto nella zona alpina settentrionale, l'Emilia-Romagna nel centro nord e la regione Marche vicina alle valli toscane sul confine nord orientale del mare Adriatico. La gente di queste aree agricole coltivava la terra dell'aristocrazia, della nobiltà, del patriziato e dei possidenti secondo il sistema della "*mezzadria.*" In pratica, tutto il raccolto era diviso in due parti: una metà al proprietario terriero e una metà all'agricoltore.

Molti di loro vivevano sulle terre in grandi case simili agli attuali motel dove di solito abitavano da 25 a 40 persone. Generalmente queste case erano a tre piani dove vivevano le singole famiglie facenti parti del clan. Questo comprendeva bisnonni, nonni, genitori, ed infine figli con mogli e figli. A volte fino a 10 diverse famiglie (secondo il numero dei maschi) vivevano in questi grandi nuclei familiari. Le figlie, una volta sposate, si trasferivano con i loro mariti nel clan familiare di cui lui faceva parte. Vicino a queste case abitava il sorvegliante. Costui era piazzato là per proteggere gli interessi del proprietario terriero che di solito viveva nelle grandi città dell'alta finanza e dell'industria come Roma e Milano.

Le sorelle Phyllis, Della e Libby Olivi di fronte a Villa Ghiretto ad Ostra, provincia di Ancona, Italia. Fu la casa delle famiglie Olivi per 300 anni.

Gli italiani che vivevano su queste terre erano abituati a diverse colture – frumento, granoturco, canapa, uva, olive. ecc. Gli italiani mangiavano bene e avevano soldi da spendere. Non erano ricchi, ma avevano soldi in tasca. Allevavano polli, maiali, bestiame e pecore da cui ricavavano e stagionavano l'approvvigionamento di carne, *lonza e salsiccia, prosciutto* e una molteplicità di altri prodotti derivati dalla carne per tutto l'anno. I loro orti e frutteti vantavano la frutta più bella e succulenta e ogni varietà di ortaggi con raccolti abbondanti. Dai generosi prodotti agricoli inscatolavano e conservavano tutto il possibile. Dai pomodori ricavavano il concentrato e la salsa per la pasta. Allo stesso modo, dall'uva delle vigne ottenevano vini eccezionali e dagli uliveti producevano olio e olive.

Fattoria sul vallone con vista del mare Adriatico
10 ettari di terra di proprietà
di Giuseppe Borgognoni

Stagionalmente gli italiani allevavano i bachi da seta ed avevano industrie a casa loro; fabbricavano i manici dell'aratro, cappelli, cestini, scope, e sedie. Le donne erano esperte nell'arte del ricamo, del chiacchierino e del merletto. Della loro porzione di "mezzadria", durante le fiere vendevano tutto ciò che era superfluo ai loro bisogni. Compravano il pesce dai pescatori del mare Adriatico e lo rivendevano per trarne profitto. Andavano a lavorare nelle cave di pietra per aumentare il loro reddito. Facevano tutto il possibile per avere entrate in denaro, ed erano molto oculati nelle spese. Era gente felice! Tuttavia le terre che gli agricoltori sognavano di possedere, non potevano essere acquistate da chi le amava e coltivava. Il prezzo era esagerato e chi aveva la terra non era intenzionato a vendere. Verso fine ottocento l'Italia era sovrappopolata con 10 governi diversi in lotta per il potere. Molti italiani desideravano separarsi dal grande nucleo familiare ed avere una casa e una fattoria tutta per loro.

Facendo leva su questi sogni, Austin Corbin e il principe don Emanuele Ruspoli (sindaco di Roma per due mandati) tramarono per approfittarsi di queste famiglie laboriose e disperate. Corbin, un uomo d'affari di New York, aveva acquistato la piantagione di Sunnyside nel sud est dell'Arkansas. Onde ottenere dei lavoratori per la piantagione escogitò un piano per creare la sua forza lavoro con l'istituzione di una colonia italiana sulle sue terre. Il suo progetto si basava sulla vendita di piccoli appezzamenti di terreno a ciascuna famiglia italiana a un prezzo esorbitante.

Corbin e il principe Ruspoli si accordarono per invogliare gli italiani ad accettare inconsapevolmente le inique condizioni per l'acquisto di questi piccoli appezzamenti. Gli italiani erano entusiasti di questo contratto che avrebbe permesso loro di coronare il sogno di ESSERE PROPRIETARI della propria terra ed avere la propria unità familiare. Le promesse presentate loro erano incredibilmente seducenti e così molti si accordarono. Anche se questi formidabili italiani non intuirono a che cosa stessero andando incontro, avevano questo: un contratto in mano che concedeva a ogni famiglia un lotto di 12 ½ acri (5,05 ettari). STAVANO ACQUISTANDO LA PIANTAGIONE DI SUNNYSIDE.

Le clausole per la piantagione di Sunnyside erano queste: 3.125 acri di terra (circa 1. 265 ettari) divisi in 250 lotti di 12 ½ acri. Ciascuna famiglia sarebbe diventata proprietaria dei 12 ½ acri al prezzo di 2.000 dollari più altri 150 dollari per una casa normale. Le condizioni stabilivano una caparra di 100 dollari e pagamenti per 20 anni con un interesse del 5%.

This is the first and last four page letter from Prince Ruspoli, Mayor of Rome, dated January 3, 1895. He explained that he had visited and was very interested in Sunnyside Plantation. He told that he had entered into an agreement with Austin Corbin to establish a model colony there to be populated with Italians from his own lands in the region of the Marche, and also those from Emilia and Veneto.

Files of Ernesto Milani

Prima e ultima di quattro pagine di una lettera, datata 3 gennaio 1895, ed indirizzata a Monsignor Scalabrini dal principe Ruspoli, sindaco di Roma, in cui spiegava di avere visitato, e di essere interessato alla piantagione di Sunnyside. Confermava di essersi accordato con Austin Corbin per fondarvi una colonia modello da popolare con italiani delle sue terre nelle Marche, ed anche altri dell'Emilia e del Veneto. — **Archivio di Ernesto R Milani**

Sia la terra sia la casa erano scandalosamente sopravvalutate. Ecco i titoli del *Greenville Times* (Mississippi) del 1894: VENDITA DELLA PIANTAGIONE DI SUNNYSIDE. Un articolo del 16 gennaio 1895 recitava: SI AFFERMA IN MODO AUTOREVOLE CHE IL SIGNOR AUSTIN CORBIN DI NEW YORK HA VENDUTO LE SUE PROPRIETÀ TERRIERE DI SUNNYSIDE, CONTEA DI CHICOT, ARKANSAS, SITUATA CIRCA 16 CHILOMETRI A SUD DI GREENVILLE A 250 FAMIGLIE ITALIANE."

Il 21 gennaio 1898, il *Sun* un giornale di New York, pubblicò un articolo intitolato LA COLONIA DI AUSTIN CORBIN che diceva tra l'altro:

"...Il principe Ruspoli, un nobile italiano in possesso di un grosso quantitativo di azioni della Sunnyside Company, caldeggiò la proposta come fecero pure altri italiani interessati all'affare. È presumibile che qualora il progetto di colonizzazione di Corbin fosse stato portato a termine, lo sviluppo di questa parte dello stato sarebbe stato splendido. Il suo programma comprendeva la costruzione di una ferrovia in direzione ovest, da Sunnyside a Hamburg verso un punto, o vicino alla linea del Texas, possibilmente Texarkana, Arkansas. In tal caso Sunnyside avrebbe avuto non solo uno sbocco via acqua ma anche un collegamento ferroviario con i maggiori mercati di questa regione del sudovest. L'idea della ferrovia fu tenuta nascosta come un incentivo speciale per i potenziali coloni. Il piano di colonizzazione fu pubblicato diligentemente. In poco tempo un gran numero di contadini italiani, piccoli agricoltori, ed altre persone delle regioni alpine italiane, stipularono contratti per acquistare appezzamenti di terra a Sunnyside e si prepararono a imbarcarsi per quella destinazione. Questa gente aveva comprato dei lotti di terra di 12 ½ acri (circa 5 ettari) a 160 dollari l'acro, in tutto 2.000 dollari. La caparra era di 100 dollari e il pagamento del saldo spalmato su 20 anni ad un interesse del 5%.

Quando il vescovo di Little Rock, Arkansas, Edward Fitzgerald lesse sul giornale che 700 italiani si sarebbero stabiliti nella sua diocesi, spiegò che nella contea di Chicot (dove si trovava Sunnyside), il Mississippi straripava ed avrebbe creato problemi agli immigrati.

Il vescovo Fitzgerald era preoccupato; 2.000 dollari per un appezzamento di terra di 12 ½ acri era un prezzo troppo elevato in quanto in quella zona la terra si poteva acquistare per 25-50 dollari per acro. Contemporaneamente lesse un articolo sul giornale *Commercial Appeal* (Memphis, Tennessee), intitolato "Terra dell'Arkansas a Caro Prezzo." L'articolo sosteneva che una volta pagato il prestito originale di 2.000 dollari più interesse, il costo per acro sarebbe ammontato a 260 dollari per acro per un costo totale di 3.246.25 dollari.[1]

(Sinistra: Il Vescovo Fitzgerald – Destra: Padre Pietro Bandini, il primo prete di Sunnyside)

---

[1] Edward C. Stibili, *Pietro Bandini: Missionary, Social Worker, and Colonizer, 1852-1917* (New York: Scalabrini International Migration Network, 2016), 224

Il vescovo Fitzgerald evidenziò che la terra di Sunnyside era troppo costosa e soggetta a inondazioni. Predisse la rovina di molte famiglie, tuttavia, su insistenza dei coloni italiani, contattò il delegato apostolico Francesco Satolli e gli chiese aiuto per cercare un prete italiano per i coloni. Il 17 gennaio 1896 Fitzgerald si sentì sollevato per l'arrivo di padre Pietro Bandini alla piantagione.[2]

Le famiglie partite dall'Italia erano arrivate in questo posto dopo un viaggio di fede, speranza e amore, per la terra, la famiglia, il loro Dio e per una vita migliore. Quando giunsero a Sunnyside, le prove e le sofferenze furono infinite. Gli avevano raccontato bugie, erano disillusi, molti morirono. Non sarebbero mai stati in grado di tornare a casa ma continuavano a credere in un futuro migliore! Anche se per questi impavidi italiani il costo della terra era senz'altro fuori mercato rispetto ai prezzi applicati in quel periodo, Austin Corbin e il principe Ruspoli erano intenzionati a fare di Sunnyside una colonia modello.[3]

Quando Austin Corbin morì in seguito ad un incidente stradale nel giugno 1896, emersero nuove difficoltà, nemmeno un anno dall'arrivo a Sunnyside. George S. Edgell, il genero di Corbin che non aveva alcun interesse nella piantagione, ruppe i contratti e li riscrisse con condizioni più dure e più vincolanti. Scrisse, "Abbiamo fatto tutto quanto in nostro potere per soddisfare i coloni."[4] Nonostante le sue garanzie all'ambasciatore Fava, il progetto di bonifica iniziato da Corbin non fu terminato, le zanzare continuavano a infestare le paludi attorno al lago Chicot. Le morti causate dalla malaria aumentarono, la ferrovia che avrebbe collegato Sunnyside al sud ovest fu abbandonata e nell'agosto 1896 alcuni italiani sporsero reclami.[5]

Nell'estate del 1896 il principe Ruspoli visitò Sunnyside per la seconda volta. Messo sotto pressione onde sostenere il progetto di colonizzazione, espresse parere favorevole e autorizzò una seconda emigrazione. Il governo italiano approvò. Ai primi di dicembre 1896 Ruspoli informò il vescovo Scalabrini che il raccolto del cotone a Sunnyside era eccezionale e che il 17 dicembre 1896, altre famiglie sarebbero partite da Genova per Sunnyside. Infatti 72 famiglie per un totale di 400 persone partirono dall'Italia a bordo del *Kaiser Wilhelm II*. Approdarono a New York il 25 dicembre 1896 ed arrivarono a Sunnyside il 5 gennaio 1897.[6]

Padre Bandini riteneva che la colonia avesse un grande potenziale.[7] Tuttavia la nuova amministrazione sembrava essere più esigente ed obiettava che le famiglie italiane si sarebbero adattate al clima in 2-3 anni.[8] Di fatto, l'acqua non era potabile, i pozzi artesiani non erano stati costruiti, e il prosciugamento della palude vicino la segheria comprometteva la salute di chi abitava nelle vicinanze. La speranza di

---

[2] Ibid., 231

[3] Ibid., 240

[4] Ibid., 248

[5] Ibid., 249

[6] Ibid.

[7] Ibid., 250

[8] Ibid., 251

effettuare l'intero pagamento annuale più il 5% d'interesse fu giudicata irraggiungibile. Alcuni lotti erano meno produttivi di altri e i coloni ritenevano che il loro prezzo dovesse essere ridotto.[9]

Ai primi di dicembre del 1897, Bandini segnalò che dal mese di luglio la situazione di Sunnyside si era deteriorata. I filtri dell'acqua non erano stati forniti, si erano verificati altri decessi ed era sua opinione che tutte le speranze di successo della colonia erano andate perse. Anche lui si era ammalato diverse volte e aveva cercato di individuare una regione con un clima più mite.[10] George S. Edgell, il genero di Corbin diede quindi in affitto le terre di Sunnyside a dei mediatori di cotone di Greenville, Mississippi.

Nel 1898, dopo solo due raccolti, le condizioni di vita peggiorarono dopo la morte di 44 bambini e 18 adulti a causa di un'epidemia di febbre gialla. I contratti furono annullati e molti se ne andarono. Quarantaquattro famiglie andarono a Knobview, Missouri, 30 famiglie si trasferirono a Irondale, Alabama, 41 si stabilirono a Tontitown, Arkansas, 7 presero la strada di Hot Springs, Arkansas, 13 traslocarono a Shelby, Mississippi, ed infine 14 famiglie ritornarono in Italia. Per le 35 famiglie che restarono a Sunnyside le condizioni degradarono fino a diventare un doloroso calvario di indebitamento e larvata schiavitù.[11] Inoltre la comunità accusò un altro colpo il 29 novembre 1899 quando il principe Ruspoli morì per una overdose accidentale di fentanyl, un analgesico oppiaceo, secondo il referto del medico legale.

Gli italiani rimasero senza prete, salvo Padre Bandini che li visitava periodicamente. Nel 1902 Padre Bandini (che aveva condotto le 41 famiglie italiane a Tontitown) scrisse al reverendissimo vescovo Fitzgerald di Little Rock chiedendogli di mandare un prete italiano come parroco residente. A questo punto, fu Padre Bandini su richiesta del vescovo a scrivere al Vescovo di Senigallia, monsignor Giulio Boschi, che in seguito mandò padre Francesco Gioachimo Galloni. Padre Galloni arrivò da Genova il 14 settembre 1903, andò direttamente da Padre Bandini e giunse a Sunnyside verso fine dicembre di quell'anno.[12]

La natura operosa degli italiani e la loro parsimonia furono notate ed ammirate ma non tutti erano gran lavoratori ed onesti. I manager della piantagione invogliarono alcuni italiani a diventare agenti di reclutamento di manodopera, molto interessati a far soldi ingannando la propria gente, facendola venire a lavorare prima come affittuari e poi a mezzadria.

Nel 1898 la piantagione di Sunnyside fu presa in affitto dalla Crittenden Company.[13] Nel 1906, a causa delle continue lamentele da parte dei coloni che andavano avanti da anni sia verso il governo americano sia quello italiano, l'amministrazione di Theodore Roosevelt autorizzò un'inchiesta. Il procuratore generale degli Stati Uniti mandò l'agente speciale Mary Grace Quackenbos a indagare i reclami degli italiani costretti a lavorare in condizioni di sfruttamento e peonage (larvata schiavitù).

---

[9] Ibid., 255

[10] Ibid., 256, 264

[11] Ibid., 266

[12] Ibid., 265

[13] Ibid., 263

Delle 700 e più famiglie che avevano lavorato nelle piantagioni di Sunnyside e Red Leaf dal 1895-1912, ne rimasero solo 60.[14] Nel 1912 una furiosa inondazione distrusse praticamente la piantagione e gli interessi della Crittenden Company a Sunnyside. Gli italiani si opposero aspramente alle proposte del nuovo locatore di cambiare il patto agrario da affitto in mezzadria e si rifiutarono di lavorare a mezzadria. La colonia continuò a disintegrarsi. Verso la fine degli anni trenta, a Sunnyside rimanevano soltanto due famiglie italiane, anche se molte di loro continuavano a risiedere nella zona di Lake Village.[15]

Le terre divennero incolte e perse a favore dei mutuatari. Una parte della piantagione fu acquistata da italiani che oggi abitano in quella che era Sunnyside sul lago Chicot. Gli italiani, come altri immigranti, impararono ad essere indipendenti, divennero proprietari di terre, ebbero successo, e i loro figli ricevettero l'istruzione scolastica che avevano sperato. Nel corso degli anni hanno contribuito in modo significativo all'arricchimento degli Stati Uniti con il loro amore per la tradizione, famiglia, cultura, arte e fede in Dio. Gli italiani hanno dimostrato il proprio valore. Credettero nelle promesse dell'America, superarono tutte le avversità conosciute dall'uomo e contribuirono a rendere l'America una grande nazione, riconosciuta in tutte le parti del mondo.

Sono orgogliosa di essere una discendente di questa gente impavida e incredibile. Sono certa che lo siate anche tutti voi che siete pure discendenti. La storia di Sunnyside è così affascinante e potrebbe facilmente tradursi in romanzo epico o un film. Gli studi dimostrano che non TUTTI gli italiani vennero in America perché erano poveri e non avevano di che vivere. È una convinzione errata. Questa gente intraprendente e laboriosa sarebbe sopravvissuta a qualsiasi situazione. Comunque, la maggior parte di essi venne in America come molti immigranti – per il loro futuro. Alcuni vennero per comprare terra che non era in vendita in Italia, alcuni per il sovraffollamento, e altri per la forte tassazione. La maggior parte di queste persone possedeva case e fattorie che vendettero con tutti i loro averi per venire in America. Alcuni erano benestanti, alti funzionari dell'amministrazione municipale. Chi arrivò alla piantagione di Sunnyside dall'Italia centrale e settentrionale, aveva competenze agricole. Per questo motivo, furono attirati in questa grande piantagione con promesse e contratti per l'acquisto della terra. Furono ingannati, discriminati e dovettero affrontare ostacoli di ogni genere.

Col tempo riuscirono ad avere successo e diventare rispettati proprietari terrieri, uomini d'affari, esponenti politici e professionisti. Questo vale per tutti i gruppi etnici che sono arrivati qui dopo la scoperta dell'America di Cristoforo Colombo (un italiano). Noi siamo molto orgogliosi delle nostre origini italiane e dei nostri antenati che hanno grandemente contribuito alla costruzione e alla difesa dell'America. Ancor più, siamo orgogliosi, come loro, di ESSERE americani.

Questo libro celebra il 125° anniversario di questa incredibile epopea ed è stato scritto per onorare queste fantastiche persone.

---

[14] Jeannie M. Whayne, ed., *Shadows over Sunnyside: An Arkansas Plantation in Transition, 1830- 1945* (Fayetteville: University of Arkansas Press, 1993), 47.

[15] Ibid., 23

I Personaggi della Storia degli Italiani di Sunnyside

Anthony Borgognoni

Austin Corbin – Corbin, imprenditore e "robber baron" (barone rapinatore) del Connecticut, era proprietario della piantagione di Sunnyside che nel 1894 sviluppò un piano per fondare la colonia italiana. Morì in un incidente stradale nel giugno 1896, soltanto 7 mesi dopo l'arrivo della prima nave di immigranti.

Principe don Emanuele Ruspoli – Sindaco di Roma e proprietario di vaste terre in tutta Italia, Ruspoli si associò con Corbin in questa impresa. Visitò la piantagione di Sunnyside nel 1894 ma nel 1899 morì durante un periodo critico, le prime fasi della formazione della colonia.

Vescovo Edward Fitzgerald – Fu il vescovo dell'Arkansas che espresse preoccupazione riguardo i termini del contratto e la fattibilità di una colonia italiana. Si impegnò per portare un prete a Sunnyside per officiare e sostenere i coloni.[1]

Alessandro Oldrini – Fu l'agente capo dell'Ufficio Italiano del Lavoro di New York. Partecipò alle prime valutazioni del piano di Corbin e nel novembre 1894 andò con Ruspoli e il figlio dell'ambasciatore Fava a visitare Sunnyside. Nel novembre 1895 accolse i primi italiani diretti a Sunnyside sbarcati a New Orleans dalla nave *Chateau Yquem*. Con eloquenza appassionata li incoraggiò a sfruttare questa nuova opportunità. Viaggiò poi con loro lungo il Mississippi fino alla piantagione di Sunnyside. Nel gennaio 1896 rassegnò le dimissioni dal suo incarico all'Ufficio Italiano per lavorare per la Sunnyside Company.[2]

---

[1] Edward C. Stibili, *Pietro Bandini: Missionary, Social Worker, and Colonizer, 1852-1917* (New York: Scalabrini International Migration Network, 2016), 224

[2] Ibid., 243.

Francesco Saverio Fava – Fu il primo ambasciatore italiano negli Stati Uniti, ebbe a che fare con le prime fasi dell'immigrazione italiana nella colonia di Sunnyside. Fava fu molto criticato per la sua mancanza di leadership e per essere rimasto sordo alle grida di aiuto dei coloni.[3] I funzionari dell'ufficio di immigrazione degli Stati Uniti lo consideravano un sostenitore dell'illegale *padrone system (caporalato)* che approfittava degli ingenui lavoratori italiani in America.[4]

Umberto Pierini – Fu il principale procacciatore di manodopera per la colonia di Sunnyside, e in seguito per altre piantagioni del sud. In Italia, suo padre Alessandro e suo fratello Francesco amministravano la manodopera nelle terre del principe Ruspoli. In combutta, esageravano o ingannavano i loro connazionali italiani sulle condizioni dei terreni e i termini dei loro contratti. (vedi annuncio pubblicitario, fotografia non disponibile).

Alessandro Alpe – Fu un leader emergente tra i coloni provenienti dalla regione Veneto. Era a bordo della prima nave arrivata nel novembre 1895, e da subito si destreggiò abilmente tra i manager della piantagione, ben presto riconosciuto come colono preferito per i suoi risultati in campo agricolo e la sua capacità come contabile. I suoi connazionali erano incerti riguardo la sua lealtà, più verso i proprietari della piantagione oppure sempre fedele nei confronti dei fratelli e delle sorelle italiani. Nel corso dei molti passaggi di proprietà, Alpe funse da intermediario tra le famiglie italiane e i supervisori della piantagione.

Alessandro Alpe con la figlia Marcellina

Rosa Bastianelli – Arrivò a bordo del *Kaiser Wilhelm II* nel dicembre 1896. Nel 1897, all'età di tredici anni diventò la prima insegnante della scuola di Sunnyside. Nel 1898 la sua famiglia si trasferì a Tontitown ma lei tornò a insegnare a Lake Village più o meno dal 1900 al 1918. In seguito, ritornò a Tontitown dove fu nominata direttrice dell'ufficio postale. Sposò Memo Morsani nel 1926 e prestò servizio come direttrice dell'ufficio postale fino al 1954.

---

[3] Leggere il saggio di Milani in questo libro.

[4] "His Career Close-Exit of Baron Fava, Italian Ambassador in Washington." *The Barton County Democrat* (Great Bend, Kansas), 21 giugno 1901, p. 3

Padre Pietro Bandini – Dopo aver prestato assistenza agli immigrati italiani a New York City, venne in contatto (e ne fu forte sostenitore) con l'esperimento di Austin Corbin e l'immigrazione italiana. In accordo con la diocesi di Little Rock, Bandini divenne il primo prete di Sunny Side. Dopo il suo arrivo, il 17 gennaio 1896, istituì la chiesa di St. Anthony. Nel 1898 partì da Sunnyside alla guida di un gruppo di 41 famiglie alla volta del nord ovest dell'Arkansas, e fondò Tontitown. In questo periodo continuò ad avallare la superiorità dell'immigrato italiano in campo agricolo. A Tontitown fu prete, sindaco e leader della comunità fino alla morte nel 1917.

Victor Johnson, MD – Johnson, discendente della famiglia proprietaria della vicina piantagione di Lakeport, fu il primo medico degli italiani di Sunnyside, oltre a fornire cure mediche a Lakeport. Nel 1896 e 1897 comunicò con Corbin e i suoi interessi in Connecticut riguardo la salute dei coloni.

George S. Edgell – Edgell, genero di Austin Corbin, partecipò alla formazione legale della Sunnyside Company nel 1894. Dopo la morte di Corbin nel giugno 1896, Edgell assunse il comando di Sunnyside. Cancellò e riscrisse nuovi contratti con condizioni e disposizioni più dure. Era completamente disinteressato al futuro della colonia. Nel 1898 affittò le terre di Sunnyside a O. B. Crittenden & Company, un gruppo composto da tre mediatori di cotone di Greenville, Mississippi.

*George Edgell
saluta il presidente
Theodore Roosevelt*

Senatore Leroy Percy – Questo senatore americano del Mississippi era il leader principale (mediatore di cotone) della Crittenden Company. Nel 1907, usando procacciatori di manodopera, aveva fatto salire il numero degli italiani a Sunnyside a 157 famiglie. Era amico intimo del presidente Theodore Roosevelt, e "stroncò" l'inchiesta federale Quackenbos sulle pratiche di lavoro illegali, peonage (o larvata schiavitù) e trattamento crudele degli italiani della piantagione di Sunnyside.

Padre F. J. Galloni – Fu il secondo prete degli italiani e il primo ad assistere esclusivamente gli italiani della contea di Chicot. Arrivò a Sunnyside nel 1903, durante un periodo turbolento quando le famiglie italiane si lamentavano sia con il governo americano sia con quello italiano. Supervisionò l'unione della chiesa di St. Anthony nella piantagione di Sunnyside con la congregazione di Our Lady of the Lake di Lake Village.

FATHER F J GALLONI 1906

Edmondo Mayor Des Planches - Fu l'ambasciatore italiano che viaggiò attraverso gli Stati Uniti per valutare le condizioni degli immigrati italiani in America. Visitò Sunnyside nel 1905 e scoprì che gli immigrati italiani venivano fatti lavorare come macchine. Evidenziò che gli italiani erano trattati come i "negri" (afro americani ridotti in schiavitù) lo erano stati negli anni precedenti, e lavoravano in condizioni che anche loro "i negri" non avrebbero accettato. Si rese conto che l'esperimento della colonia italiana di Sunnyside era destinato al fallimento e cominciò a dissuadere gli italiani dall'immigrare al sud.

Presidente Theodore Roosevelt - Fu presidente degli Stati Uniti dal 14 settembre 1901 al 4 marzo 1909. Nel 1906, su pressione del governo italiano, il suo procuratore generale promosse un'inchiesta sulle pratiche illegali della piantagione tra cui peonage (larvata schiavitù), sfruttamento forzato, e maltrattamento crudele nei confronti degli immigranti italiani. Il suo amico, il senatore Leroy Percy, lo aveva esortato a richiamare l'investigatrice speciale Mary Grace Quackenbos. Nel corso di una visita alla Casa Bianca, novembre 1907, Roosevelt informò Percy di avere personalmente vietato a Quackenbos di fare ulteriori investigazioni a Sunnyside.[5]

Mary Grace Quackenbos – Fu una coraggiosa investigatrice, e forte sostenitrice della parità di trattamento. Nel 1907, il procuratore generale dell'amministrazione Roosevelt la incaricò di investigare i crimini potenziali e i trattamenti illegali nei confronti degli italiani nella piantagione di Sunnyside. Nonostante i numerosi ostacoli, indagò accuratamente la brutta situazione delle famiglie italiane. Quackenbos documentò decine di atti deprecabili e concluse che di fatto gli italiani erano, ed erano stati trasformati in lavoratori schiavi. Alla fine il rapporto Quackenbos fu occultato per la forte influenza del senatore Leroy Percy, compagno di caccia all'orso di Roosevelt. Il suo rapporto non fu nemmeno conservato dal suo Dipartimento di Giustizia o da lei stessa. Percy lo fece effettivamente sparire. Circa 80 anni dopo il suo rapporto investigativo fu ritrovato da diversi storici tra cui Ernesto R Milani e Randolph Boehm.

---

[5] Bertram Wyatt-Brown, "Leroy Percy and Sunnyside: Planter Mentality and Italian Peonage in the Mississippi Delta," *Arkansas Historical Quarterly* 50, no. 1, (primavera 1991):77.

Dr. M. M. Norton MD – Il dott. Norton si trasferì nella contea di Chicot, Arkansas e svolse dapprima la sua attività professionale nelle piantagioni di Red Leaf e Sunnyside. Nel 1906, secondo l'AMA (NdT: American Medical Association) la popolazione di Sunnyside era di 475 persone. Nel 1912, lui e la sua famiglia si trasferirono a Lake Village, contea di Chicot, dove si associò con il dott. Edward Pelham McGee, fondatore dell'ospedale di Lake Village. Nel 1914 il dott. M.M. Norton era presidente della Società Medica della contea di Chicot. In seguito aprì una casa di cura per malati cronici dove esercitò fino alla sua morte avvenuta nel 1918.

Padre Galloni con il dott. Norton, 1906

Michele Berardinelli - Berardinelli era un agente speciale affiancato come assistente investigatore ed interprete a Mary Grace Quackenbos. La loro inchiesta smaschererò molti episodi di crudeltà, peonage (larvata schiavitù) e dilagante discriminazione nei confronti degli immigranti italiani. (Fotografia non disponibile):

Sunnyside: casa di un colono in mezzo a un campo di cotone.

Per Quale Motivo e Come Sono Arrivati a Sunnyside Gli Italiani

Elizabeth "Libby" Olivi Borgognoni

Prima della Guerra Civile, le grandi piantagioni come Sunnyside erano coltivate da afro americani ridotti in schiavitù. Nel 1865, dopo la guerra, gli schiavi furono liberati ma quasi tutte le piantagioni erano state devastate dall'esercito nordista. I proprietari terrieri dovettero fronteggiare non solo la mancanza di manodopera ma anche il forte indebitamento delle loro terre. Questi fattori fecero perdere loro le proprietà che andarono alle banche e ai finanzieri.

Le terre note con il nome di Sunnyside furono detenute da molteplici proprietari a partire da Abner Johnson del Kentucky nel 1832. Nel 1881, quasi 50 anni dopo, Austin Corbin, un uomo d'affari del New Hampshire finanziò la piantagione chiamata Sunnyside che si estendeva su oltre 13.000 acri (oltre 5.300 ettari) per la Calhoun Land Company. A causa della scarsità di manodopera, la maggior parte delle terre erano incolte quando il 9 aprile 1887 Austin Corbin acquisì la piantagione attraverso un default finanziario. Corbin, figlio di un agricoltore, decise di correre il rischio e di gestire la piantagione.

Anche Corbin si ritrovò con un urgente bisogno di manodopera. Nel 1893 fece un accordo con il sistema carcerario dell'Arkansas per mandare detenuti a lavorare le terre di Sunnyside. Ben presto si accorse che non erano attrezzati o desiderosi di fare questo lavoro, e così questo tentativo fallì miseramente dopo meno di un anno.[1,2]

In seguito Corbin elaborò un piano con il suo contatto in Italia, il principe Emanuele Ruspoli, sindaco di Roma, proprietario di molti terreni nelle aree rurali italiane. Il sindaco Ruspoli mandò suo figlio nella piantagione nel 1893, che trovò essere in una situazione promettente poiché il clima in quel periodo era alquanto più mite del solito e la terra sembrava essere fertile.[3] Il piano prevedeva la distribuzione di volantini attraverso le regioni con la promessa di guadagni futuri, la garanzia di diventare proprietari di terra, un clima favorevole, pozzi artesiani, una casa colonica ed altro ancora. Tutto questo dando agli italiani un contratto firmato da Austin Corbin. Il contratto specificava la vendita di lotti da 12 ½ acri (circa 5 ettari) a ciascuna famiglia per la somma di 2.000 dollari l'acro (circa 0.4 ettari). Inoltre il

---

[1] "Worthen's Successor," *Arkansas Gazette,* 22 dicembre 1893, p. 4

[2] Edward C. Stibili, *Pietro Bandini: Missionary, Social Worker, and Colonizer, 1852-1917* (New York: Scalabrini International Migration Network, 2016), 213

[3] Ibid., 217

5% di interesse era da pagare entro il periodo di prestito ventennale. [4] Tuttavia, in quel momento le terre migliori si vendevano a 60 dollari con i lotti meno coltivabili ad appena 3 dollari l'acro.

I contratti con Corbin stipulavano che gli italiani erano dei veri agricoltori e proprietari della terra, l'unico mezzo legale per far venire gli italiani a stabilirsi a Sunnyside. Ciascuna famiglia aveva in mano un accordo che ne dettagliava i termini oltre a una cartina che mostrava il loro lotto di terra. Questi termini erano stati probabilmente ideati da Corbin per evitare di violare il Foran Act che proibiva il reclutamento di manodopera non specializzata. (NdT: l'Alien Contract Labor Law del 1885 nota come Legge Foran, dal suo promotore, proibiva l'importazione di manodopera straniera sotto contratto o con un accordo per lavorare negli Stati Uniti).[5]

Tutto questo accadeva verso la fine del 19° secolo, quando i piccoli agricoltori italiani stavano subendo gli svantaggi legati all'unificazione italiana e alla forte imposizione fiscale con nessuna possibilità di poter mai comprare un proprio pezzo di terra. Le aree agricole erano detenute in larga parte da ricchi proprietari terrieri cui era permesso di far pagare affitti esagerati con il sistema noto come "mezzadria" dove il proprietario si prendeva la metà migliore del raccolto e dei profitti e l'altra metà andava all'affittuario, Era risaputo che le opportunità si trovavano negli Stati Uniti. Questa situazione incoraggiò circa quattro milioni di italiani a emigrare in America dal 1880 al 1915. Cercavano la possibilità di diventare proprietari di terra e di avere un proprio nucleo familiare piuttosto che rimanere bloccati nei grandi clan familiari, in case fornite dall'aristocrazia che possedeva le proprietà che lavoravano.

L'8 novembre 1895 cento famiglie (562 persone) partirono per la piantagione di Sunnyside. Non erano poveri operai e nemmeno con un contratto per lavorare per chiunque. Questi italiani arrivarono per coltivare la terra, con in mano il contratto che dava loro il diritto di proprietà. Senza pagare un centesimo d'anticipo, assunsero il possesso della terra, a scatola chiusa. Pagarono soltanto 112 *lire* per il biglietto della nave.[6]

Dopo aver superato i controlli sanitari ed essere stati dichiarati idonei, si radunarono al porto di Genova per imbarcarsi sul piroscafo *Chateau Yquem*, usato in passato per il trasporto di bestiame. Per raggiungere il porto viaggiarono a piedi, su carri, carretti e in treno dalle regioni agricole del Veneto, Emilia-Romagna e Marche.

Erano preoccupati, coraggiosi e stanchi. Misero in un baule tutti gli effetti personali che era permesso portare insieme al cibo per due settimane di viaggio. Alcune famiglie erano composte da dieci persone, la media di quattro. Alcuni arrivarono da soli con l'intenzione di farsi raggiungere in seguito da altri familiari. Erano tutti entusiasti per ciò che avrebbero trovato, acquisito e conseguito. L'obiettivo era forse di mandare soldi a chi avevano lasciato.

---

[4] Ibid., 220-221

[5] Ibid., 218-220.

[6] Ibid., 220.

La traversata fu spaventosa e turbolenta: le scorte alimentari cominciarono a scarseggiare. Il fetore causato dal precedente trasporto di bestiame era insopportabile. Furono sistemati tutti nella stiva della nave dove tre bambini morirono durante la traversata, ed uno proprio il giorno dell'arrivo del piroscafo.

Venerdì 29 novembre 1895, il piroscafo attraccò a New Orleans. Tutti i passeggeri furono controllati per verificare la loro idoneità a proseguire per Greenville, Mississippi. Da lì furono traghettati a Sunnyside dove arrivarono il 4 dicembre 1895

Ciò che trovarono e sperimentarono è avvincente.

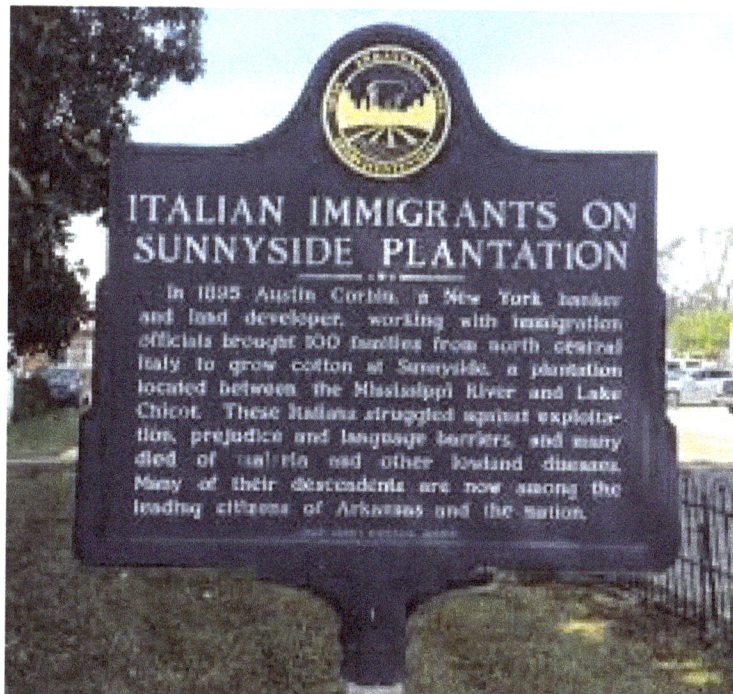

**GLI IMMIGRATI ITALIANI SULLA
PIANTAGIONE DI SUNNYSIDE**

Nel 1895 Austin Corbin, un banchiere di New York e sviluppatore di terreni, in collaborazione con funzionari dell'immigrazione portò 100 famiglie dall'Italia del centro nord a coltivare cotone a Sunnyside, una piantagione situata tra il fiume Mississippi e il lago Chicot. Questi italiani lottarono contro lo sfruttamento, il pregiudizio e le barriere linguistiche, molti morirono di malaria e altre malattie. Molti dei loro discendenti sono oggi importanti cittadini dell'Arkansas e della nazione.

Riflessioni

Elizabeth "Libby" Olivi Borgognoni

"Papà, Mamma, Andiamo in America! In America ci vogliono! In America hanno bisogno di noi!"

"Figlio mio, di che parli?"

"Non ne hai sentito parlare? C'è un ricco proprietario terriero di New York che si chiama Austin Corbin. Possiede migliaia di ettari di terra. Ha una piantagione che si chiama Sunnyside vicino a Lake Village, contea di Chicot, Arkansas. Ha stipulato un accordo con il principe Ruspoli per popolare la sua piantagione con italiani delle regioni centro settentrionali. Gli hanno detto che noi siamo grandi lavoratori, frugali, parsimoniosi, laboriosi ed è disposto a venderci della terra. Avremmo un contratto in base a un accordo ventennale per cui alla fine diventeremmo proprietari della terra, per favore Papà, Mamma, possiamo andare?"

Queste parole furono ripetute all'infinito attraverso le regioni Marche, Emilia e Veneto.

Promesse

Furono fatte promesse! Li attendevano case provviste di tutte le comodità della vita. Il lavoro sarebbe durato soltanto pochi mesi, seguito da tempo libero in un clima che si vantava essere il più temperato e costante del mondo, un'opportunità per dare un'istruzione migliore ai figli, la possibilità di fare un sacco di soldi. Le lusinghe su cui ponderare non finivano mai. Che cosa c'era da perdere? Con tutti i soldi che avrebbero guadagnato, ce ne sarebbero stati a sufficienza da mandare a chi era rimasto in Italia. C'era così tanto da guadagnare!

In quel periodo il lavoro in Italia scarseggiava. Le tasse erano elevate e le case di famiglia erano sovraffollate. Con poca o nessuna possibilità di comprare terra, il poter diventare proprietario in un Paese nuovo era allettante. Tutto questo portò speranza, suscitando un crescente interesse verso questa nuova iniziativa.

Gli italiani discussero con i componenti della famiglia su chi doveva andare e chi restare. Alcune famiglie tirarono a sorte il nome di chi doveva partire per primo. Alcuni si offrirono volontari mentre altri furono designati dai capifamiglia. Altri ancora partirono in cerca di avventura. Molti dovettero vendere e abbandonare le loro case, costretti persino a vendere gli effetti personali per comprare il biglietto per l'America. Alcuni lasciarono moglie e figli, per orientarsi nel nuovo mondo senza essere in grado di parlarne la lingua. Fu una decisione saggia? Sarebbero mai stati in grado di ritornare, se si fossero resi conto di non essere nel posto ideale?

Questa era l'occasione per le diverse famiglie di diventare indipendenti dal clan familiare. L'occasione di poter possedere terra, l'opportunità di un futuro e una vita migliore per i loro figli.

Molte preghiere salirono al cielo con la richiesta a Dio di mandare lo Spirito Santo a guidare e orientare questa decisione.

Viaggio verso un Nuovo Mondo

Un nuovo mondo con opportunità, posti di lavoro, e promesse di diventare ricchi attendeva chi aveva scelto di fare il sacrificio del lungo viaggio via mare, di rinunciare a tutto ciò che aveva di caro in Italia.

Infine, 100 famiglie si riunirono a formare il primo gruppo e imbarcarsi a Genova per New Orleans, Louisiana. Sarebbero poi partite per Sunnyside vicino Lake Village, contea di Chicot, Arkansas.

Si prepararono a lasciare i loro luoghi di nascita, le loro usanze, le loro case, le loro città e i loro compaesani con emozione, paura e trepidazione. Dissero *addio* alle mogli, ai figli, padri e madri, fratelli, sorelle, parenti ed amici.

A chi non aveva venduto la terra e i propri beni per pagarsi il biglietto di viaggio, fu offerto il biglietto gratuito da rimborsare in lavoro con interesse.

Ognuno di loro stipò tutto accuratamente in un singolo baule, lasciando indietro molte cose. Potevano portare soltanto lo stretto necessario per il viaggio. Alcuni nascosero dei ricordi cui tenevano: un libro di preghiere o il rosario, l'indumento di un parente o alcune fotografie dei loro cari che forse non avrebbero mai più rivisto.

Finalmente spuntò il giorno della traversata di un oceano sconosciuto verso una nuova terra, SUNNYSIDE. Con fede incrollabile nel loro Dio, in cui avevano cieca fiducia, lasciarono la soleggiata Italia con il cuore pieno di tristezza per il distacco dai loro cari, verso l'ignoto. Tuttavia speravano in un futuro migliore che l'America – la terra degli uomini liberi, la dimora dei coraggiosi – prometteva. E PARTIRONO.

Gli Inizi

Austin Corbin e il principe Ruspoli (forse un lontano parente per via di un matrimonio) erano al corrente che le terre di Sunnyside abbondavano di ricco terreno alluvionale in grado di produrre raccolti eccezionali.

Il principe Ruspoli si impegnò a mandare in America gente delle sue terre italiane in provincia di Ancona. La sua speranza e quella di Corbin era di trarre profitto dalla coltivazione, Tuttavia, desideravano pure che la piantagione diventasse il luogo ideale di una colonia italiana "modello."

La loro intenzione di aiutare gli italiani non gli fece capire che la scelta di Sunnyside era tutt'altro che sana. Il clima non era affatto come quello delle regioni italiane dove risiedevano e il suo clima caldo e umido era il terreno fertile per le zanzare che causavano le febbri palustri così diffuse in quella zona.

Secondo una ricerca compiuta da Ernesto R Milani, il contratto era chiaro. "I futuri coltivatori di cotone sarebbero stati in obbligo verso la compagnia per vent'anni prima di diventare proprietari della terra che avrebbero coltivato. Le condizioni di acquisto erano basate su un interesse del 5% annuo e sul prezzo di 160 dollari l'acro quando il prezzo medio di mercato variava da 40 a 50 dollari l'acro (1 acro pari a 0.405 ettari) o addirittura 3 dollari l'acro per terreni incolti. A Sunnyside si potevano affittare terreni a 5-7 dollari l'acro secondo l'ubicazione e la fertilità del suolo. Pur esagerato, l'affitto era preferito dagli immigrati perché permetteva loro di controllare meglio le spese e sfruttare ogni zolla di terra. Sulla carta le condizioni dettate dalla compagnia non sembravano dure ma è lecito chiedersi quanti coloni comprendessero davvero che cosa avrebbero coltivato, dove si sarebbero stabiliti e tutte le complessità di questo nuovo modo di fare "agricoltura."

Resoconti del Primo Gruppo

Non potevano sapere che cosa li aspettasse. Raccontava Nazzareno "Ned" Julius Aguzzi:

"Siamo arrivati in America su un mercantile che di solito trasportava merci e animali. Eravamo tutti stipati in uno stanzone senza alcuna privacy. Una volta giunti a New Orleans ci trasportarono su un battello a vapore sul fiume Mississippi fino a Greenville, Mississippi dove attraversammo il fiume con un traghetto per arrivare in Arkansas.

All'arrivo trovammo case di due e quattro stanze ammobiliate con sedie, tavoli e letti. Ogni famiglia aveva la propria casa.

Nel 1896 arrivò una cinquantina di altre famiglie dall'Italia. Le nostre famiglie lavoravano la terra secondo un contratto ventennale, il che significava dover lavorare la terra facendo un pagamento all'anno per 20 anni prima di divenirne proprietari. I signori Pierini e Alpe lavoravano nell'emporio e tenevano la contabilità dei pagamenti. Dopo due anni di lavoro sotto questo contratto, decidemmo che si stava pagando troppo per la terra. Restituimmo il contratto e lavorammo per un anno a mezzadria.

In seguito molte famiglie decisero di trasferirsi a Tontitown, Arkansas mentre noi e altre 15 famiglie andammo a Shelby, Mississippi."[1]

Altri raccontavano che il clima non era affatto quello che era stato descritto. Gli inverni erano freddi da morire mentre il caldo torrido dell'estate era brutale, qualcosa che non avevano mai provato.

Lo straripamento del fiume provocò la devastazione della febbre palustre e della malaria che colpì gli italiani. Il primo anno morirono 100 italiani che furono sepolti nel piccolo cimitero di Hyner.[2]

Tuttavia, gli italiani tennero duro. Durante le lunghe giornate di lavoro, pregavano incessantemente per avere forza e coraggio per affrontare le avversità. La loro speranza non era diminuita. Pensavano che in qualche modo il piano di Dio contemplasse di metterli alla prova per vedere di che pasta erano fatti. Da qualche parte, in qualche maniera avrebbe messo tutto a posto.

---

[1] Ned Julius Aguzzi, conversazione con l'autrice, 1975

[2] Nota dell'autrice: il numero dei coloni deceduti il primo anno è molto contestato. Alcune fonti spaziano da 52 individui a un terzo (300) dell'intera colonia e molti altri stimano un numero intermedio.

Ben si addicono le parole di Menandro, "Nelle avversità, la speranza salva l'uomo." (NdT: Menandro, figlio di Diopite; 342 a.C. – 291 a.C., è stato un commediografo e aforista greco antico).

Ripetiamo, gli italiani furono quasi spazzati via dalle febbri palustri. Fu allora che Padre Pietro Bandini (che era arrivato il 17 gennaio 1896) andò alla ricerca di un clima simile a quello della sua terra d'origine, l'Italia. Lo trovò nelle colline dell'Arkansas, un posto che chiamarono Tontitown. Lui e un gruppo di coloni lasciarono Sunnyside per stabilirsi là.

Ellis Island

Il secondo gruppo di italiani arrivò a Sunnyside da Genova a bordo del *Kaiser Wilhelm II* il 14 dicembre 1896, dopo aver raggiunto il porto di New York attraverso Ellis Island il 29 dicembre di quell'anno. Anche i gruppi seguenti arrivarono attraverso Ellis Island. Per gli italiani la vista della Statua della Libertà mentre si avvicinavano all'America deve essere stato uno spettacolo impressionante. In quel momento, ammassati in una nave affollata, le loro speranze di scoprire nuove opportunità, libertà, e i sogni di una vita migliore saranno aumentati vertiginosamente, sapendo che la loro voglia di lavorare sodo ed imparare avrebbe portato al successo.

Comunque, il calvario di Ellis Island doveva essere spaventoso; erano esaminati per determinare se erano idonei per diventare cittadini. Non essendo in grado di parlare la lingua, si chiedevano come sarebbero arrivati a destinazione quando chi aveva promesso di incontrarli non era presente. Avevano il terrore di essere respinti e di essere costretti a tornare in Italia. Sopportarono la fame, l'intimidazione, e furono disprezzati da molti americani che temevano questi nuovi arrivati. Eppure, con il loro contributo questo grintosi italiani avrebbero vittoriosamente fatto crescere l'America e la sua leadership.

Il secondo gruppo viaggiò da New York via ferrovia e arrivò a Sunnyside il 2 gennaio 1897.[3]

Gente Nuova

Austin Corbin morì in un incidente mentre viaggiava in carrozza con cavalli imbizzarriti; il principe Ruspoli morì qualche anno dopo. Era ampiamente risaputo che gli italiani lavoravano la terra con maestria per ottenere il massimo raccolto.[3]

Tuttavia, Corbin e gli eredi Ruspoli non avevano alcun interesse nella terra, così nel 1898 la affittarono alla O. B. Crittenden & Company. Questa compagnia era composta da O. B. Crittenden, mediatore di cotone, Leroy Percy, avvocato, e Morris Rosenstock, un uomo facoltoso di origine ebraica; queste persone decisero di usare la terra e gli italiani per ottenere il massimo margine di guadagno.

Fu a questo punto che le cose andarono di male in peggio. In Italia gli italiani erano ancora sommersi dalle gloriose promesse di ciò che li aspettava. Ci furono molti inganni e si dice che persino alcuni dei loro abbiano cercato di lucrare convincendo i loro paesani ad emigrare nel nuovo mondo. Usarono tutte le macchinazioni possibili per indurli ad andare a Sunnyside a coltivare cotone.

---

[3] "The Italian as a Cotton Picker," *Arkansas Gazette* (Little Rock), 5 febbraio 1907, p. 10.

"L'accordo"

Fecero "l'accordo!" In esso erano comprese le spese del biglietto, il costo per il loro sostentamento a tassi di interesse composto, l'acquisto della terra, tutto il lavoro, e tutto quanto necessario per coltivare il cotone. Inoltre, dovevano comprare tutto all'emporio aziendale al 10% di interesse fisso; questo includeva tutti i medicinali e gli onorari del medico, indipendentemente dal periodo dell'anno. Inoltre erano costretti a far vendere il cotone dalla "Compagnia" piuttosto che venderlo direttamente loro stessi al mercato libero. In aggiunta, ai coloni erano richiesti il pagamento della sgranatura e le spese di spedizione del cotone.

Sfortunatamente, dapprincipio non si erano resi conto dei dettagli "dell'accordo."

Erano ansiosi di diventare proprietari, fiduciosi ed ingenui. Non avevano compreso pienamente le conseguenze di tutto ciò. I tassi erano esagerati, le restrizioni quasi inumane ed erano tenuti in uno stato di semi peonage (larvata schiavitù). La loro libertà era ridotta; alcuni furono costretti a lavorare con il fucile puntato, sotto la minaccia di una possibile carcerazione o anche di linciaggio.

Sopravvivenza

Tutti i componenti della famiglia, bambini compresi lavoravano sotto il sole cocente anche quando avevano la febbre alta. I nostri antenati sopravvissero alla malaria con il misero compenso che veniva dato loro e il mulo per vivere.

È stato dichiarato: "Si doveva dedicare ogni centimetro di terra alla coltivazione del cotone. Quindi, per un certo periodo non abbiamo potuto avere un orto o allevare animali per migliorare il nostro fabbisogno di cibo e il nostro benessere primario."

Gli italiani non erano abituati a una stretta sorveglianza. In Italia, una volta terminato il raccolto stagionale, si impegnavano in vari mestieri e artigianato, coltivavano ortaggi e allevavano bestiame per poi stagionare e conservare la carne. Erano conosciuti per vivere dei frutti della terra ma a Sunnyside questa libertà era loro negata.[4]

Nella maggior parte delle famiglie, erano queste le tristi parole che giravano attorno al tavolo durante il pasto serale: "Papà, Mamma, in Italia eravamo felici, avevamo una famiglia, c'erano feste e la compagnia dei nostri compaesani. Qui facciamo fatica a vivere, siamo malati stiamo morendo. Vogliamo tornare a casa."

"Figli miei, non possiamo tornare indietro, non abbiamo soldi, siamo troppo indebitati con la "Compagnia." Non ci eravamo resi conto quanto ci sarebbe costato tutto questo. Ma adesso dobbiamo restare e avere fede in Dio che ci aiuterà in qualche modo ad uscire da questa situazione. Dobbiamo risparmiare ogni centesimo possibile per pagare i nostri debiti. A quel punto, potremo andarcene."

---

4 Paul V. Canonici, *The Delta Italians* (2003), p. 8

Siccome le famiglie sgranavano il rosario tutte le sere e pregavano prima di coricarsi, le loro preghiere devono aver bombardato il cielo. Implorarono per avere la forza di resistere, misericordia, e liberazione dal destino che li aveva colpiti.

Alcune famiglie erano riuscite a far soldi e a risparmiare per la migliore fertilità del pezzo di terra loro assegnato. Altre non furono così fortunate. Tuttavia, non si lasciarono abbattere dalle avversità. Superarono gli ostacoli ed impararono dure lezioni. La loro perseveranza nelle prove che dovettero passare fu un esempio inestimabile per i loro figli.

Le parole di *Isaia 48:10* descrivono al meglio questi anni, *"Ecco, io ti ho voluto affinare, ma non con l'argento; ti ho messo alla prova nel crogiolo dell'afflizione."*

I Debiti sono Saldati

Padre Galloni arrivò nel dicembre 1903 e stette presso una famiglia a Lakeport. Qui servì gli italiani di Sunnyside finché divenne vice parroco a Lake Village intorno al 1912.

Alcuni estinsero i loro debiti in non meno di 5 anni ma tutti riuscirono finalmente a farlo soltanto tra il 1911-1915. Alcuni ritornarono in Italia. Altri se ne andarono in alcune località del Mississippi, Missouri, e in altre regioni degli Stati Uniti, ma molti trovarono terre in vendita intorno a Lake Village dove tuttora abitano i loro discendenti.

Credito e Ringraziamento

Gli italiani sono stati e continuano ad essere un vanto per i loro compatrioti e per l'America. Hanno combattuto la strenua lotta per la sopravvivenza e ce l'hanno fatta. Sono diventati importanti e benestanti. La loro tenacia nel risparmiare, il loro slancio vitale unito alla loro onestà, radicata dedizione al lavoro e soprattutto la loro fede, speranza e amore per la famiglia, li hanno guidati dalla povertà e oppressione alla libertà e all'orgoglio per i risultati raggiunti.

Campanile della chiesa di Our Lady of the Lake di Lake Village, Arkansas.

Adesso attorno al tavolo, i bambini pregano: "Papà, Mamma, grazie per i vostri sacrifici. Grazie per i preziosi insegnamenti che ho appreso riguardo la fede, speranza e amore. Grazie per la tenacia e la costanza che mi avete instillato. Anch'io mi auguro di poter fare lo stesso con i miei figli. Anch'io mi auguro di poter ereditare la ricompensa celeste che voi vi siete meritati."

Come disse E.H. Chapin:" Le corone più luminose indossate in cielo, sono state messe alla prova, fuse, lucidate e glorificate nella fornace della tribolazione." (NdT: Edwin Hubbell Chapin [1814-1880], fu un predicatore americano, poeta e direttore del Christian Leader. Da una sua poesia ebbe origine la folk song *Bury me not on the Lone Prairie*).

Eredità culturale e tradizioni

Elizabeth "Libby" Olivi Borgognoni

In provincia di Ancona, come in tutte le regioni del centro nord italiano, la famiglia era il tesoro più importante, più prezioso cui si potesse mai aspirare. L'amore per la famiglia, la continuazione della sua eredità e l'avere molti figli per portare in casa vita, allegria, divertimento; per gli italiani un motivo di orgoglio e gioia.

In questa regione, quando i figli si sposavano, portavano le mogli nella casa di famiglia, in questo modo le famiglie aumentavano e si moltiplicavano. Le case erano abbastanza grandi per alloggiare tutti quelli che vi abitavano. In alcune case risiedevano fino a 30-40 persone. Era consuetudine costruire case piuttosto grandi di tre piani per sistemare tutti.

Veduta di casa Olivi a Ostra. La tipica casa di famiglie di questa regione italiana.

Al pianterreno si tenevano gli animali domestici e il bestiame che la famiglia allevava per il cibo e il lavoro nei campi. Gli altri due piani erano occupati da tutte le famiglie incluse le nuove mogli e i figli che vi sarebbero nati.

Adele Micci e Giuseppe Mazzanti

I racconti, tramandati di generazione in generazione confermano che gli animali erano tenuti al pianterreno non solo per proteggersi dai ladri di bestiame ma anche perché il calore del loro respiro e dei loro corpi scaldava i due piani superiori dove abitavano le famiglie.

In questa meravigliosa regione italiana, la famiglia e il vicinato erano molti importanti per tutti. Al crepuscolo, dopo aver finito i lavori della giornata, aver cenato e recitato le preghiere, i genitori e le persone anziane prendevano i bambini e andavano a far visita per le veglie serali. Giocavano a carte tipo *Briscola e Bestia*. Mentre i grandi approfondivano i fatti del giorno ed esprimevano con passione i loro desideri, speranze e sogni per il futuro, i bambini giocavano o ballavano la *saltarella* (una danza popolare italiana) e cantavano canzoni – legate soprattutto al servizio militare, alla vita e all'amore. La domenica pomeriggio e durante le feste, gli adulti e i ragazzi formavano delle squadre per giocare a "bocce." Non c'erano mai tanta eccitazione, chiacchiere e allegria come quando le squadre contrapponevano la propria abilità l'una contro l'altra.

Una giovane coppia in procinto di sposarsi era un'occasione di gioia perché una grande *festa* era imminente. Suoni di allegria e giubilo avrebbero riempito l'aria in anticipazione, e preparazione del sacro evento. Avrebbero preparato innumerevoli varietà di pasta, pietanze, vino, ed ogni concepibile miscuglio celestiale di dolci italiani, torte e caramelle.

Per l'occasione si sarebbero stati musica, canti e balli con il bel suono dei violini e delle fisarmoniche a pervadere l'aria. Madri e figlie indaffarate a cucire e ridere. Padri e figli occupati ad ammazzare l'agnello grasso o il maiale da arrostire nel forno esterno mentre commentavano l'imminente matrimonio e i *bambini* che sarebbero nati.

Avrebbero portato fuori i vini migliori, preparato i più bei vestiti della domenica e tutto il paese sarebbe stato invitato per far condividere a tutti la felicità di due famiglie che si univano per crearne una nuova. I festeggiamenti sarebbero durati giorni, e tutti avrebbero parlato dello *sposalizio* sia prima sia dopo l'evento.

La medesima gioiosa allegria avrebbe salutato la nascita di un nuovo bambino. Ancora una volta, il paese si sarebbe riempito di entusiasmo collettivo nel condividere e partecipare all'emozione del lieto evento. La scelta della *madrina* e del *padrino* sarebbe stata scrupolosa. Essi venivano nominati per verificare che le necessità spirituali del bambino fossero sempre soddisfatte. I genitori avrebbero scelto un nome, e uno ciascuno madrina e padrino così che

Forno esterno tipico di tutte le case italiane per cuocere il pane, ecc.

al battesimo, oltre al cognome, ogni bambino aveva il nome di tre santi. Dopo il parto, alle madri non era permesso di alzarsi dal letto per sei settimane per consentire loro di rimettersi in salute prima di riprendere qualsiasi lavoro. Tutte le altre donne che risiedevano nella casa contribuivano nel prendersi cura delle necessità della madre e del bambino. Una vecchia usanza per garantire al bambino una schiena forte e gambe diritte era quella di avvolgere un lungo panno stretto da sotto le ascelle fino ai piedi per i primi mesi di vita.

Erano tutti profondamente attaccati alla loro fede cattolica e affidavano con devozione la loro cura e benessere e quello delle loro famiglie, alla cura perpetua di Dio, della Madonna, santi patroni e angeli custodi.

Tutte le famiglie coltivavano orti pieni di ortaggi succulenti. Inoltre, la frutta dei loro frutteti era in prevalenza mangiata, conservata, inscatolata. L'uva era coltivata per il vino. Le storie dei vecchi menzionano che al culmine della vendemmia c'erano dei gruppi di pigiatori d'uva, con alcuni di loro che si lavavano accuratamente i piedi e danzavano sull'uva messa in grandi vasche o tini, accompagnati

Isola Mazzanti

dalla musica dei violinisti e fisarmonicisti. L'uva veniva filtrata con una garza per ottenere il succo puro, e poi accuratamente miscelata con altri ingredienti usati per fare il vino.

LE TERRE DEL CONTE LAURI COLTIVATE DAGLI OLIVI A OSTRA, ANCONA.

Si allevava pollame sia per la carne sia per le uova, le pecore si allevavano per la lana e la carne, le vacche per il latte, burro e *formaggio*. Si allevavano maiali per la carne fresca ma anche per la conservazione e la stagionatura del *prosciutto, salsiccia e lonza*. Con il grasso del maiale si faceva il lardo e si mischiava con la lisciva per fare il sapone. Le famiglie erano molto intraprendenti. Del bestiame usavano tutto per ricavarne pietanze squisite; non si buttava via niente e non si sprecava niente. Anche se il denaro era scarso, avevano sempre molto da mangiare per via della loro operosità.

Lonza

Quando il lavoro esterno era fermo, utilizzavano altre competenze per conservare, inscatolare e stagionare. Inoltre, impiegavano il tempo non solo per produrre vino ma anche per fare oggetti artigianali, elementi artistici, e falegnameria. Non stavano mai con le mani in mano. Mentre le loro mani lavoravano, parlavano della famiglia. Parlavano dei sogni futuri e delle speranze per i loro figli.

Mentre gli uomini insegnavano ai figli le loro competenze particolari, le donne si occupavano dei bambini e si prendevano cura della casa. Le donne cucivano i vestiti e creavano bellissime lavorazioni fatte a mano; insegnavano alle ragazze tutto quanto conoscevano. Tutto quello che avevano imparato dai loro genitori lo insegnavano ai figli per garantire loro, nel tempo, l'autosufficienza. Madri e figlie cuocevano la scorta settimanale di pane messo poi nella *mattera* (madia). Facevano *crece, creccoli*, biscotti, torte e dolci italiani. Facevano a mano ogni tipo di pasta immaginabile compresi gnocchi, maccheroni, tagliarini, lasagne, ravioli, quadrelli, tortellini, vermicelli, linguine, bugolotti, pizza, ecc. Dai loro pomodori preparavano il concentrato di pomodoro e la salsa di pomodoro per il loro *"condimento."*

Quando qualcuno si ammalava, si faceva un ricco brodo di pollo con pezzi di croste di pane, il *pancotto*. Si pensava che avesse un effetto benefico per accelerare il processo di guarigione.

Dopo l'arrivo a Sunnyside, queste usanze continuarono fino alla morte di Corbin. Poi, per molti anni non ebbero il permesso di coltivare orti o allevare animali perché il *padrone* della piantagione voleva che anche il più piccolo pezzo di terra fosse usato solamente per la coltivazione du cotone. Di conseguenza, la vita divenne problematica. Fuori stagione non c'era la possibilità di entrate extra per integrare gli importi esigui anticipati per il loro sostentamento. Al contrario, in Italia, fuori stagione, erano liberi di perseguire più fonti di reddito per le loro famiglie.

La sorveglianza oppressiva di qualsiasi loro movimento era alquanto scoraggiante. I bambini non ridevano più. Malattia e morte erano attorno a loro perché la qualità dell'acqua era pessima. Questo portava sciami di zanzare che provocavano febbri malariche devastanti. Il loro vivace e festoso modo di vivere cui erano abituati fu bruscamente limitato, rendendo la vita triste e pesante. Alcuni cercarono di andar via ma scoprirono che non erano autorizzati a farlo. Erano legati a un debito impossibile a causa dei prezzi esorbitanti, affitti, interesse, tasse ed altri oneri. La loro vita si tramutò in lavoro servile sotto controllo, piena di tristezza e fatica. Tuttavia si strinsero alla loro fede e l'uno con l'altro; lavorarono sodo per risparmiare nella speranza di potersi liberare da questa situazione difficile.

Le parole dai *Salmi 37:40* meglio dice di loro,*" E il Signore li aiuterà, e li libererà; li libererà dagli empi e li salverà, perché hanno avuto fiducia in lui."*

Alla fine riuscirono a saldare i loro debiti e affrancarsi dalla servitù debitoria di Sunnyside. Trovarono e comprarono delle proprietà altrove in zona o ancora più lontano in altri stati, per cominciare di nuovo i loro sogni.

Gli anni a Sunnyside insegnarono loro grandi lezioni che rimangono tuttora nei loro discendenti. Sia i coloni sia i loro figli credettero di aver tenuto duro per la fede, amore e fiducia in Dio. Dio prese ciò che sembrava essere un grande errore, un'ingiustizia, e lo trasformò in qualcosa che non è possibile misurare.

Poco alla volta, le facce tristi e desolate diventarono nuovamente luminose e felici. La canzone e la danza ritornarono nella loro vita. Le usanze tradizionali della loro terra, l'Italia, si insinuarono nuovamente nella loro vita e ripresero a celebrare le grandi occasioni con le famiglie e gli altri. Coltivarono bellissimi frutteti e orti, riempendo i loro magazzini di grano, patate irlandesi e dolci, e trecce di aglio e cipolle che venivano appese ad asciugare. Si impiegava qualsiasi mezzo concepibile per la conservazione e lo stoccaggio di quanto avevano prodotto per l'inverno.

Cantina vinicola

Raccoglievano more e uva selvatica lungo gli argini del fiume e nei boschi, e l'uva dei loro piccoli vigneti per fare il vino che conservavano nella *grotta* (cantina vinicola) sotto casa. Allevavano ogni sorta di pollame e bestiame per nutrirsi, conservare, e stagionare come soltanto loro sapevano fare. Quando arrivava il freddo invernale, le famiglie si riunivano per ammazzare il maiale. Un momento di grandi festeggiamenti e racconti di storie, di ricordi della loro vita in Italia, di quanto avevano patito e passato a Sunnyside, ringraziando Dio per i risultati ottenuti, orgogliosi di trasmetterli ai loro figli.

Come Dio mise alla prova Giobbe, che la superò, così questi italiani di Sunnyside andarono oltre le avversità. Non furono sconfitti. Impararono lezioni che non avrebbero potuto apprendere in altro modo. Le loro esperienze servirono ad aiutare altre persone. Reagirono bene, trassero profitto dal loro dolore e acquisirono una saggezza che fece dir loro che ne era valsa la pena.

Cotone a Sunnyside

Immagini Recenti della Regione Marche

VALLONE, ITALIA, NELLE MARCHE CON VISTA SUL MARE ADRIATICO. COMPERATA DA GIUSEPPE BORGOGNONI NEL 1926 BOMBARDATA DURANTE LA GUERRA DEL 1944 E RISTRUTTURATA.

Perché partirono dall'Italia?
Perchè Stabilirsi nel Delta?
Il Perchè dello Shock?

Paul V. Canonici

Questo articolo di Paul V. Canonici spiega che il sistema lavorativo rurale che molti italiani di Sunnyside avevano sperimentato in Italia, assomigliava superficialmente al sistema mezzadrile sviluppatosi negli Stati Uniti dopo la Guerra Civile. Per generazioni gli italiani avevano coltivato la terra che apparteneva a qualcun altro in cambio di un compenso, accettando anche un certo livello di controllo sulla loro vita privata. Tuttavia, anche se il sistema cui si stavano avvicinando negli Stati Uniti poteva sembrare simile secondo la traduzione, in realtà c'era molto meno reciprocità ed era più centrato sullo sfruttamento.

Giuseppe Rocconi e suo fratello Paolo si imbarcarono a Genova il 26 ottobre 1906 sul transatlantico *Nord America* della compagnia La Veloce. Giuseppe aveva 21 anni e Paolo 16. La loro destinazione era la piantagione di Red Leaf vicino Lake Village, Arkansas dove erano attesi dal fratello Pietro e famiglia. Fecero delle brevi soste a Palermo e Napoli per prendere a bordo altri passeggeri e cargo. Partirono, infine, per New York con oltre 2.000 passeggeri. Guardando per l'ultima volta le coste del paese natio, Giuseppe parlò con tenerezza e rispetto della sua adorata Italia:

> "Addio, terra dei fiori!...del sole!...della felicità! ...dell'amore! Addio, terra di santi, geni, inventori, poeti, pittori, scultori, ingegneri. Addio, maestra di cultura, civilizzatrice di popoli, antichi e moderni...Addio."[1]

Giuseppe e Paolo Rocconi fecero il loro ingresso a New York. Poi a bordo di un'altra nave, andarono a Norfolk, Virginia, dove presero un treno. Da Norfolk giunsero a Greenville, Mississippi via Cincinnati, Louisville e Memphis. Pietro li aspettava a Greenville. Da qui presero un battello per attraversare il fiume Mississippi fino a Sunnyside dove li aspettava uno dei giovani Mazzanti con un carro trainato da muli per portarli a casa di Pietro nella piantagione di Red Leaf. In seguito Giuseppe Rocconi scrisse:

> "Era metà novembre quando abbiamo raggiunto questa terra ricca, la terra promessa per molti, ma non per noi. Per noi ricca solo di fatica, malattie e dolore. La parola "felicità" non faceva parte del nostro vocabolario. Era una parola che abbiamo usato molto poco durante i primi anni in America.

---

[1] Diario di Rocconi

In quel periodo ci fu un'epidemia di febbri malariche...troppi boschi e paludi pieni di mosche e zanzare. La gente si impaurì e molti se ne andarono.[2]"

Il racconto di Giuseppe Rocconi è stato il racconto di mio padre, il racconto di tuo padre o il racconto di tuo nonno se era arrivato dalla regione Marche, in Italia centrale, in Arkansas o Mississippi Delta nell'ultima parte del diciannovesimo secolo. Perché se ne andarono da quella "terra dei fiori, felicità e amore?" Come mai si sono stabiliti in questa terra di "fatica, malattia e dolore?" Perché la vita che incontrarono in Arkansas e Mississippi era così dura? Ho sempre creduto fossero venuti a coltivare la fertile terra del Delta perché in Italia morivano di fame. Questa è una falsa conclusione. Infatti, gli agricoltori dell'Italia centrale stavano meglio di altra gente della maggior parte d'Italia. Erano occupati in un sistema agricolo chiamato "*mezzadria*" caratterizzato da alcuni controlli che garantivano la loro sopravvivenza. Si diceva, "magari si ammazzano di lavoro, ma non muoiono di fame." La vita era indubbiamente difficile per il duro lavoro e i rigidi controlli imposti dal sistema ma la sopravvivenza era garantita.

Contesto Storico

Per capire che cosa è successo alla nostra gente, è necessario inserirla nel contesto storico e socioeconomico da cui provenivano. Che cosa stava accadendo in Italia centrale alla fine del diciannovesimo e agli inizi del ventesimo secolo? Che cosa accadeva nel sud degli Stati Uniti? L'Italia centrale fu sotto il governo del Papa fino alla riunificazione di Vittorio Emanuele del 1870. Nonostante il sistema agricolo del tempo avesse dei controlli integrati che garantivano la sopravvivenza ed evitavano la fame, i *mezzadri* conducevano una vita dura che manteneva ancora molti tratti dell'età feudale. Verso la fine del diciannovesimo secolo le fattorie dell'Italia centrale erano sovrappopolate. Per soddisfare le esigenze della popolazione, il terreno agricolo dovette essere diviso in appezzamenti molti piccoli a tal punto che non ci fu più terra agricola disponibile. A peggiorare le cose fu il drastico calo del prezzo del grano causato dall'afflusso del grano dagli Stati Uniti dove era coltivato in grandi quantità e trasportato a basso costo o dall'Ucraina russa dove era coltivato dagli schiavi. Queste furono le forze che spinsero gli italiani dell'Italia centrale a cercare una vita migliore oltre i confini della madrepatria.

Allo stesso tempo, alcune forze stavano indirizzando i coloni italiani verso gli Stati Uniti, in particolare verso l'Arkansas e il Mississippi Delta. La schiavitù era stata abolita nel 1865 dal 13° Emendamento alla Costituzione. In seguito, gli afro americani liberati si resero conto che il sistema di mezzadria era quasi restrittivo come la passata schiavitù. A causa di questa situazione la maggior parte di essi scappò o abbandonò le piantagioni, così che verso la fine del diciannovesimo secolo, i proprietari terrieri dovettero affrontare una grave carenza di manodopera. Ma invece di migliorare i loro metodi e trattare i lavoratori più equamente onde trattenerli, alcuni proprietari di piantagioni decisero di individuare un'altra fonte o gruppo di lavoratori da sfruttare con nuove tattiche e schemi.

---

[2] Ibid.

Ai primi del 1880, durante un viaggio attraverso il Mississippi, l'importante principe italiano Emanuele Ruspoli, sposato con un'americana, aveva osservato le fertili terre del Delta. Sembra che a un certo punto abbia conosciuto Austin Corbin, un ricco finanziere di New York venuto in possesso della piantagione di Sunnyside vicino Lake Village nel 1886. Ruspoli accettò di reclutare famiglie per Sunnyside dalle sue fattorie in provincia di Ancona dove possedeva vaste estensioni di terra attorno a Castelleone di Suasa e Montignano.

Il primo gruppo di italiani arrivò a Sunnyside nel dicembre 1895. I proprietari terrieri del Delta li ritennero gran lavoratori e agricoltori esperti. Agenti che operavano nel Delta e all'estero agevolarono l'emigrazione degli italiani. Uno dei principali agenti dell'Arkansas e Mississippi Delta fu Umberto Pierini, zio di Amerigo "Mack" Greganti di Marigold. Pierini era arrivato come bracciante agricolo ma aveva imparato in fretta abbastanza inglese per sfruttare la situazione. Scoprì il vantaggioso commercio del reclutamento degli italiani per i proprietari terrieri del Delta con la commissione di 25.00 dollari a famiglia. Nel contempo, Alessandro, il padre di Umberto e suo fratello Francesco reclutavano famiglie della zona di Montignano e Senigallia, sulla costa adriatica.

Sfortunatamente, Pierini ed altri agenti descrivevano il Delta con immagini magnifiche per incoraggiare i loro compaesani a trasferirvisi. In un'intervista con un funzionario del dipartimento di giustizia degli Stati Uniti, un colono italiano raccontò quanto gli era stato detto, "il Mississippi era senz'altro il famoso Eldorado della storia." Il trasporto era gratuito, una schiera di filantropi li aspettava a braccia aperte, una bellissima casa in mezzo a un bel frutteto, una vacca, un mulo (fondamentalmente tutto quello che si poteva desiderare in quanto a comodità e piacere), e una città a debita distanza. Tutte le mattine il carro dei rifornimenti faceva il giro della piantagione depositando carne fresca e altri alimenti sulla porta di casa senza disturbare i dolci sogni mattutini dei coloni. Il clima era raffigurato come il più mite e costante del mondo. Il lavoro da fare era l'ultima cosa cui pensare. Alcuni mesi di facile lavoro e poi riposo assoluto." Tutto ciò che il colono doveva fare era, "sedersi all'ombra degli alberi e guardare i dollari arrivare."[3]

La Terra da cui Partirono

La maggior parte delle persone di origine italiana dell'Arkansas e del Mississippi Delta ha radici nella regione "Marche" dell'Italia centrale lungo il mar Adriatico. La regione Marche è composta da quattro province: Urbino-Pesaro a nord, Ancona verso il centro, Macerata appena a sud di Ancona, e Ascoli Piceno a sud. Ogni provincia prende il nome dalla città principale della zona. Ancona è la principale città della regione con il più grande porto sul mar Adriatico. La maggior parte della nostra gente proviene dalla provincia di Ancona.

L'orografia delle Marche è costituita da un terrazzamento con dolci colline nella parte centrale, con colline gradualmente più aspre verso l'interno fino agli Appennini. Vicino alla costa c'è Montignano dove Alessandro e Francesco Pierini reclutavano le famiglie per conto di Umberto Pierini a Sunnyside e

---

[3] Michele Berardinelli, Marzo 1909, Cartelle Dipartimento di Giustizia 100937-4 Archivi Nazionali, Washington, D.C.

Greenville. Tra le famiglie di Montignano ci sono i Reginelli, Greganti, e Paolesi. I Graziosi e Canonici erano di Montemarciano, sempre nella zona costiera. Un po' nell'entroterra c'è Ostra, il paese di origine degli Olivi, Mazzanti, Rocconi, Gasparini, Borgognoni, Balducci, Santucci, Sabbatini, Tarsi, ed altri. Più all'interno c'è Serra San Bruno da cui provenivano i Biagioli, Pirani, Cuicchi, Spadini, Ferretti e Ferracci. Sempre verso l'interno c'è Mergo, luogo di origine dei Pandolfi e Servadio. Spesso gli agricoltori di queste zone particolarmente collinose rivoltavano le zolle solo con la vanga perché la pendenza era troppo ripida per arare con i buoi.

Il clima della regione Marche è mite. Quando la nostra gente lasciò l'Italia, le meravigliose spiagge non erano ancora state scoperte dai turisti e la popolazione locale non aveva il lusso del tempo libero per godersele. Oggi le spiagge marchigiane attraggono frotte di turisti e il clima permette i bagni da metà primavera fino all'autunno. La regione ha la fortuna di non avere insetti come zanzare e mosche. Visto che i marchigiani erano abituati a un clima salubre quasi senza insetti non sorprende fossero impreparati ad affrontare le paludi del Delta, calde, umide e infestate di zanzare dove le case non erano sigillate, le finestre senza zanzariere e l'acqua non potabile.

Il Sistema Agricolo: La Mezzadria[4]

Tutti i nostri erano agricoltori, e il sistema agricolo da loro conosciuto era la "*mezzadria*." Con qualche differenza, in genere il proprietario (*padrone*) metteva a disposizione la terra e l'agricoltore (*mezzadro*) forniva la forza lavoro. Le spese e il prodotto della terra venivano divisi equamente tra *padrone* e *mezzadro*. Inoltre, su base regolare, il *mezzadro* doveva dare al *padrone* alcuni prodotti dell'orto, pollame e latticini. Il rapporto tra il proprietario terriero e l'agricoltore era stabilito da un contratto rigoroso e da norme senza compromessi.

La *mezzadria* aveva aspetti negativi e positivi:

1. Il proprietario della terra (*padrone*) aveva un controllo dittatoriale nei confronti del *mezzadro*. Talvolta controllava il numero dei figli che l'agricoltore (*mezzadro/contadino*) poteva avere, se un figlio poteva andare a scuola, in seminario, o se uno dei figli poteva sposarsi.

2. La *mezzadria* favoriva la staticità nella coltivazione della terra e nel modo di vivere dell'agricoltore poiché il proprietario terriero non desiderava investire in nuove attrezzature e nuovi metodi di fare agricoltura.

3. Il proprietario terriero scoraggiava il cambiamento per il timore di perdere il controllo sull'agricoltore. La *mezzadria* era sicuramente un retaggio del feudalesimo di cui continuava a conservare delle peculiarità.

---

[4] "La Mezzadria nella Storia" Ripensamenti e Messe a Punto" Senigallia 7-8 aprile 1990. A cura di Sergio Anselmi. A proposito di mezzadria e transizione di Sergio Anselmi pp. 7-2. Caratteri dell'economia di mezzadria tra Ottocento e Novecento di Sergio Anselmi pp. 126-134. Per una Ricerca sull'Agricoltura Marchigiana tra Fine Ottocento e 1950 di Patrizia Sabbatucci Severini.

Nella *mezzadria* c'era comunque un lato positivo:

1. Nonostante la vita difficile e il duro lavoro del *mezzadro*, la sua condizione era migliore di quella del bracciante e di altri agricoltori che prendevano la terra in affitto.

2. La *mezzadria* sosteneva una classe di agricoltori che aveva casa sulla terra che coltivavano e sempre cibo a sufficienza per le loro famiglie. In genere mangiavano male per la scarsa qualità del cibo ma ne avevano abbastanza per sopravvivere.

3. Il proprietario terriero e l'agricoltore dividevano le spese e le entrate. Di solito, l'agricoltore non si ritrovava in debito e non era gravato dal pagamento di interesse sul debito.

4. In un certo senso, la *mezzadria* era dinamica poiché nella divisione della terra manteneva un equilibrio tra la grandezza della fattoria e il numero di lavoratori (*terra/braccia*) e il numero di lavoratori e bocche da sfamare (*braccia/bocche*). La regola generale era di avere un *ettaro* di terra per capofamiglia.

Restrizioni interne alla famiglia contribuirono a tenere in equilibrio la grandezza della fattoria, la forza lavoro e i membri totali della famiglia. Spesso si ritardavano i matrimoni o le persone (soprattutto i maschi) erano scoraggiati dal farlo. Fino alla fine del diciannovesimo secolo il contratto mezzadrile richiedeva il consenso del proprietario terriero al matrimonio. Nel caso del maschio, il matrimonio significava spesso portare in casa un'altra donna, e prima o poi altri bambini creando uno squilibrio tra la forza lavoro e le bocche da sfamare. Questo fu probabilmente il motivo per cui mio padre ed altri partirono per gli Stati Uniti subito dopo il matrimonio. In generale, il nucleo familiare era composto dalla famiglia allargata. Prima che la famiglia di mio padre si scindesse in unità nucleari (intorno al 1920) la casa dei Canonici aveva 32 membri: quindici adulti e diciassette bambini, i miei nonni, il fratello di mio nonno e sua moglie, due figli sposati di mio nonno e le loro famiglie, i due figli sposati di suo fratello e le loro famiglie, e tre giovani scapoli.

Agli agricoltori italiani nel Delta mancavano le garanzie di sopravvivenza cui erano abituati in Italia. Nel Delta la terra non era porzionata secondo la grandezza della famiglia e la forza lavoro. Se il padre di una famiglia con sette figli moriva all'improvviso lasciando una donna adulta a provvedere la famiglia, si verificava un serio squilibrio tra la forza lavoro e le bocche da sfamare (*braccia/bocche*). Oltretutto esisteva già uno squilibrio tra la produzione agricola (dai 12 ai 16 ettari) e il fabbisogno familiare.

Questi squilibri si potevano gestire più facilmente nel sistema *mezzadrile* dove la famiglia allargata viveva nella medesima casa e lavorava nella medesima fattoria. Oltre alle difficoltà causate dallo squilibrio tra la forza lavoro, la grandezza della fattoria e la produzione agricola, questi nuovi arrivati furono immediatamente gravati da forti debiti finanziari con interesse fisso del 10 %. Il debito includeva il biglietto per gli Stati Uniti e il denaro anticipato per il loro sostentamento. Il dieci percento fisso di interesse sui debiti era una politica della piantagione. In Italia avevano subito pesanti obblighi da parte del proprietario terriero ma di solito la terra produceva a sufficienza per sopravvivere e nessun debito pesava sulla loro testa per tenerli confinati sulla terra del proprietario. Nel Delta, pesanti debiti li costrinsero in uno stato di servitù simile a quello degli schiavi afro americani che avevano sostituito.

Lavoro Extra – Compravendita al Pubblico Mercato[5]

I guadagni degli italiani stabilitisi nel Delta erano limitati ai ricavi del cotone coltivato nei loro piccoli appezzamenti di terra. Nel caso di cattivo raccolto del cotone (succedeva spesso a causa delle alluvioni, siccità e boll weevil), (NdT: Boll weevil è il devastante parassita dell'ordine dei coleotteri noto come corculione), si ritrovavano semplicemente con un debito maggiore. In Italia il loro sostentamento non dipendeva da un singolo raccolto. Erano abituati a varie culture- grano, granturco, canapa, uva, frutta e prodotti dell'orto. Se un raccolto andava male, potevano dipendere su almeno uno o altri due. Inoltre, l'operoso agricoltore italiana era impegnato in una specie di "industria familiare" che veniva svolta in casa.

Una di queste attività remunerative era l'allevamento dei bachi da seta che occupava soltanto sei o sette settimane all'anno. Altre attività domestiche comprendevano la tessitura e la produzione di certi oggetti in legno come parti di sedie, manici di pale, e parti per aratri e scope. A volte facevano cappelli di paglia e cesti di vimini. I prodotti della loro attività domestica venivano venduti al mercato pubblico, *la fiera*. La *fiera* era il punto d'incontro per tutta la gente della zona: agricoltori e proprietari terrieri, ricchi e poveri, giovani e vecchi. Di solito gli agricoltori si distinguevano dai proprietari terrieri per i colori da *contadino* dei loro vestiti, rosso e blu cielo. Vendevano e compravano. I giovani avevano l'opportunità di socializzare e magari cominciare un corteggiamento. Gli uomini giocavano a carte e bevevano vino, soprattutto chi non se lo poteva permettere a casa. Alla *fiera* ci si poteva sempre aspettare qualcosa di eccitante. Un toro avrebbe potuto scappare e creare panico tra la folla. A qualche agricoltore potevano rubare il portafoglio mentre un altro perdeva tutto il suo denaro al tavolo degli imbroglioni giocando a *Tre Carte*.

C'era un calendario delle *fiere* e i paesi si alternavano a promuover una o due *fiere* all'anno. I mercati pubblici erano programmati in modo tale che l'agricoltore sapeva di poter andare ad una del paese o delle città vicine almeno una o due volte al mese. Alla *fiera* potevano vendere i loro prodotti agricoli avanzati dopo aver soddisfatto i bisogni della famiglia. Spesso vendevano il loro vino e olio migliore dopo che il proprietario della terra si era accaparrato la sua metà. Vendevano il grano migliore e di solito facevano il loro pane in modo più economico usando le fave. Vendevano canapa, bestiame, pollame, uova, ricotta e le primizie del loro orto. Vendevano pure le parti migliori della macellazione del maiale dopo che il *padrone* si era preso la sua parte di *lonza, prosciutto,* e *salsiccia*.

Portavano al mercato il meglio dei loro prodotti agricoli perché volevano incassare più contanti possibili per le esigenze familiari. Il loro obiettivo era ottimizzare il reddito in denaro e ridurre le spese al minimo. Cercavano di essere il più autosufficienti possibile.

Nell'Arkansas e Mississippi Delta gli agricoltori italiani dovevano sgranare il cotone presso la sgranatrice della proprietà. Erano costretti a vendere il loro cotone al proprietario a un prezzo fisso. Se avevano bisogno di soldi per le provviste, veniva dato loro sotto forma di voucher da utilizzare esclusivamente nell'emporio del proprietario della piantagione. Di conseguenza agli italiani del Delta mancò

---

[5] La Mezzadria nella Storia: Ripensamenti e Messa a Punto" Senigallia 7-8 aprile 1990. A cura di Sergio Anselmi. "Mezzadria e Mercato" di Giuliano Biagioli pp. 39-59; Urbano Caldarigi, intervista 23 giugno 1994, Ancona.

la gestione del denaro contante e mancò loro il mercato dove comprare e vendere, mescolarsi con gli amici, bere e giocare a carte. Mancò loro l'opportunità di guadagnare soldi extra. Rimasero perplessi e confusi quando essi stessi o i loro amici furono arrestati sotto la minaccia delle armi e riportati alla piantagione per aver tentato di trovare lavoro extra a Memphis o Birmingham, per estinguere il debito della loro fattoria. Non era questa l'America, la terra della libertà e delle opportunità?

Struttura Ben Definita o Relazioni

La struttura delle relazioni nel sistema della *mezzadria* era ben definita. Il proprietario terriero era al vertice dell'ordine dei rapporti e esercitava un severo potere sopra l'agricoltore (*contadino*). A volte c'era una sorta di manager tra il proprietario e l'agricoltore. Il manager della fattoria si chiamava *fattore*. Si diceva che spesso il fattore imbrogliava sia l'agricoltore sia il proprietario. Il capo del nucleo familiare della fattoria era noto come il *capoccia*. Generalmente il *capoccia* era l'uomo più anziano del nucleo familiare ma in assenza di un anziano in salute, il *capoccia* poteva essere una donna anziana della famiglia. Fu questo il caso di mia cugina, Albina Ferretti Pasquinelli che dopo la morte del marito divenne *capoccia* del nucleo familiare che comprendeva i suoi tre figli, i due fratelli minori del marito, sposati e le loro famiglie nucleari. I membri della famiglia rispondevano al *capoccia* e il *capoccia* rispondeva al proprietario per tutti i membri della famiglia di *mezzadri*. Era consuetudine per la famiglia allargata vivere nella medesima casa; il *capoccia* e sua moglie, i figli sposati con le loro famiglie e i figli non sposati. La gestione degli affari della fattoria era di pertinenza del *capoccia*. La signora più anziana della casa si chiamava "*vergara*." Erano di sua competenza la gestione degli affari di casa e il controllo della cucina.

Nonostante il duro lavoro e le richieste imposte all'agricoltore dalla *mezzadria*, il sistema dava loro maggiore libertà rispetto alla piantagione del Delta, e non vivevano sotto una cappa di paura. Nella piantagione non era insolito vedere il proprietario o il suo supervisore estrarre la pistola mentre andavano a cavallo in mezzo ai coltivatori di cotone.

Ogni membro della famiglia aveva un ruolo nella forza lavoro

Nella famiglia *mezzadrile* ciascun membro era tenuto a condividere la forza lavoro. Anche i bambini avevano ruoli adatti alla loro età e al loro sesso. Bambini di non più di sei o sette anni potevano essere assegnati alla sorveglianza di oche e tacchini per impedire loro di andare nel campo di grano e nella vigna. Quando Adele Marcantoni aveva otto anni, le fu affidata la cura della pecora di famiglia. In precedenza aveva dato una mano in famiglia sia in casa sia nei campi.[6]

Quando a casa non c'era bisogno dei bambini, talvolta andavano a fare i garzoni per altri agricoltori. Il garzone viveva nella casa dell'agricoltore e lavorava per vitto e alloggio, a volte con la fornitura di vestiario e di un esiguo salario. La stessa Adele Marcantoni cominciò a fare da garzone a dodici anni. A quattordici anni tornò a casa ad aiutare sua madre in casa e a lavorare nei campi.

---

6 A Girl Among Poor Farmers of the Aso Valley, 1906-1920." Trascritto da Vincenzo Marconi.

Rigo "Lee" Ferretti (Shaw, Mississippi) aveva dodici anni quando andò a lavorare per un vicino con il compito di trasportare il letame di vacca dalle stalle al campo. Riempiva i cesti di letame e aiutava le donne a metterseli in testa. Poi sollevava il proprio cesto in testa e trasportava il letame nel campo. Lo pagavano sei *soldi* al giorno (circa sei centesimi). Quando era più giovane, Rigo aveva fatto il *garzone* per due anni per due *soldi* al giorno. Gli davano pure vitto e alloggio. Con i guadagni si comprò due vestiti all'anno.[7]

Qualche volta i ragazzi che prestavano servizio come *garzoni* erano incaricati di affiancare i buoi che tiravano l'aratro con una frusta per assicurarsi che ogni bue delle due pariglie tirasse allo stesso modo.

Le ragazze poco più che adolescenti o sui vent'anni lavoravano talvolta come *serve* nelle case della gente ricca. Queste giovani donne abitavano nella casa in cui lavoravano, e qualche volta i giovanotti della famiglia si prendevano delle inopportune libertà verso le *serve* dei loro genitori.

La produttività della donna sposata all'interno dell'economia familiare si interrompeva durante gli anni riproduttivi, anche se il *baliatico*, (l'uso delle balie), risolveva spesso la situazione. Il *baliatico* consentiva alla donna di restare nel mercato del lavoro percependo il reddito come balia mentre se ne stava a casa con il proprio bambino. Spesso le ricche signore di città andavano alla ricerca di donne di campagna per allattare i propri figli in quanto le ritenevano più sane di loro. La donna che faceva da *balia*, portava il bambino a casa propria, spesso creando un forte legame con il bambino. In qualche caso le donne facevano da *balia* per i bambini di parenti che non avevano latte a sufficienza o per bambini di donne che lavoravano nei campi. Tutti quanti facevano parte della forza lavoro e contri-buivano all'economia familiare.

La fattoria del Delta non offriva a donne e bambini la medesima gamma del lavoro *mezzadrile*. Il lavoro nella fattoria del Delta era costituito da disboscamento e lavoro nei campi. Le donne e i bambini facevano spesso lavori faticosi che non erano adatti alla loro età e al loro sesso.

Pregiudizio, un altro ostacolo

Il pregiudizio della popolazione locale verso gli stranieri in generale, e gli italiani in particolare, aggravava le difficoltà imposte agli immigranti italiani da un ambiente ostile, infestato da zanzare, condizioni agricole ardue e insensibilità da parte dei nuovi latifondisti. Alcune pubblicazioni del tempo suscitarono emozioni di pregiudizio. Nella sua prima edizione, il *Southern Manufacturer* and *Farmer* inserì un articolo del senatore dell'Alabama, John L. Burnett convinto che Dio avesse creato gli Stati Uniti per la gente di razza teutonica e che tutti gli altri dovessero essere esclusi. Quasi in contemporanea con l'articolo di Burnett, il candidato governatore del Mississippi, Brewer sosteneva la medesima dottrina e linea politica. Le manifestazioni di pregiudizio di persone in vista avevano un effetto devastante sugli atteggiamenti della popolazione locale nei confronti degli italiani. Mary Eusepi Allegrezza (Madison, Mississippi) ricorda che gli insegnanti della sua scuola di Shaw, Mississippi facevano mettere il pranzo

---

[7] Intervista con Rigo "Lee" Ferretti e sua moglie, Rigetta Gasparini, 1977. Ambedue deceduti.

dei bambini italiani fuori dalla finestra dell'aula perché "puzzavano d'aglio." Il più delle volte i cani mangiavano il pranzo e i bambini italiani pativano la fame.

Quanto successo a Mary e ai suoi compagni è insignificante paragonato alla vera violenza esercitata nel sud nei confronti degli italiani. A Sumrall, Mississippi, un italiano fu legato con corde, trascinato nei boschi e picchiato senza pietà per essersi lamentato con l'ambasciatore italiano per l'espulsione da scuola di alcuni bambini italiani che erano stati considerati di razza inferiore. L'atto più brutale ispirato dal pregiudizio fu il linciaggio nel 1891 di undici italiani a New Orleans accusati di aver preso parte all'assassinio del capo della polizia della città! Ondate di pregiudizio emersero anche in seguito, durante la seconda Guerra Mondiale quando gli italiani di Shaw e altre località del Delta furono costretti a consegnare le loro armi e radio a onde corte, e spinti e pressati a diventare cittadini americani. Nel medesimo periodo, tutti gli italo americani in grado di imbracciare un fucile prestavano servizio militare per il loro Paese.

I Sopravvissuti

Giuseppe Rocconi sopravvisse ai disagi della "fatica, malattia e sofferenza" nel Delta dell'Arkansas e Mississippi. Dopo molti spostamenti, e alla ricerca di una vita migliore per sé e la sua famiglia, si stabilì nella zona di Cleveland, Mississippi con la moglie Giustina Paolosini e i loro dieci figli viventi. Era molto orgoglioso dei cinque figli che avevano prestato servizio militare per il paese adottivo nella seconda Guerra Mondiale e di tutti gli altri figli che si erano ben sistemati. Il giorno di Capodanno del 1950, Giuseppe scrisse nel suo diario: "L'anno scorso tutti i miei figli hanno avuto un raccolto abbastanza buono, Sono tutti sistemati bene, alcuni sulla mia proprietà, altri per conto proprio. Aldo ha appena comprato un terreno e si è trasferito. Tutti possiedono qualcosa e sono ben avviati."[8]

Il fratello di Giuseppe, Pietro e la moglie Julia Mazzanti si spostarono dalla piantagione di Red Leaf prima ad Orlando in Florida, poi a Sanford, Mississippi, per poi tornare a Lake Village dove di stabilirono con i loro otto figli. Anche loro fecero fortuna. I nipoti di Pietro, Harry e Benjamin Fratesi, sono importanti agricoltori nella zona di Pine Bluff. Anche Paolo, il fratello minore di Giuseppe – come Giuseppe e Pietro – si trasferì molte volte prima di domiciliarsi a Buffalo, New York con la moglie Cesira Cirilli e i tre figli. Gli italiani delle Marche che sopravvissero alla malaria e alle condizioni di lavoro dei primi tempi, si sono sparsi dal Delta in tutte le parti degli Stati Uniti.

Riuscirono poi a comprare la terra e ad avviare le loro attività. Diedero un'istruzione ai figli e li fecero entrare nella società americana. Nel frattempo, anche chi era rimasto in Italia a zappare la terra dei "fiori, felicità e amore" sopravvisse ai tempi difficili e prosperò. La *mezzadria* continuò fino alla Seconda Guerra Mondiale, poi incominciò rapidamente a disintegrarsi. Oggi, occasionalmente è possibile trovare qualche agricoltore, fuori dal mondo, che conserva ancora atteggiamenti e tecniche della *mezzadria*.

In genere, le tecniche agricole moderne hanno sostituito la *mezzadria* mentre le vecchie case coloniche sono state sostituite da lussuose ville. Molte vecchie case coloniche furono abbandonate poiché

---

[8] Diario di Rocconi

il governo italiano voleva preservarle ma il costo del restauro sarebbe stato esorbitante. Ci fu un trasferimento in massa dalle case di campagna ai condomini appena costruiti mentre le fabbriche e gli uffici divennero i nuovi posti di lavoro.

Oggi, dalla tarda primavera a metà autunno le bellissime spiagge delle Marche sono affollate di marchigiani, italiani di altre regioni, e altri europei. Da un punto di vista americano i marchigiani fanno la "*dolce vita*." Materialismo e secolarizzazione pervadono la "bella vita" che conducono. Nel loro ordine di priorità la religione e la chiesa non sono ai primi posti. Pochi marchigiani dei giorni nostri parlerebbero con le stesse rispettose parole di Giuseppe Rocconi alla fine del suo diario,"Nei miei scritti ho spesso consigliato a tutti di pregare. Non prego come dovrei, non so se lo farò. Credevo di aver pregato. Lo spero, ma non so se ho pregato bene. Solo Dio lo sa."[9]

Municipio di Ostra.
Archivia gli atti di nascita di molti italiani di Sunnyside

---

[9] Ibid

Cronologia storia, documenti e immagini

La seguente raccolta di articoli, racconti, immagini, interviste e ricordi fa parte di un grande tentativo di dare l'opportunità a tutti i discendenti di visualizzare la storia dei nostri antenati in relazione alla piantagione di Sunnyside.

La maggior parte del materiale è stata lasciata nel formato e testo originale per garantirne l'autenticità. Per questo motivo, in tutto il contenuto si possono trovare errori e informazioni contraddittorie.

Si prega di notare che la terminologia usata qui di seguito è stata scritta in un periodo di tempo diverso, e non intende umiliare, degradare nessuna razza o persona del mondo d'oggi.

Le informazioni da parte dei collaboratori variano in misura modesta ma la totalità della raccolta dà un'immagine precisa dell'esperienza comune degli italiani a Sunnyside. I loro punti di vista erano reali e chiariscono la storia dei nostri antenati.

L'autore e la data di creazione/pubblicazione saranno indicati se noti. Le informazioni sono in un ordine cronologico approssimativo.

Villa Ghiretto a Ostra, Italia, raffigurata qui sopra, era di proprietà del conte Lauri di Roma, e coltivata dalla famiglia Olivi

La Proprietà della Piantagione di Sunnyside dal 1820 al 2020

I Proprietari di Sunnyside dal 1820

ABNER JOHNSON del Kentucky arrivò da queste parti intorno al 1820 e cominciò ad acquisire terre del demanio a prezzi stracciati fino attorno al 1840. Nel 1832 fu sceriffo di questa contea, tornò in Kentucky e vendette 860 ettari di terra con 46 schiavi per 60.000 dollari che furono ipotecati per 250 balle di cotone l'anno per dieci anni. Questo tratto di terra conosciuto come Sunnyside, la più fertile di queste terre fu venduta a,

ELISHA WORTHINGTON del Kentucky diventò uno dei più ricchi proprietari di piantagioni di cotone dell'Arkansas dopo aver reso Sunnyside altamente produttiva. Sua moglie, Mary Chinn, lasciò l'Arkansas dopo solo sei mesi e fece annullare il loro matrimonio sostenendo che Elisha era un adultero. Elisha intrattenne una relazione di lunga durata con Cynthia, una delle sue schiave. Ebbero due figli, James Worthington Mason e Martha Mason. Ambedue furono educati a Oberlin, Ohio, poi James continuò gli studi a Parigi. James e Martha ritornarono a Sunnyside per gestire la piantagione del padre durante la Guerra Civile. Il nipote di Elisha, Isaac Worthington, sposò Mary Johnson, figlia di Lycurgus Johnson, proprietario della Lakeport Plantation.

ELISHA era uno dei più influenti coltivatori di cotone del sud est dell'Arkansas. Intorno al 1850 aggiunse terre attraverso forti prestiti ed ipoteche. Nel 1860 possedeva 4.856 ettari di terra e 543 schiavi note ora sotto il nome di Red Leaf, Meanie, Eminence, oltre a Florence, Pastoria, Luna e Lakeport. Comunque, nessuna di esse era produttiva come SUNNYSIDE. CHICOT era la contea più ricca, bella e produttiva dell'Arkansas con case eleganti, quartiere degli schiavi, ecc.

Nel 1862 Elisha trasferì schiavi e bestiame in Texas, lasciando Sunnyside nelle mani di James W. e Martha Mason, i figli avuti dalla sua schiava concubina. Durante la GUERRA CIVILE l'esercito nordista devastò SUNNYSIDE.

Nel 1865 Elisha, rientrato invalido nella contea di Chicot, fu curato dalla figlia mulatta, riacquistò 4 piantagioni e nel 1866 cominciò a disfarsi delle proprietà. A questo punto SUNNYSIDE passò nelle mani della famiglia di ROBERT PEPPER. Worthington morì nel 1873 senza testamento.

Nel 1868 WILLIAM STARLING acquisì la proprietà. In quel tempo, James Mason (il figlio di Worthington) era sceriffo della contea di Chicot, capo dei repubblicani, e senatore dello stato fino alla sua morte avvenuta nel 1874. Per 15 anni le cariche elettive furono ricoperte soprattutto da negri.

Nel 1881 JOHN CALHOUN sposò Linnie Adams, figlia di Julia Johnson, moglie del governatore della Louisiana e acquistò Sunnyside e Lakeport, ipotecate da Austin C. Corbin, un banchiere e finanziere, proprietario della ferrovia Long Island Railroad.

Nel 1886 AUSTIN CORBIN venne in possesso di Sunnyside. C'era una forte carenza di manodopera e le terre di Sunnyside erano per lo più trascurate.

Nel 1894 prese accordi con lo stato dell'Arkansas per far lavorare la terra a mezzadria dai detenuti, e nel 1895 c'era stato qualche miglioramento. La Guerra Civile aveva causato la perdita degli ex-schiavi ora liberi di vagare di piantagione in piantagione.

CORBIN negoziò con una agenzia di immigrazione italiana di New York e con un diplomatico italiano e persuase il sindaco di Roma, DON EMANUELE RUSPOLI a diventare suo socio. Essi idearono un piano per popolare Sunnyside con laboriosi italiani provenienti dalle regioni italiane del centro nord, Emilia, Veneto e Marche. Essi erano ben noti per la loro competenza agricola in quanto molti di loro lavoravano le terre di Ruspoli.

Circa 1.264 ettari di terra furono suddivisi in 250 appezzamenti di poco più di 5 ettari da vendere agli italiani a $ 2.000 l'uno assieme a una casa semplice, pagabili in 20 anni ad un interesse del 5%. Il contratto conteneva molte clausole che in seguito si dimostrarono poco soddisfacenti per gli italiani.

CORBIN morì sei mesi dopo l'arrivo degli italiani nel 1895 e lasciò la gestione delle terre al genero George S. Edgell che non era per niente interessato a farla. Ai primi del 1898 affittò Luna, Patria e Latrobe a GAYDEN DREW mentre SUNNYSIDE, FAWNWOOD, HEBRON E HYNER furono date in affitto a HAMILTON HAWKINS E O. B. CRITTENDEN, LEROY PERCY E MORRIS ROSENSTOCK di Greenville, Mississippi.

Poco prima di questo, molti italiani che avevano trovato la situazione non così idealistica, avevano iniziato a spostarsi a Tontitown, Arkansas; Irondale, Alabama; Shelby, Mississippi e Knobview, Missouri. Chi era rimasto fu presto raggiunto da altre famiglie italiane allettate da nuovi contratti e false promesse.

Nel 1920 un certo J.C. BAIRD acquisì la proprietà di Sunnyside, passata poi alla KANSAS CITY LIFE INSURANCE nel 1924 che vendette tutto salvo Sunnyside alla Jewell Realty Company di Kansas City nel 1926.

Nel 1930 a Sunnyside c'erano soltanto due famiglie italiane.

Nel 1935 Kansas City diede le terre in affitto alla ARKANSAS RURAL REHABILITATION CORPORATION, che le ritornò alla KANSAS CITY LIFE nel 1938.

Dal 1941 al 1945 la Kansas City Life vendette vari tratti di terra a diverse persone mentre la MOHEAD BROTHERS di Vicksburg, Mississippi detenne Sunnyside fino all'ottobre 1985 allorché venne venduta a SAM EPSTEIN ANGEL di Lake Village, l'attuale proprietario. La superficie approssimativa di quella che oggi viene chiamata Sunnyside è di 283 ettari.

Storia al momento di questa pubblicazione

Primi Articoli

Quanto segue è stato trascritto da un articolo della *Arkansas Gazette* del 22 dicembre 1893.

"Lo Stato farà Lavorare 400 Detenuti nella Piantagione di Sunnyside – I Dettagli delle Condizioni non sono noti

Il Consiglio di Stato della Commissione Penitenziaria e l'avvocato James H. Watson, in rappresentanza di Austin Corbin &Co., e principale proprietario della piantagione di Sunnyside hanno stipulato un contratto per far lavorare i detenuti statali nella famosa piantagione. Le condizioni sono state accettate.

Riguardo all'argomento, il generale Clarke asserisce di non aver partecipato alle trattative, tuttavia ha inteso che secondo i termini del contratto, la compagnia deve mettere a disposizione 1.538 ettari di terra (3.800 acri), i muli, gli alloggi, un supervisore generale della piantagione, pagare i detenuti 50 centesimi al giorno qualora non si possa lavorare e anticipare 2.500 dollari al mese per dare da mangiare ai detenuti fino alla vendita del raccolto ovvero un pegno sul raccolto medesimo. Lo stato deve sorvegliare, nutrire, fornire il vestiario e le cure mediche ai malati, pagare tutte le altre spese, e si dice anche che prenderà metà del raccolto.

Il generale ha dichiarato: "Questo per Austin Corbin & Co. è un bell'affare perché non ha niente da perdere mentre lo stato rischia di perdere dai 5.000 ai 10.000 dollari l'anno."

Articoli del Greenville Times che citano la piantagione di Sunnyside o gli italiani di Sunnyside:

---

15 FEBBRAIO 1894. DOMENICA 150 DETENUTI DELL'ARKANSAS HANNO ATTRAVERSATO IL FIUME DIRETTI A SUNNYSIDE

26 GENNAIO 1895 È STATO COMUNICATO IN MANIERA AUTOREVOLE CHE IL SIGNOR AUSTIN CORBIN DI NEW YORK HA VENDUTO LE PIANTAGIONI DI PROPRIETÀ A SUNNYSIDE, CONTEA DI CHICOT, ARKANSAS A 16 CHILOMETRI DA GREENVILLE, A 250 FAMIGLIE ITALIANE.

1° DICEMBRE 1895 VENDITA DELLA PIANTAGIONE DI SUNNYSIDE

27 NOVEMBRE 1895 ALLA SUNNYSIDE COMPANY INTERESSA LA COLONIZZAZIONE DELLA PIANTAGIONE. 700 ITALIANI SONO PARTITI DA GENOVA PER NEW ORLEANS.

9 LUGLIO 1896 SUNNYSIDE, ARKANSAS. IL 30 GIUGNO ATTIVITA' DI CHIUSURA DELLA SCUOLA E PRIMO PICNIC DELLA COLONIA ITALIANA – UN LUNGO ARTICOLO "PRENDETENE UNA COPIA"

2 APRILE 1898 "SUNNYSIDE"

17 DICEMBRE 1896 SUNNYSIDE, ARKANSAS. BALLO IL 10 DICEMBRE 1896

Vedi l'Appendice a pagina 298 per il testo originale in inglese

Questa è la fotografia di un articolo di giornale del 6 novembre 1895 che parla della partenza di famiglie delle comunità di Recoaro e Valli dei Signori (ora Valli del Pasubio) della regione Veneto. Una traduzione dell'articolo si trova nella pagina successiva. *Nel 2012 il giornale originale fu riscoperto nella residenza di un ex sacerdote di Tucson, Arizona da alcuni componenti della famiglia Maestri. Attualmente è al sicuro nella collezione del Tontitown Historical Museum presso lo Shiloh Museum of Ozark.*

CRONACA
VICENZA- 6 NOVEMBRE 1895

Emigranti che Pensano al Papa e chiedono la Sua Benedizione prima di Partire

Merita bene l'onore della pubblicità l'attestato di attaccamento al Papa e di fede salda e sincera che diedero venti famiglie di Valli dei Signori prima della loro partenza per l'Arkansas (Stati Uniti d'America) che avvenne l'altra sera dalla nostra stazione ferroviaria.

Alcuni giorni orsono essi avevano inviato al Santo Padre con l'obolo della loro devozione, la protesta nobilissima di affetto e fede che pubblichiamo di seguito:

Santo Padre,

I sottoscritti avendo deliberato di emigrare nell'Arkansas, Stati Uniti d'America, prima di partire da questa Italia rivolgono il loro pensiero alla Santità Vostra con l'obolo del loro amore filiale in protesta anche degli affronti che il sensibile cuor vostro ha dovuto soffrire da quella ormai notoria fazione ormai smascherata anche nelle più alte montagne della nostra bella Italia. *(Nota dell'autrice: I Massoni erano in conflitto con la Chiesa cattolica. I Massoni erano molto aggressivi nel far circolare una teologia che negava la divinità di Gesù e la sua resurrezione. Tutto questo fu respinto dagli emigranti che si aggrapparono all'insegnamento delle Scritture riguardanti Gesù).*

Si propongono, inoltre, prima di partire di fare ogni tentativo possibile affinché tutte queste famiglie unite formino una vera comunità cattolica, disciplinata ai vostri ordini con lo scopo di combattere la bestemmia, e la disonestà; osservare il riposo e la santificazione del giorno festivo, di procurare fra gli emigranti la concordia, la fedeltà, l'amore fraterno, e di promuovere la costruzione di una chiesa.

Per questo fermo desiderio e queste venti famiglie invochiamo la vostra benedizione. Benediteci, Padre; benedite le nostre famiglie durante questo lungo e pericoloso viaggio; benediteci nella nostra nuova dimora; benedite le nostre buone intenzioni; benediteci nell'anima e nel corpo; e sia questa benedizione pegno che noi vostri devoti figli saremo sempre indivisibili nel vostro paterno cuore fino alla morte.

E il Santo Padre, senza alcun intervallo di tempo, li volea confortati colla seguente preziosa risposta:

Dall'Ufficio di Sua Santità

Al signor Domenico Pianalto in Valli dei Signori (Vicenza)

Stimato Signore,

Il Santo Padre ha accolto benignamente l'obolo e l'ossequio di filiale devozione che la signoria vostra a nome proprio e di alcuni altri sottoscritti, nella sua lettera inviava a Sua Santità invocando la benedizione apostolica in occasione del vostro lungo viaggio in Arkansas, Stati Uniti d'America. Sono lieto dell'incarico ricevuto dal Santo Padre di significarle che egli ha accordato con tutta l'effusione d'animo la benedizione implorata, facendo voti che per tale benedizione, il Signore vi protegga nel lungo viaggio e vi renda sempre prosperi nell'anima, nel corpo e nei vostri interessi. Nel darvi queste notizie mi è gradito esprimere i sensi della particolare mia stima e dichiararmi:

Dall'ufficio di Papa Leone XIII

Devotissimo Servo

A. Rinaldini

L'articolo continua:

Venerdì, Festività di Ognissanti, nella chiesa parrocchiale di Valli, i partenti facevano celebrare una Messa solenne, dopo essersi accostati alla Santa Comunione con grande fervore e aver associato loro in quest'atto venerando la popolazione di tutta la parrocchia: cosa davvero straordinaria, imprevista, commoventissima. All'atto di cominciare la distribuzione di questa davvero generale comunione, il molto reverendo arciprete don Antonio Cenzon rivolgeva ai suoi figli in partenza e ad altri che restavano, parole così ispirate, così efficaci anche nel momento solennissimo, che la chiesa fu una commozione, un pianto generale. Davvero il saluto alla patria, alle dolci memorie del luogo natio non poteva essere dato da quei buoni valligiani in modo più bello, più edificante.

La benedizione del Vicario di Gesù Cristo che li accompagna nel loro viaggio e nel suolo straniero sarà sicura della benedizione del cielo alle loro fatiche, al loro sudore per procacciarsi un pane meno stentato e meno duro di quello che la madrepatria ha dato sin qui. Vorremmo aggiungere che l'Arkansas è uno stato libero dell'America del Nord e fa parte dell'Unione dal 1836. Confina a nord con Missouri e Mississippi, a sud con Louisiana e Texas e a ovest con Texas e Territorio Indiano.

L'Arkansas ha una superficie di 135.187 Km. quadrati e una popolazione di circa mezzo milione di abitanti di cui 120.000 sono negri. Lo stato è ricco di carbone, ferro, zinco, alluminio e sale. Si coltivano granturco, cotone, tabacco e altri prodotti agricoli.

Questa mappa del 1895 mostra il lotto di 5 ettari che Bariola comprò dalla Sunnyside Company. La freccia indica un quadratino nero ovvero i 5 ettari che aveva comprato.

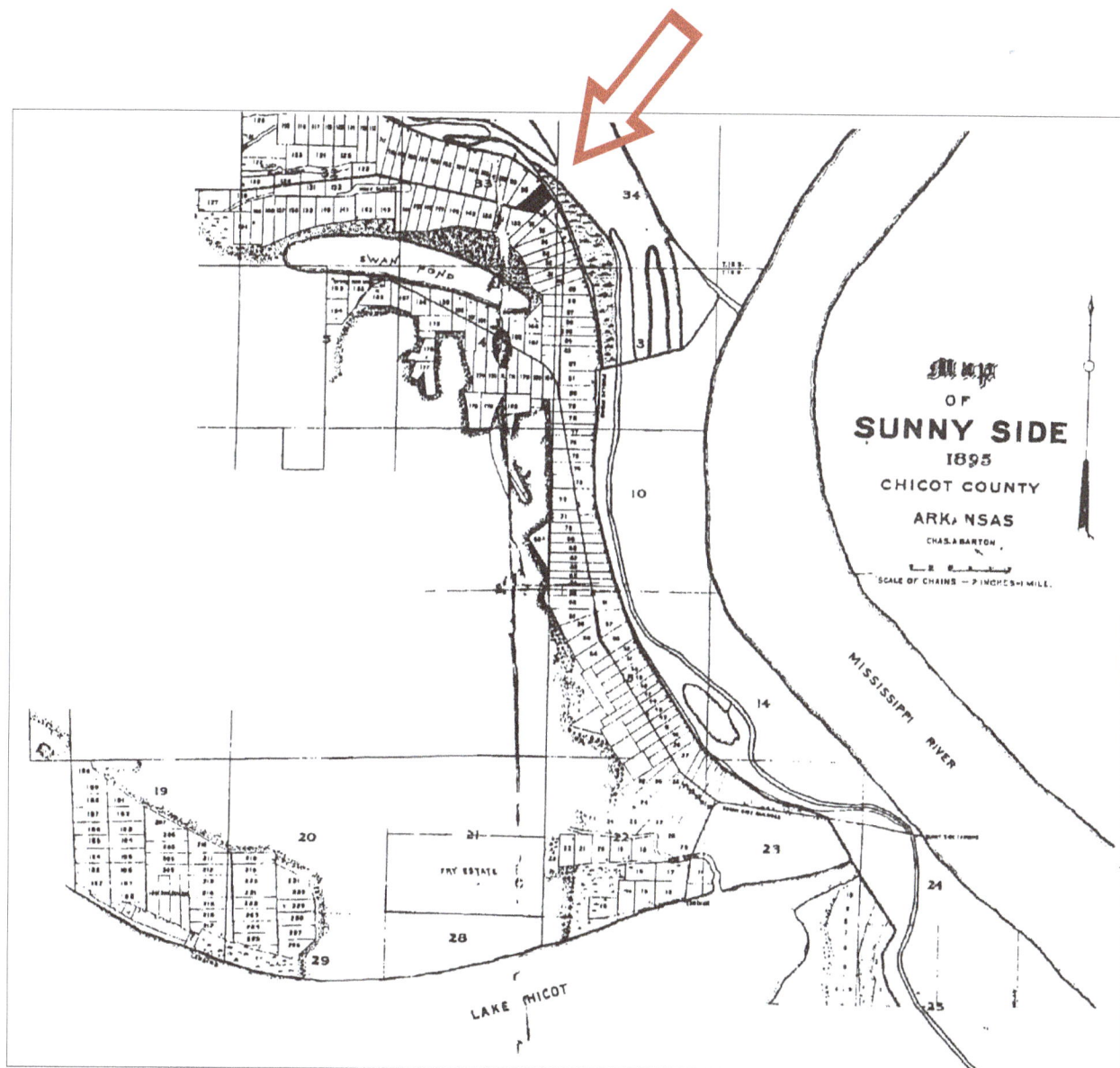

Per partire dall'Italia le famiglie avevano bisogno di un permesso governativo e l'esonero da ogni potenziale servizio militare.

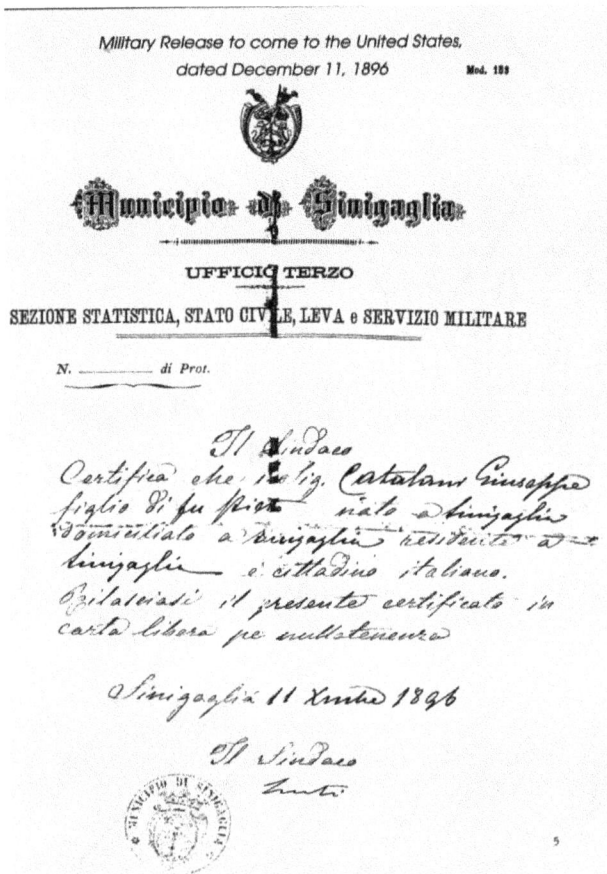

Military Release to come to the United States, dated December 11, 1896

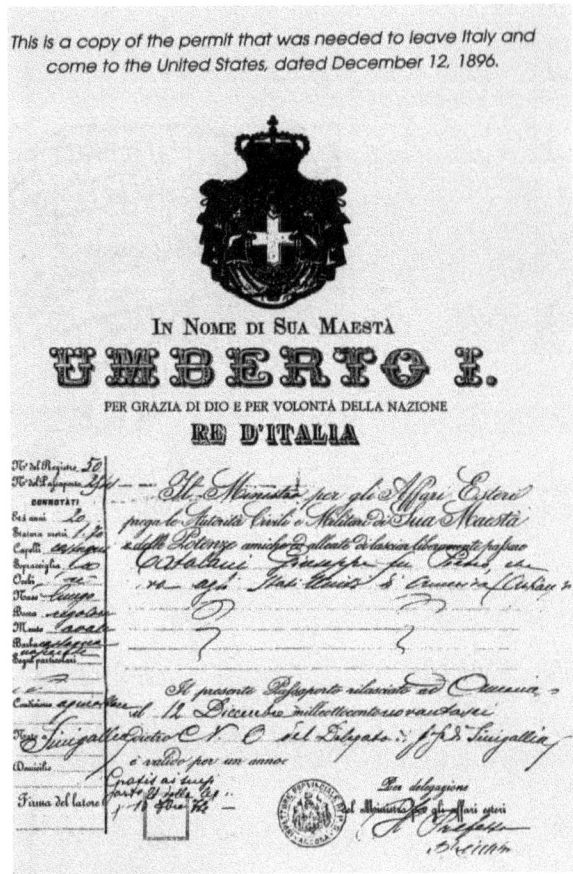

This is a copy of the permit that was needed to leave Italy and come to the United States, dated December 12, 1896.

After passing the medical exam, immigrants waited in the Registry Room to be summoned to an inspector's desk for the legal inspection.

Ellis Island: Dopo aver passato la visita medica, gli immigranti, nella stanza dei Registri, aspettavano di essere chiamati alla scrivania dell'ispettore per i controlli burocratici.

Controlli Sanitari e Liste Passeggeri delle Navi

Prima del 1920, una delle poche restrizioni riguardava la salute. Gli immigranti dovevano passare un controllo sanitario, e se non ci riuscivano, venivano trattenuti. Chi era ritenuto malato fisicamente o mentalmente incapace veniva rispedito in Italia, La paura della malattia che li avrebbe esclusi, dominò i pensieri degli immigranti che attraversarono l'Atlantico.

Nel 1906, come esemplificato dalla nave *Lazio* in questa pagina e in quella successiva, i funzionari dell'immigrazione raccoglievano dagli immigranti anche informazioni sull'età, origine e sulla provenienza dei fondi per il biglietto della nave.

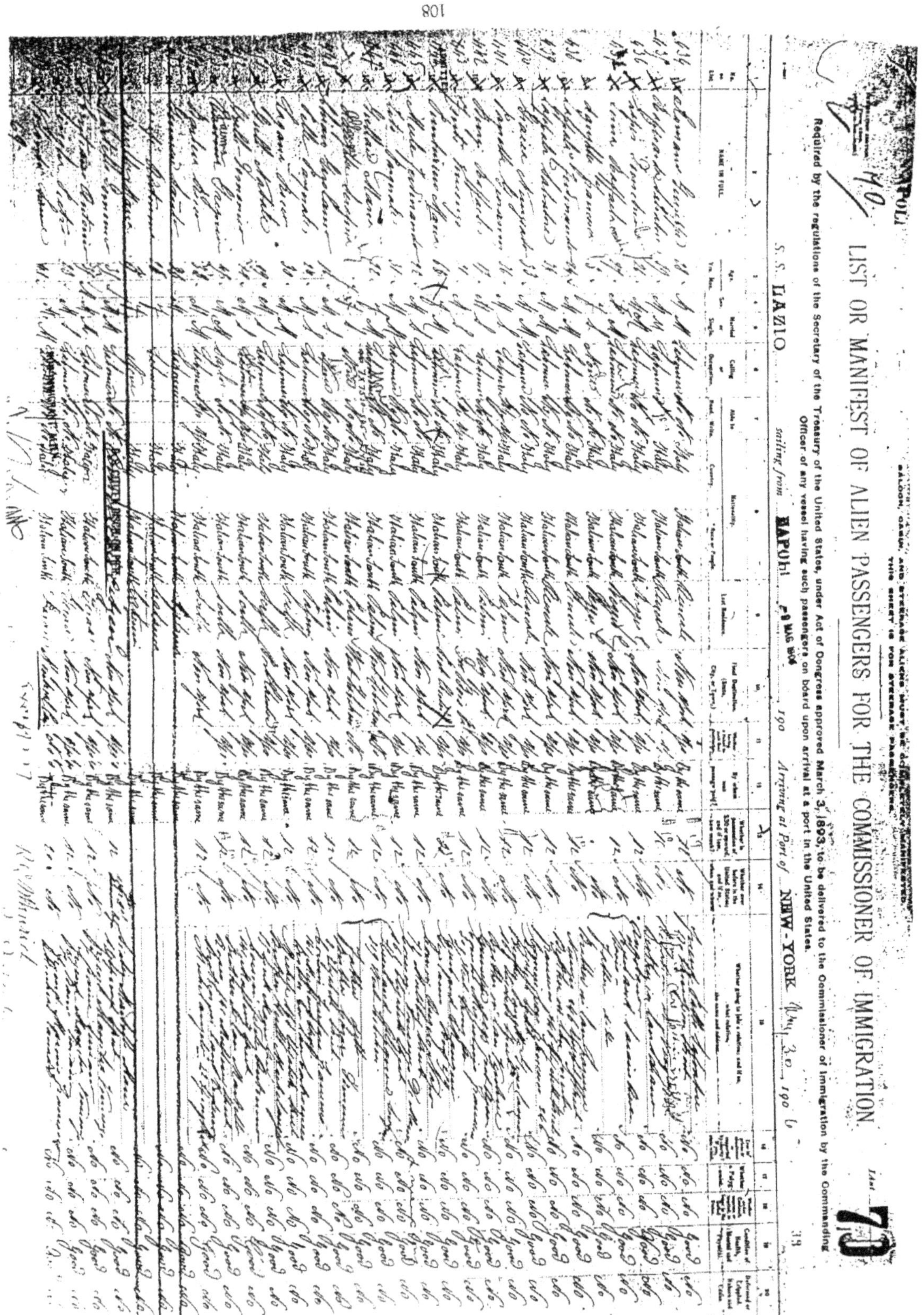
LIST OR MANIFEST OF ALIEN PASSENGERS FOR THE COMMISSIONER OF IMMIGRATION.
Required by the regulations of the Secretary of the Treasury of the United States, under Act of Congress approved March 3, 1893, to be delivered to the Commissioner of Immigration by the Commanding Officer of any vessel having such passengers on board upon arrival at a port in the United States.
S. S. LAZIO sailing from NAPOLI
Arriving at Port of NEW-YORK
73

L'Arrivo degli Italiani nel 1895 e 1896

Le prime due navi che arrivarono dall'Italia furono la *Chateau Yquem* nel dicembre 1895 che navigò da Genova a New Orleans, e il *Kaiser Wilhelm II* nel dicembre 1896 che navigò da Genova a New York. La maggior parte delle famiglie arrivò con i propri averi stipati in uno o due bauli. Le famiglie arrivate a New Orleans, proseguirono il viaggio sul fiume Mississippi a bordo del battello a vapore *City of Hickman*, noleggiato da Austin Corbin che attraccò probabilmente al Sunnyside Landing. Le famiglie giunte a New York attraversarono il Paese viaggiando in treno.

Chateau Yquem: Trasportò il primo gruppo di italiani da Genova a New Orleans.

City of Hickman: Portò il primo gruppo di italiani da New Orleans a Greenville.

Una volta arrivati a Sunnyside, i primi due gruppi furono suddivisi secondo la regione italiana di provenienza, come indicato nella cartina qui sotto:

The map of Sunnyside shows how and where each group of Italians were placed. From the files of Ernesto Milani of Varese, Italy.   AFTER MALARIA EPIDEMIC MANY LEFT

Plat No. 3, 32 & 33   Hyner   Vicenza — these went to Tontitown in 1898
        4 & 31   Swan Pond   Modena — these went to St. James, Mo.—1898
        10   Hebron   Ancona & Bologna
        23   Cottonwood Ridge   Senigallia   these remained at Sunnyside
        22   Fish Bayou   Senigallia   Some went to Mississippi in 1898

La cartina di Sunnyside mostra come e dove fu sistemato ciascun gruppo di italiani (*Archivio Ernesto R Milani di Varese, Italia*):

Appezzamento	N. 32 & 33	Hyner	Vicenza
	N. 4 & 31	Swan Pond	Modena
	N. 10	Hebron Ancona	Bologna
	N. 23	Cotton Ridge	Senigallia
	N. 22	Fish Bayou	Senigallia

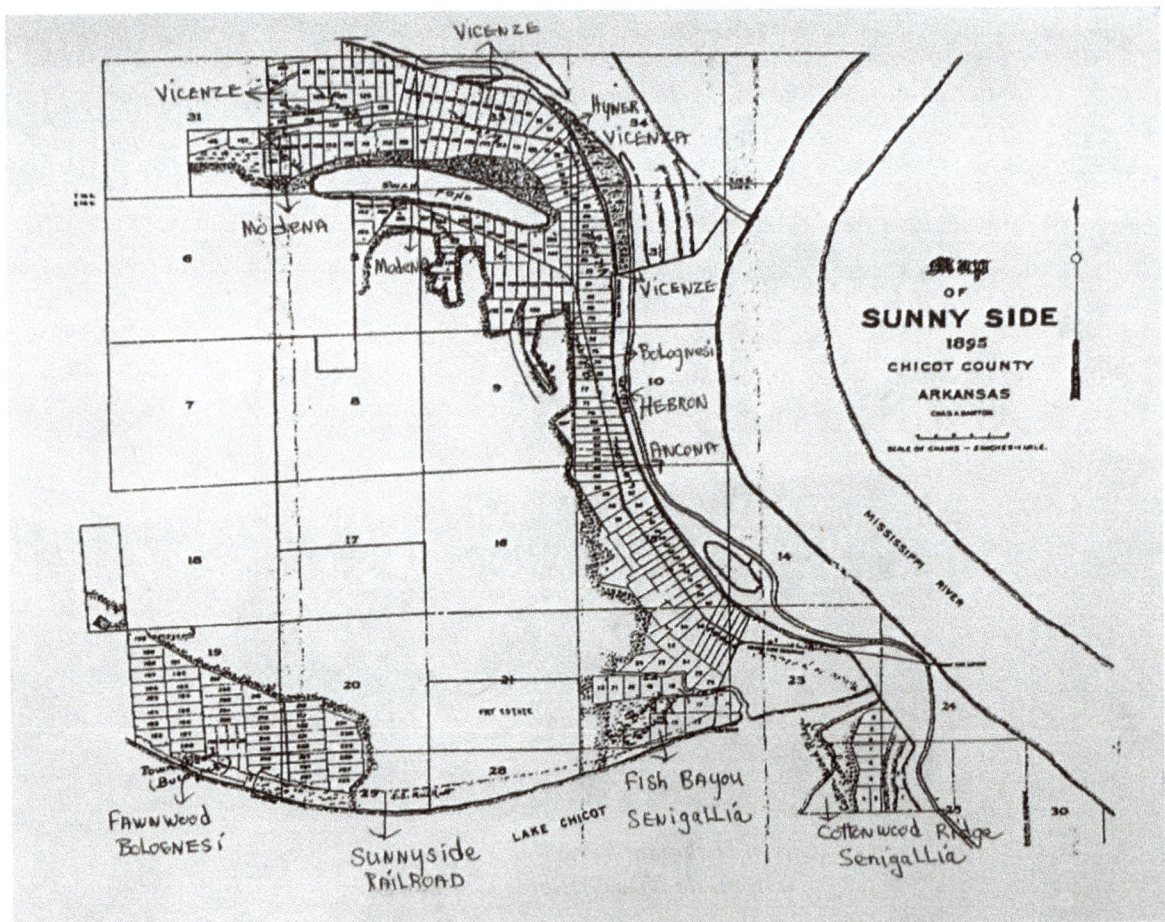

Gli italiani che avevano familiarità con la necessità di avere documenti, appena arrivati impararono in fretta a districarsi nella burocrazia americana a partire dal pagamento delle tasse elettorali, a quelle matrimoniali e le dichiarazioni d'intenti per diventare cittadini americani. Anche se i registri delle votazioni della contea di Chicot degli anni attorno al 1890 sono andati perduti, dei registri simili della contea di Washington (dove si stabilì il gruppo di Padre Bandini) indicano che gli italiani erano desiderosi di mostrare il loro gradimento verso i diritti e le libertà offerte negli Stati Uniti. Molti capi dei nuclei familiari pagarono le tasse elettorali già nel 1899.

Licenza di matrimonio emessa il 14 gennaio 1908:
Nazzareno "Ned" Catalani
e
Giuseppina Alpe Catalani

Gli estratti qui sotto sono articoli stampati. Sono stati ordinati cronologicamente (con qualche possibile errore).

SINOSSI

Austin Corbin, banchiere e proprietario della ferrovia Long Island Railway, e John C. Calhoun, nipote di un famoso statista americano, costituirono il 9 aprile 1887 la Sunny Side Company che possedeva 4.047 ettari (10.000 acri) di terre abbandonate e da ripristinare attorno al lago Chicot. Austin Corbin ne era il presidente. Fu costruita una piccola ferrovia per trasportare il raccolto di cotone al molo e spedirlo dall'altra parte del Mississippi al mercato di Greenville.

Corbin fece un accordo con il barone italiano Saverio Fava e Alessandro Oldrini, capo dell'ufficio italiano del lavoro per risolvere il problema della mancanza di manodopera. Mandarono Emanuele Ruspoli, proprietario terriero e uomo politico, a Sunnyside ed infine la Sunnyside Company si organizzò per il reclutamento di 100 famiglie all'anno per cinque anni.

Fu firmato il contratto e il primo gruppo che arrivò a New Orleans il 29 novembre 1895 era composto da 98 famiglie, 303 adulti, 110 adolescenti e 127 bambini per un totale di 540 passeggeri provenienti dalle regioni italiane di Marche, Emilia e Veneto.

Nel giugno 1896 cominciarono le prime coltivazioni, poi Corbin fu ucciso da una pariglia di cavalli imbizzarriti in un incidente di carrozza.

Il secondo gruppo, composto da 72 famiglie salpò da Genova il 17 dicembre 1896 e arrivò a Sunnyside il 5 gennaio 1897.

Il costo dei lotti era di 160 dollari l'acro (1 acro pari a 0,4 ettari), 50-60% superiore al prezzo delle terre più fertili della zona. Le case primitive erano sopravvalutate a 150 dollari, ecc.

Alla fine del 1897, 72 persone morirono di febbre gialla (44 bambini e 18 adulti).

A questo punto, alcuni partirono per Tontitown, Arkansas; Knobview, Missouri; Irondale, Alabama e Shelby, Mississippi.

Da 174, le famiglie si ridussero a sole 38.

Altre famiglie furono attirate a Sunnyside dagli affittuari con l'ausilio di alcuni Italiani che ci guadagnarono sopra.

Nel 1905 a Sunnyside c'erano 127 famiglie.

Nel 1912 il numero si ridusse a 60.

Nel 1920 non c'erano più italiani a Sunnyside anche se la maggior parte di essi era comunque rimasta nella zona di Lake Village.

Vedi l'Appendice a pagina 299 per il testo originale in inglese

Qui sotto un contratto firmato il 23 settembre 1895 tra "Marchi Sabbatino, agricoltore di professione, e la sua famiglia" e la Sunny Side Company presieduta da Austin Corbin e rappresentata dal "Principe Emanuele Ruspoli." Le prime 250 famiglie italiane arrivarono con in mano questo contratto d'acquisto di 12 ½ acri (poco più di 5 ettari) di terra nella piantagione di Sunnyside. Il contratto ingrandito si trova nelle due pagine seguenti, e successivamente nella traduzione in inglese.

STATI UNITI D'AMERICA.

STATO DI ARKANSAS,
CONTEA CHICOT.

SUNNY SIDE COMPANY.
Costituita il 19 Aprile, 1887, nello Stato di Connecticut

PRESIDENTE :
ONOREVOLE AUSTIN CORBIN DI NEW YORK.

RAPPRESENTANTE LEGALE IN ITALIA :
DON EMANUELE PRINCIPE DI SUASA RUSPOLI.

In questo giorno *di Lunedì 16 Settembre* ed anno milleotto-
cento novanta*cinque* la SUNNY SIDE COMPANY costituita il 19 Aprile, 1887,
sotto le leggi dello Stato di Connecticut, Stati Uniti dell'America del Nord, e legal-
mente rappresentata dal suo Presidente infrascritto, On. Austin Corbin di New
York da una parte ; e dall'altra, da *Marchi Sabbatino di professione*
Agricoltore con la sua famiglia infrascritt° di :
Provincia di : *Camugnano*
Bologna Italia, Europa, è stato stipulato quanto segue :

Art. 1.° La SUNNY SIDE COMPANY vende e trasferisce con questo Contratto
a / suddett° acquirent°, ed eredi, esecutori o curatori legali, l'appezzamento di
terra portante il numero nella Mappa qui unita.
Detto appezzamento, quale trovasi descritto nella mappa anzidetta, consiste di Acri
Dodici e mezzo (12½ *Ett. 5.06*) di terra già sotto coltura, pari ad
Ettari : *Cinque are 6* Desso fa parte della Piantagione di SUNNY SIDE, appartenente, per titolo di proprietà perfetto, alla compagnia venditrice, sita nella Contea Chicot, Stato di Arkansas, Stati Uniti del Nord America, fra il fiume Mississippi ed il lago Chicot, ed
è uno dei duecentocinquanta appezzamenti contemporaneamente venduti a famiglie
italiane a scopo di colonizzazione agricola, dalla SUNNY SIDE COMPANY.

Art. 2.° È inclusa nella vendita la Casa Colonica che trovasi sull'appezzamento,
sufficiente a *Noy* famigli° *Marchi*

Art. 3.° Il prezzo del Terreno e della Casa è stipulato in Dollari americani
DUEMILA che l'Acquirent° si obblig° a pagare in moneta americana
nel corso di VENTIDUE ANNI, a decorrere dalla data del presente contratto
ed alle epoche qui determinate.

Art. 4.° I / Comprator° si obbliga altresì a corrispondere alla SUNNY
SIDE COMPANY l'interesse del cinque per cento annuo sulle somme rateali
dovute, fino all'ultima che estinguerà il suo debito.

Art. 5.° Il primo versamento avrà luogo nell'anno 1896, cioè dopo il primo
raccolto fatto da ll'Acquirent° su ll'appezzamento, ed i susseguenti, anno
per anno, nel modo seguente :
Anno 1.° 1896 - Per interessi 5 per cento su dollari duemila, Totale, Dollari 100 00
Anno 2.° 1897 - Per interessi 5 per cento su Dollari 2,000, più Dollari 50
per ammortamento di capitale . . . . Totale, Dollari 150 00
Anno 3.° 1898 - Per interessi 5 per cento su Dollari 1,950, più Dollari 75
per ammortamento di capitale . . . . Totale, Dollari 172 50
Anno 4.° 1899 - Per interessi 5 per cento su Dollari 1,875, più Dollari 75
per ammortamento di capitale . . . . Totale, Dollari 178 75
Anno 5.° 1900 - Per interessi 5 per cento su Dollari 1,800, più Dollari 100
per ammortamento di capitale . . . . Totale, Dollari 190 00
Anno 6.° 1901 - Per interessi 5 per cento su Dollari 1,700, più Dollari 100
per ammortamento di capitale . . . . Totale, Dollari 185 00
Anno 7.° 1902 - Per interessi 5 per cento su Dollari 1,600, più Dollari 100
per ammortamento di capitale . . . . Totale, Dollari 180 00

6　E per gli ultimi quindici anni, in Quindici Pagamenti rateali di dollari Cento
7 l'uno, più il cinque per cento d'interesse come sopradetto, pagabili annualmente,
8 all'epoca del raccolto.

9　Art. 6.° Nell'intento preciso però di favorire / Acquirent e, la SUNNY SIDE
0 COMPANY　riconosce　la facoltà di anticipare i pagamenti in parte od in tutto,
1 obbligandosi essa Compagnia ad accordar e tutto il tempo voluto per eseguire i
2 pagamenti qualora in qualche anno, per casi imprevedibili, la raccolta riescisse
3 inferiore alla rata annuale da pagarsi ; intendendosi però che i pagamenti arre-
4 trati di un anno dovranno farsi da // acquirent e alla prima buona raccolta.

5　Art. 7.° La SUNNY SIDE COMPANY si obbliga col presente contratto a
6 comprare, se richiestane, il cottone che / Acquirent e raccoglier a　sulla sua
7 proprietà, al prezzo corrente del listino di borsa della Città di New Orleans,
8 Stato di Luisiana ; meno però il nolo e spese di trasporto da SUNNY SIDE
9 a quel mercato : somma che non dovrà oltrepassare un dollaro per balla di 500
0 libbre americane e che rimarrà a carico de / Colon o venditor e

　Art. 8.° Per la soluzione di ogni e qualunque difficoltà che potesse sorgere, dopo la
firma del presente contratto, fra / Acquirent e e la SUNNY SIDE COMPANY, le
parti contraenti s'impegnano a rimettersi al principio dell'Arbitraggio, rimanendo stabilito che la Commissione Arbitrale consisterà di tre Arbitri, dei quali: uno scelto dalla
Compagnia venditrice, uno dal Colon e acquirente ed il terzo dai 2 arbitri così nominati

lo ed atto del Notaio Pubblico per
l'autenticazione legale della firma,
dell'On. Austin Corbin, qui affissa.

ARY PUBLIC, NEW YORK CO.

Il Presidente della Sunny Side Company, Venditrice

Austin Corbin

Per copia conforme all'originale

Roma, li 2 3 Settembre 1895.

Vice Generale
Il Consolo degli Stati Uniti d'America in Roma
Reggente il Consolato Generale
Charles M. Wood.

THE FOLLOWING IS THE CONTRACT,

literally translated by the interpreter, and its terms afford an interesting study:

"United States of America, State of Arkansas, Chicot county, Sunny Side Company, organized April 19, 1897, in the State of Connecticut, Hon. Austin Corbin of New York, President. Legal representative in Italy, Don Emanuele, Principe di Suasa Ruspoli, this day of Monday, September 18 A. D. 1895.

"The Sunny Side Company, organized (September) 18, 1897, under the laws of the state of Connecticut, United States of America, and legally represented by its president, Hon. Austin Corbin, of New York, on the one side and Sebastini Eugenio agriculturist, and his family, as undersigned, of Ancona, Italy, Europe, on the other side, stipulate as follows:

"Article I. The Sunny Side Company sells and transfers with this contract to the above named purchaser, his executor and legal curators a lot of ground bearing No.____(sic) in the map hereto, affixed (there was no map affixed) which lot is described in the map, above referred to, and consists of twelve and a half acres of ground. Already under cultivation, (equal to 5.06 Ettari Italian measurements) which make a part of the of the Sunny Side plantation, pertaining as per perfect title of proprietor to the selling company, situated in the Chicot county, state of Arkansas, United States of North America between the Mississippi and Lake Chicot, and is one of 250 lots sold contemporaneously to Italian families with the object of agricultural colonization of Sunny Side Company's plantation.

"Art. II. There is included in the sale, the colonial house which is situated on the lot, sufficient for the Sabini family.

"Art. III. The price of the ground and of houses is stipulated at $2000 in American money, which sum the purchaser obligates himself to pay in American money in the course of twenty one years to begin from the date of the present contract and payable at dates hereinafter stipulated.

"Art IV. The purchaser furthermore obligates himself to pay to the Sunny Side Company annual interest at 5 per cent on the balance due until the last payment shall mature as hereinafter stipulated, cancelling his indebtedness.

"Art. V. The first payment will be due in 1896, after the first harvest is made by purchaser upon the ground, and the balance annually in the following manner:

"First year, 1896. For interest on $2000 at 5 per cent, total $100.

"Second year. 1897. Interest on $2000 at 5 per cent. plus $50 for reduction of capital (sic). total $150.

"Third year. 1898. For interest on $1950. plus $75 on account of principal. total $172.50.

"Fourth year. 1899. Interest on $1875 at 5 per cent. plus $75 on account of principal: total $178.75.

"Fifth year. 1900. Interest at 5 per cent on $1800. plus $100 on account of principal: total $190.00.

"Sixth Year. 1901. Interest on $1700. plus $100 on account of principal: total $185.

"Seventh year. 1902. Interest at 5 per cent on $1600. plus $100 on account of principal: total $180.

"And for the remaining years is eleven rental payments of $100 each at 5 per cent. as above stated. payable annually at dates of harvest.

"Article VI.   For the purpose of furthering the interest of the purchaser. the Sunny Side Company recognizes the ability to accept the payment in part or full. the said company obligating itself to allow all the time necessary to execute said payment. when on account of some unforeseen cause. the result of the harvest fails to be sufficient to pay the annual rental. It being understood that the payments overdue from one year to another should be paid by purchaser at the first good harvest.

"Art VII. The Sunny Side Company obligates itself by the present contract to buy. if asked. the cotton that purchaser raises on the property at the current price. quotations as per exchange of the city of New Orleans. state of Louisiana. less the freight and expenses on said cotton from Sunny Side. said expenses not to exceed $1 per bale of 500 American Pounds. which will be at the expense of the selling colonist.

"Art. VIII. For the solution of any and all differences that may arise after the signing of this contract between the purchaser and the Sunny Side Company. the contracting parties agree to submit to the principle of arbitration. it being stipulated that the arbitration commission shall consist of three arbitrators. of which one will be chosen by the selling company. one by the selling colonist. and the third by the two arbitrators so named.
"The president of the Sunny Side Company. seller.

(signed. Austin Corbin)

"Signed and sealed by act of Notary for legalizing the signature hereunto affixed.

"C. W. Wagner"
"Notary Public , New York"

Il contratto riscritto dopo la morte di Corbin. Il genero, George S. Edgell, che non aveva alcun interesse nella piantagione, l'affittò a dei coltivatori di cotone locali, mercanti, uomini politici e mediatori di cotone.

(Archivio Ernesto R Milani)

AI COLONI ITALIANI DI SUNNY SIDE, ARK.

La seguente constatazione di fatti e le condizioni alle quali la Compagnia di Sunny Side propone di continuare gliaffari della Colonia, sono qui sottomesse al vostro giudizio, affinchè vi sia possibile di considerarne tutti i punti, prima dell' imminente regolamento dei conti.

I seguenti vantaggi vi furono accordati fin qui a titolo gratuito:

1° L'uso dei muli ed il loro mantenimento e cura, nonchè l'uso degli stromenti agricoli poi quali è costume di far pagare 50 dollari all' anno. Se la Compagnia avesse fatto pagare per ciò, il suo incasso sarebbe stato di 8,650 dollari.

2° Vi fu dato un Medico coll' interprete e fornite le medicine, al costo di 2,460 dollari.

3° La Compagnia ha pagato al Sacerdote, per stipendio 1,200 dollari: ai Maestri 900; al giardiniere e per le provigioni dei maestri 280 dollari: pel riscaldamento della Chiesa, della Scuola e della casa 50 dollari. Cioè, in totale, dollari 2,430

4° Fu accordato l'uso gratuito della ferrovia pel servizio della quale, per vostra comodità, furono spesi 2,000 dollari di più di quanto sarebbe necessario pel solo servizio dell' amministrazione della piantagione.

5° Vi furono forniti dei Filtri per 1,000 dollari.

Il costo totale dei privilegi sopra menzionati, all' infuori dei filtri, ammonta pel 1897, a dollari 15,540.

Egli è quindi apparente che tale spesa senza un adequato compenso non può venire continuata.

Per cui, la Compagnia di Sunny Side a mezzo del suo Presidente, definisce qui le condizioni che vi farà per l'anno che principia col 1° febbraio 1898, come segue :

Della Terra.—I termini del vostro Contratto rimangono in vigore, eccettuato nel caso di quei letti che non furono produttivi come altri, data la medesima proporzione di mano d'opera.   I proprietari di tali letti potranno cambiarli contro terre migliori quando ciò sia possibile, in caso diverso verrà accordata una riduzione nel prezzo dei lotti, prendendo per base i raccolti degli anni 1896 e 1897.

L'addizione al vostro lotto dei sette acri e mezzo promessivi in dono e che non furono ancora tutti consegnati, verranno misurati e consegnati al più presto che si potrà.

Gli Anticipi di fondi per compera di provvigione e per mano d'opera di ajuto durante la raccolta del cotone, verranno fatti secondo i criterii della Compagnia.

Muli.—Verrete addebitati in conto della somma di 40 dollari per l'uso ed il mantenimento dei muli e per l'uso di carri e degli istrumenti agricoli, detti muli ecc. rimarranno sotto la direzione del Fattore Generale e suoi assistenti. A quelle famiglie che avranno denaro sufficiente per farsi la stalla e provvedere il grano necessario al mulo, la Compagnia è disposta a vendere loro i muli a pagamento rateale in tre anni. Rimanendo però inteso, che, fino a completo pagamento, i muli, gli stromenti agricoli ecc. resteranno sotto la direzione del fattore.

Medico.—Ogni Colono verrà tassato 2 dollari all' anno pel servizio medico; ma, nessuna famiglia presa complessivamente, verrà tassata di più di 10 dollari. Le medicine verranno fornite a prezzo di costo.

Ferrovia.—Verranno dati dall' Ufficio Generale biglietti gratis a quelli che dovranno recarsi al Magazzeno delle provviste od alla Chiesa, una volta la settimana. Tutti coloro che useranno la ferrovia per altri scopi, dovranno pagare una piccola tassa, quale verrà indicata dall' ufficio.

Case Coloniche.—Una volta messe in buone condizioni di riparazione per opera della Compagnia, esse dovranno venire riparate ulteriormente dai coloni stessi.

Pompe d'acqua e Filtri.—Spetta ai Coloni di tenerle in buon ordine: ma quando ad essi sarà impossibile di farla, la riparazione verrà fatta dalla Compagnia, a sue spese.

Scuola e Chiesa.— Sotto la direzione del Rev. P. Bandini ed alimentate da lui colla somma accordatagli a tale scopo dalla Compagnia.

THE SUNNY SIDE CY.

NEW YORK, 1° Febbraio 1898.

Furnished by Ernesto Milani

Company sternwheel steamboat in Lake Chicot. Photo courtesy William Alexander Percy Memorial Library, Greenville, MS.

[7] Casavecchia, and Marconi 39-40.

Battello a vapore con ruota poppiera della Compagnia sul lago Chicot. Cortesia William Alexander Percy Memorial Library, Greenville, Mississippi.

Hauling cotton seed to Sunnyside Landing for shipment. Photo courtesy William Alexander Percy Memorial Library, Greenville, MS.

Trasporto del seme di cotone al Sunnyside Landing. Cortesia William Alexander Percy Memorial Library, Greenville, Mississippi.

Sunnyside boat landing. Photo courtesy William Alexander Percy Memorial Library, Greenville, MS

Pontile per battelli di Sunnyside. Cortesia William Alexander Percy Memorial Library, Greenville, Mississippi.

Company store at Sunnyside Plantation.
Photo courtesy William Alexander Percy Memorial Library, Greenville, MS.

Piantagione di Sunnyside: Emporio della Compagnia. Cortesia William Alexander Percy Memorial Library, Greenville, Mississippi.

The center of operations at Sunnyside–store, office and engine house. Photo courtesy William Alexander Percy Memorial Library, Greenville, MS

Sunnyside: Centro operativo – emporio, ufficio e rimessa. Cortesia William Alexander Percy Memorial Library, Greenville, Mississippi.

*Il treno chiamato **George S. Edgell** al pontile di Sunnyside con a bordo i coloni italiani che portavano il cotone al pontile di Luna.*

Mappa della piantagione di Sunnyside, 1895. "Il Nuovo Cimitero", oggi noto come Cimitero di Hyner.

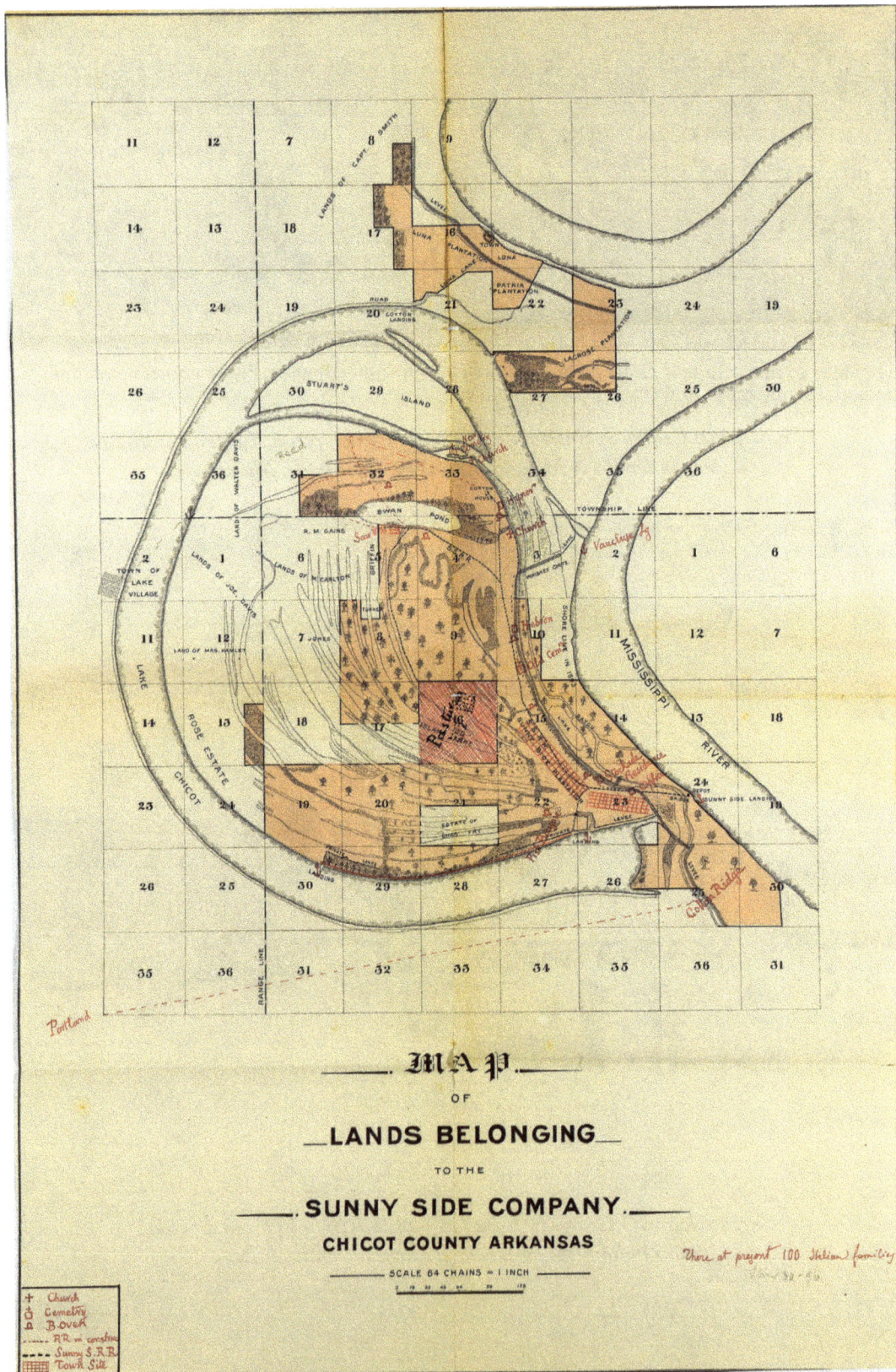

Fotografia: Cortesia del Tontitown Historical Museum

Stop all'Immigrazione – Legge sull'Immigrazione del 1924

Navi che trasportano immigranti mentre manovrano fuori New York per dirigersi a Ellis Island. 18 navi con 12.000 immigranti a bordo hanno attraversato velocemente l'oceano Atlantico per raggiungere i porti americani prima dell'esaurimento della quota di agosto di immigranti ammissibili. Nel raggiungere le acque americane, i primi arrivati cercavano di guadagnare posizioni vantaggiose per arrivare in tempo al tratto finale verso Ellis Island, al momento del sollevamento della sbarra. Migliaia di speranzosi sono sfuggiti miracolosamente alla morte per annegamento nella mancata collisione tra due navi. Le navi spagnole ne trasportavano 317 anziché 182. La situazione è simile per gli immigranti di altri Paesi.

S GAZETTE, LITTLE ROCK, SUNDAY, AUGUST 5, 1923.

Thousands Barely Escape Death in Near-Collision Between Immigrant Ships in Harbor of New York

Arkansas Gazette, Little Rock, domenica, 5 agosto 1923
Migliaia di persone sfuggono a malapena alla morte per una mancata collisione tra navi che trasportavano immigranti nel porto di New York.

L'immigrazione italiana verso gli Stati Uniti è scesa da 222.260 nel 1921 a 6.203 nel 1925
U.S. Bureau of the Census, Historical Statistics of the United States.
Colonial Times to 1957 (Washington, D.C., 1960), p. 56

Le Piantagioni di Lakeport e Sunnyside

La piantagione di Lakeport, appena a valle della piantagione di Sunnyside
fornì il dottore agli italiani durante i primi anni del loro insediamento.

Il legame tra la piantagione di Lakeport e Sunnyside è storico e di lunga data. Lycurgus Johnson raggiunse il padre a Lakeport quando era ancora una landa selvaggia. Nel corso della sua vita divenne un impero di cotone e schiavitù che fu distrutto dall'esercito nordista. Il suo erede, Victor Johnson trascorse l'infanzia a Lakeport ma studiò alla St. Louis University. Ritornato a Lakeport ai primi del 1880, ricevette lezioni private di inglese, matematica, greco e latino dal Maggiore Charles Starling, un ex ufficiale dell'Unione che aveva studiato a Yale ed aveva comprato la piantagione di Sunnyside nel 1868.

A un certo punto, il giovane Johnson decise di studiare medicina. Per racimolare i soldi necessari per la facoltà di medicina ottenne un prestito da un coltivatore di cotone di una piantagione vicina che utilizzò per costruire un apiario a Lakeport. Con la vendita del miele ricavò abbastanza soldi per frequentare la Arkansas Industrial Medical School di Little Rock nel 1887. Nel 1888 si laureò al Bellevue Hospital Medical College di New York. Tornò quindi nella contea di Chicot e aprì il suo ufficio a Lakeport, in una stanza sul retro della casa di famiglia.

La pratica medica di Johnson ricevette un forte impulso nel 1895 quando il nuovo proprietario di Sunnyside, un banchiere e sviluppatore di ferrovie importò un gruppo di poveri immigranti italiani a coltivare la terra. Gli italiani erano gran lavoratori ma soffrivano molto il clima del Delta e la scarsità di acqua potabile. Ben presto morirono di malaria e altre malattie comuni in quella regione. Per due anni, 1896 e 1897, Victor Johnson e un interprete italiano percorsero a cavallo le terre di Sunnyside, una quarantina di chilometri al giorno, fornendo assistenza medica agli immigranti. In seguito Johnson commentò di avere completamente stroncato in quei due anni, due cavalli. Per la sua attività, la Sunnyside Company pagò al dott. Johnson 125 dollari al mese il primo anno e 150 dollari il secondo anno. Johnson calcolò che il reddito lordo della sua pratica medica era attorno ai 5.000 dollari l'anno e che di quell'importo ne riscuoteva effettivamente 3.000. Nel 1898 i disagi patiti dai lavoratori italiani e il loro scontento riguardo le clausole finanziarie della Compagnia provocarono il collasso dell'esperimento italiano a Sunnyside.

Trascrizione di una lettera datata 10 aprile 1896 scritta da George S. Edgell (futuro erede di Austin Corbin) al dott. Johnson della piantagione di Lakeport in cui evidenzia il problema della qualità dell'acqua e la morte di uno degli italiani. La lettera porta la data di aprile, prima dello scoppio della febbre gialla, e rileva le buone condizioni di salute degli italiani. Siccome la lettera termina con la speranza di "non avere più incidenti", il Pianalto che viene indicato deceduto è con tutta probabilità Dionisio Pianalto che viene ricordato dai suoi discendenti per essere stato ucciso dalla caduta di un albero mentre gli uomini della comunità stavano disboscando. Potrebbe essere il primo adulto a morire nella piantagione dopo l'arrivo degli italiani.

Copia della lettera originale nelle pagine seguenti. *Cortesia Lakeport Plantation*

The Sunny Side Company
192 Broadway
New York

10 aprile 1896

Dott. M. V. Johnson
Sunnyside, Ark

Mio caro Dottore,

Accuso ricevuta della vostra del quattro di questo mese, e date le circostanze penso che la vostra prossima azione riguardo i titoli di stato americani sia saggia. Ho notato che le ultime quotazioni hanno solo 117 offerte ma al momento non ci sono titoli di stato in vendita salvo per una cifra più alta. Lieto di apprendere che lo stato di salute degli italiani continua ad essere buono – adesso c'è la questione dell'acqua potabile e per cucinare. Ho chiesto al signor Teuton di raccogliere tutti i dati che può relativi ai pozzi artesiani nelle vostre vicinanze e di inviare una previsione di costi probabili per scavare un pozzo abbastanza profondo da garantire un'adeguata erogazione di acqua pura. Egli mi informa che l'impianto per fornire l'acqua del fiume Mississippi sarà pronto per il 15 di questo mese. In questo caso potremo subito incominciare a distribuire l'acqua del fiume, e su questo non dovrebbero esserci discussioni per un po' di tempo. Siamo molto spiacenti di apprendere la notizia della morte di Pianalto. Stiamo cercando di fare il possibile per dare agli italiani acqua potabile sicura e speriamo non accadano più incidenti.

Vostro affezionatissimo George S. Edgell

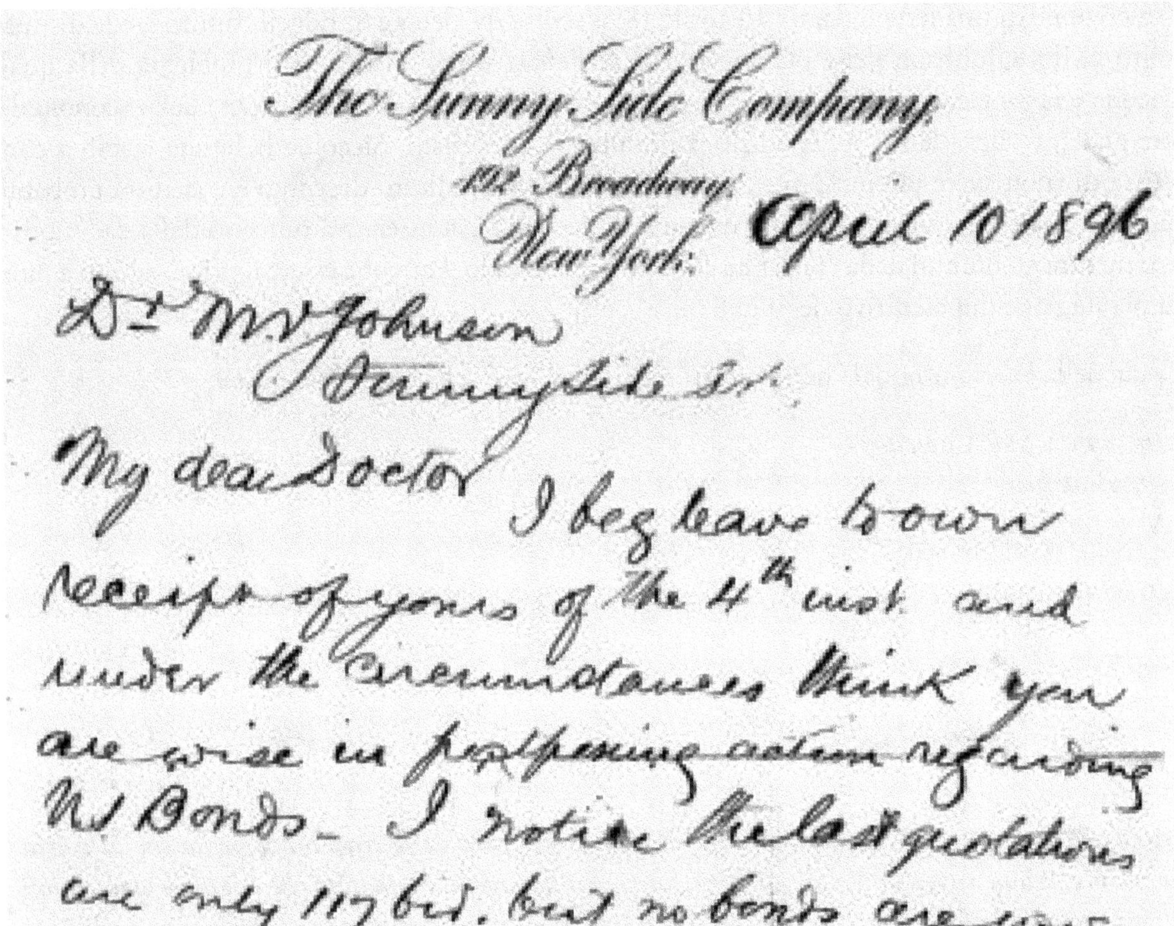

The Sunny Side Company,
102 Broadway,
New York. April 10 1896

Dr M V Johnson
Sunnyside Ar,

My dear Doctor   I beg leave to own
receipt of yours of the 4th inst. and
under the circumstances think you
are wise in postponing action regarding
NS Bonds — I notice the last quotations
are only 117 bid, but no bonds are now
offered for sale except for a higher
figure — Am glad to learn that the
health of the Italians continues to be
good — We are now agitating the water
question and I have requested Mr
Tendon to get together such data
relating to artesian wells in your
vicinity as he can, also to ascertain

Lettera originale scritta da Edgell a Johnson
Due pagine senza didascalie
Cortesia Lakeport Plantation, Arkansas State University

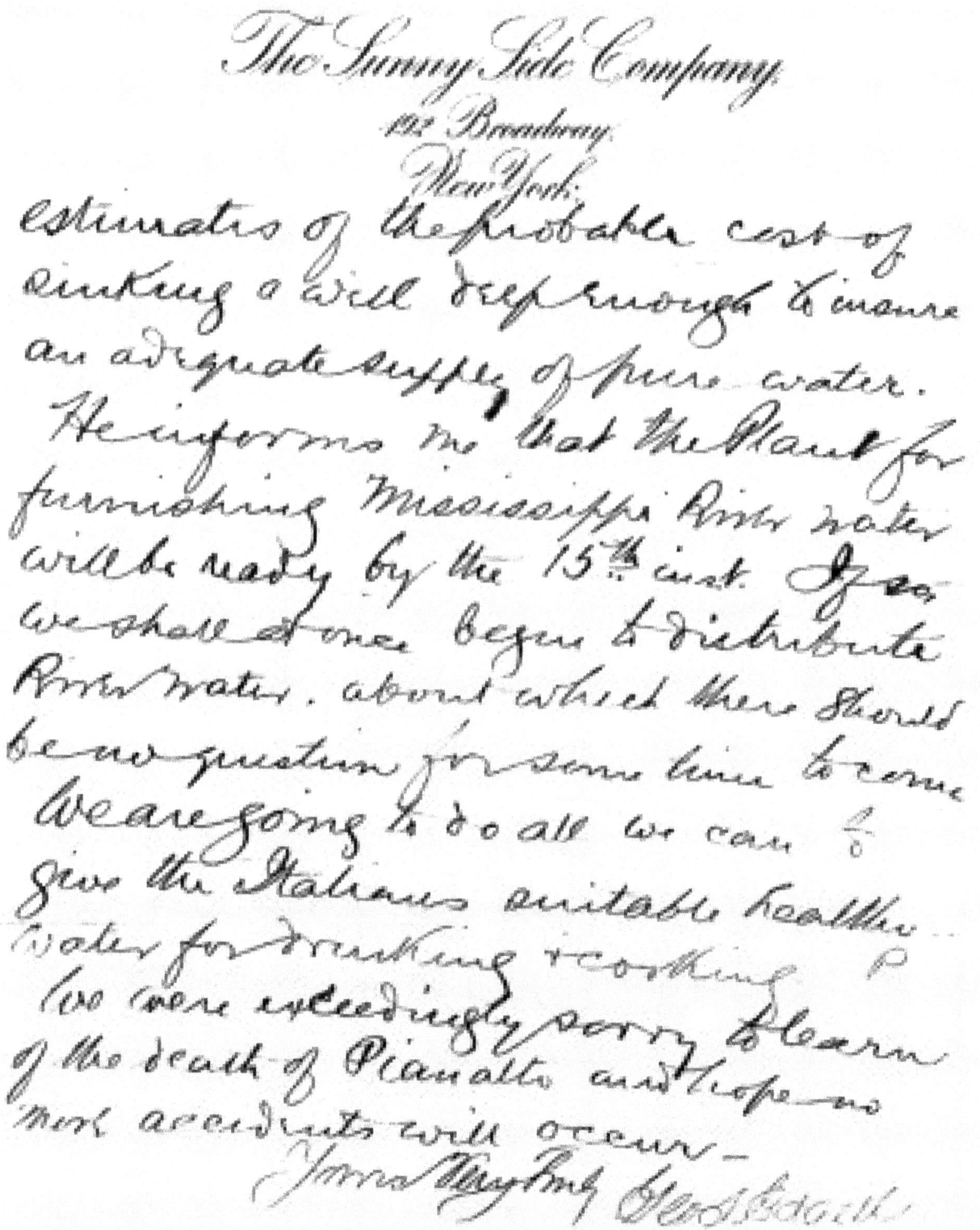

The Sunny Side Company,

192 Broadway,

New York,

estimates of the probable cost of sinking a well deep enough to insure an adequate supply of pure water.

He informs me that the Plant for furnishing Mississippi River water will be ready by the 15th inst. If so, we shall at once begin to distribute River water, about which there should be no question for some time to come

We are going to do all we can to give the Italians suitable healthy water for drinking + cooking

We were exceedingly sorry to learn of the death of Piamalto and hope no more accidents will occur —

Yours very truly Geo S. Edgell

Lettere di Bandini al cardinale Satolli, delegato apostolico. Dall'Archivio Vaticano, Roma. Italia.

Nelle pagine seguenti ci sono le copie dei risultati della raccolta del cotone degli italiani per l'anno 1896. Tutti questi individui erano arrivati con la prima nave nel dicembre 1895. (*Archivio Ernesto R Milani*)

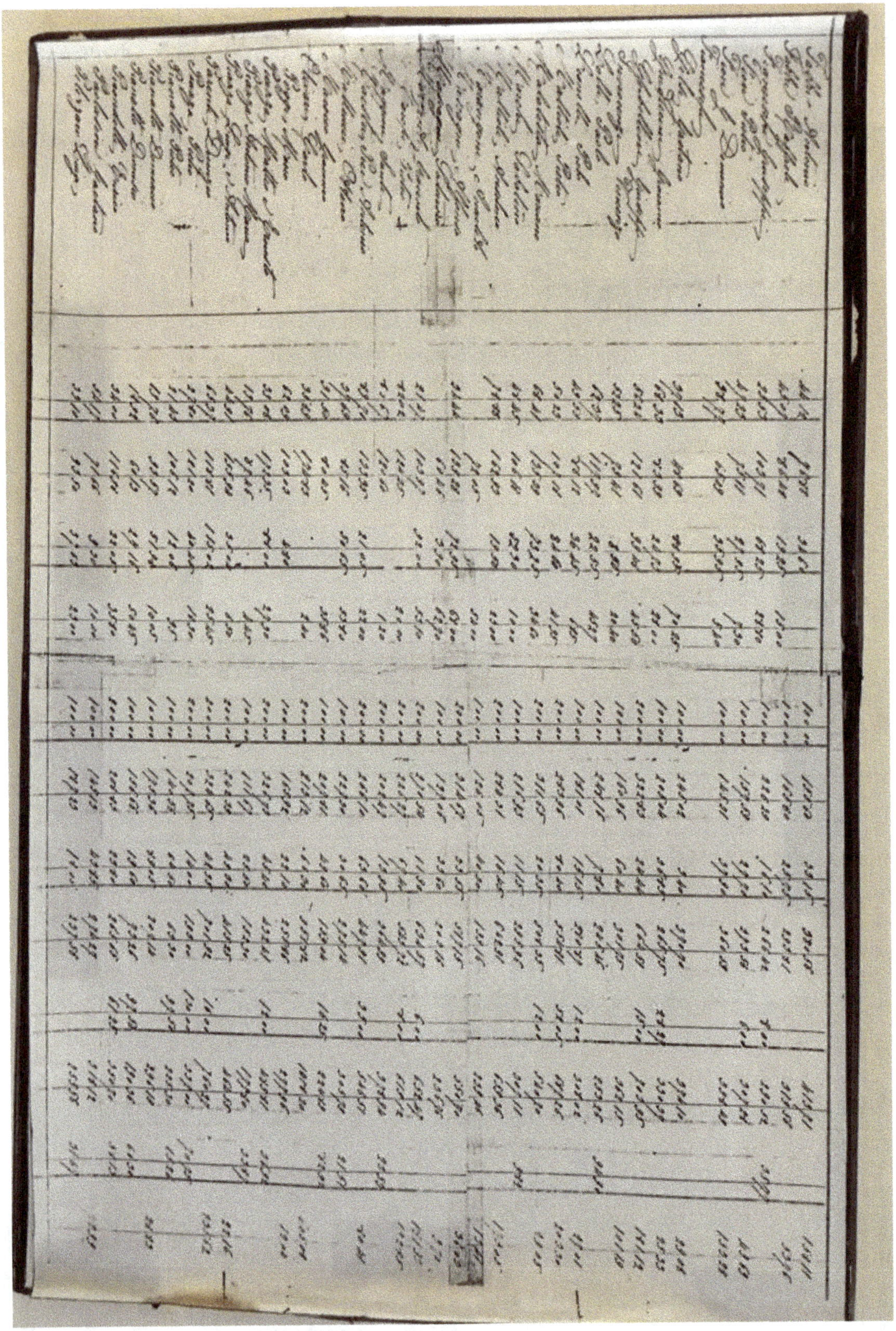

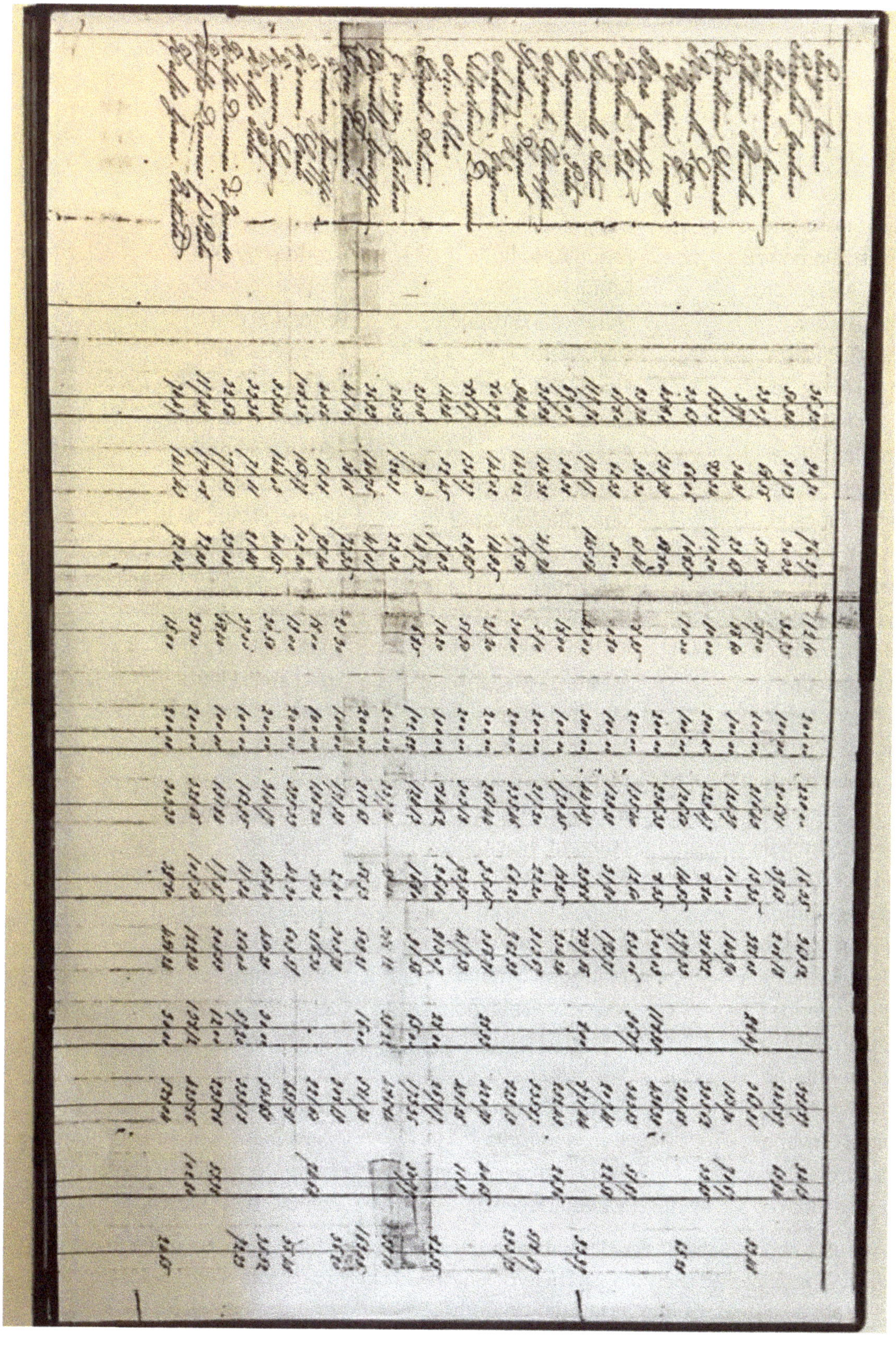

Elenco dei coloni che fecero il primo raccolto del cotone a Sunnyside per l'anno 1896/1897, il primo anno:

Asnicar Giuseppe
Asnicar Antonio
Alpe Alessandro
Aguzzi Alessandro
Angeletti Domenico
Bonvini Alessandro
Bettale Antonio
Bariola G. Battista
Brunetti Pompeo
Boccolini Gioacchino
Bracci Pietro
Bruni Luigi
Biondini Giovanni
Battistelli Francesco
Baldassari Nazzareno
Brunini Giuseppe
Busti Giovanni
Bisetti Giuseppe
Brunetti Vincenzo
Cingolani Giovanni
Caprifogli Aristide
Campori Antonio
Cumerlato Ismaele
Campolucci Gioacchino
Curzi Alessandro
Cingolani Edoardo
Cortiana Eustacchio
Contini Federico
Cicchelero Albino
Cavedon Antonio
Corsini Anacleto
Delpidio Giovanni
Degli Antoni Giuseppe
Dalle Rive Pietro

Domenichini Gesuino
Fiocchi Alfonso
Fratini Serafino
Filippi Aurelio
Fabbri Antonio
Fabbri Raffaele
Franceschi Giuseppe
Fiori Pietro
Fiori G. Domenico
Franceschi
Gelsi Gaetano
Guidicini Giacomo
Ghibellini Giuseppe
Innocenzi Vincenzo
Lolli Paolo
Leonelli Paolo
Mattioli Pietro
Malatesta Mariano
Marchi Sabatino
Mattioli Anselmo
Marangoni Anacleto
Mascagni Alfonso
Mazzanti Giacinto
Marchi Pietro
Maggioni Santo
Maestri Pier Antonio
Matteucci Ottavio
Marocco Giacomo
Olivari Carlo
Poggi Marco
Piazza Matteo e Ernesto
Piazza Antonio
Piazza Luigi e Antonio
Parenti Decenzio

Piazza Pietro
Pianalto Pietro
Pianalto Domenico
Pianalto Dionisio
Pirondelli Enrico
Paolasini Gaetano
Pelizzaro Luigi
Piazza Giacomo
Pezzelato Gaetano
Patrignani Giovanni
Pettinari Stanislao
Quattrini Gherardo
Reginelli Luigi
Rossini Vincenzo
Roso Giuseppe
Rossini Pietro
Spanevello Antonio
Spaccarelli Pietro
Sergenti Giuseppe
Spadini Augusto
Sabatini Eugenio
Silvestrini Domenico
Serri Silvio
Tisato Antonio
Tarozzi Gaetano
Tomiello Giuseppe
Toni Francesco
Zendine Giuseppe (?)
Zanni Carlo
Zucconi Luigi
Zulpo Pietro
Maria Zulpo Domenico di Tomaso
Zulpo Domenico fu Pietro
Zulpo Giovan Battista

Da osservare che la grafia di alcuni nomi/cognomi è diversa anche in Italia. Ho usato la grafia dell'elenco originale. Ad esempio, Cicchelero varia in Cecchellero e Cicchellero; Pelizzaro varia in Pellizzaro e Pelizzari; Guidiccini in Guidicini.

Ernesto R Milani

Sacerdoti di Sunnyside
Bandini e Galloni

*Padre Pietro Gaspare Vito Bandini,
sacerdote a Sunnyside 1896-1898,
sacerdote in visita 1898-1903.*

*Padre Gioachimo Francesco Galloni,
sacerdote a Sunnyside e comunità
circostanti, 1903-1933.*

Padre Pietro Bandini
1852-1917

Per un resoconto più completo della vita di Bandini e la sua epoca, leggere: Edward C. Stibili, *Pietro Bandini: Missionary, Social Worker and Colonizer.*

Pietro Gaspare Vito Bandini nacque il 31 marzo 1852 da Marco e Matilda (Bruni) Bandini di Forlì, Italia. Il minore di nove fratelli di una famiglia relativamente benestante, Pietro Bandini seguì il fratello Giuseppe nella Compagnia di Gesù in provincia di Torino il 24 settembre 1869. Dal 1869 al 1877 proseguì gli studi e fu ordinato sacerdote il 30 settembre 1877 a Bertinoro, Forlì dal vescovo Camillo Ruggeri. Dopo aver insegnato in vari istituti a Monaco e in Italia, si offrì volontario per prestare servizio nelle missioni dei Gesuiti in Montana, Stati Uniti, verso cui partì il 19 settembre 1882.

Bandini servì nelle controverse missioni indiane del Montana dal 1883 al 1889. In quell'epoca il governo americano perseguiva una politica militare distruttiva e di assimilazione forzata dei Nativi americani. La tribù dei Crow, dove operava Bandini, aveva un legame con i Gesuiti antecedente alla politica governativa americana. Mentre i Gesuiti erano decisamente a favore sia della conversione sia della civilizzazione dei nativi americani, essi fornivano anche assistenza medica e aiuti alimentari nel tentativo di mitigare gli esiti della politica americana nei confronti della tribù Crow che portava spesso alla fame e alle malattie. Tuttavia, i Gesuiti e Bandini parteciparono anche al sistema dei collegi esistente in Montana che implicava l'allontanamento dei bambini Nativi americani dalle loro famiglie senza il consenso dei loro genitori e la loro scolarizzazione in località molto lontane.

Bandini fu espulso dalla Compagnia di Gesù nel luglio 1890 per oscuri motivi che andavano dal comportamento imprudente in alcune circostanze alla cattiva gestione delle scuole e dei fondi, e alle violazioni del sesto comandamento. Indipendentemente dal motivo, nel 1891 fu comunque accettato dal vescovo Scalabrini di Piacenza nella nuova congregazione di sacerdoti che il vescovo aveva fondato in Italia. Era sua intenzione aprire una filiale della congregazione in America e così il vescovo mandò Bandini (fluente in inglese grazie alla sua permanenza in Montana) a New York per aprirvi una sede. Oggi, gli Scalabriniani considerano Padre Bandini uno dei fondatori dell'ordine.

Bandini servì a New York dal 1892 al 1895. Con lo zelo di un riformatore dell'era progressista, Bandini analizzò le problematiche degli immigranti italiani negli Stati Uniti. A New York fondò la St. Raphael Italian Benevolent Society, (NdT: La Società di San Raffaele fu la principale organizzazione cattolica dedicata all'assistenza agli immigranti italiani che sbarcavano a Ellis Island). Dopo quattro anni di assistenza agli immigranti per conto della Chiesa cattolica, Bandini ebbe delle idee su come meglio assistere i suoi compatrioti. Egli riteneva che la soluzione del problema degli immigranti dei malridotti quartieri popolari e della scarsa assimilazione degli italiani delle grandi città fosse quella di incoraggiare gli immigranti a costituire delle colonie nelle aree rurali piuttosto che nelle città. Là avrebbero potuto continuare a lavorare in campagna come in Italia, È probabile che Bandini abbia conosciuto Corbin e i suoi progetti per Sunnyside attraverso le autorità italiane di New York, anche se si ignora il grado di influenza esercitato nelle fasi iniziali. Anche la tempistica era buona perché alcune relazioni all'interno degli Scalabriniani si erano inasprite.

Verso la fine del 1895 Bandini esercitò forti pressioni per essere assegnato agli italiani di Sunnyside. L'incarico del vescovo Fitzgerald impiegò alcuni mesi a risolversi ma Bandini arrivò a Sunnyside il 17 gennaio 1896. Giunse alla colonia sperimentale con esperienza ed entusiasmo. Egli aveva promosso a lungo la convinzione che un piano di colonizzazione verso gli immigranti italiani negli Stati Uniti sarebbe stato vantaggioso; adesso aveva una piattaforma per dimostrarlo. Una mappa della piantagione del 1896 indica che Corbin aveva riservato del terreno per una chiesa e un cimitero. In una piccola struttura a est del cimitero di Hyner, Bandini istituì la chiesa di St. Anthony. Non poteva immaginare come avrebbe fatto in fretta a riempire il "nuovo cimitero", pure indicato sulla mappa. Corbin morì nel giugno 1896, la malaria si diffuse, le morti aumentarono, e già nell'estate del 1897 fu chiaro che gli eredi non erano intenzionati a investire nella visione economica di Corbin. L'esperimento stava fallendo. Peggio ancora, la gente soffriva e versava in condizioni miserabili.

La convinzione di Bandini che gli italiani avrebbero avuto successo negli Stati Uniti se solo avessero potuto vivere e lavorare nel nuovo mondo come in Italia, può essere la causa del suo frettoloso abbandono di Sunnyside dopo la morte di Corbin. Non solo lasciare Sunnyside avrebbe fatto uscire gli italiani da una situazione deterioratasi rapidamente ma è altrettanto facile che sia stato allettato dalla prospettiva di una nuova impresa di cui avrebbe avuto il controllo esclusivo. Nell'inverno del 1897-1898 Bandini convinse il gruppo più consistente di italiani, in procinto di andarsene da Sunnyside, a seguirlo nelle terre vicino a Springdale, contea di Washington, Arkansas. Qui, ai piedi dei monti Ozarks sarebbe sorta Tontitown, che prese il nome dall'unico esploratore italiano del Nord America, Henri de Tonti, lo stesso che nel 1686 aveva fondato il primo insediamento europeo in Arkansas.

Gli italiani che lasciarono Sunnyside con Bandini non potevano non essersi accorti che era deciso a dimostrare la sua teoria per cui gli immigranti colonizzati avrebbero potuto aver successo. Questo caratterizzò Tontitown come un esperimento piuttosto autoconsapevole; esisteva una forte pressione interna per far sì che il villaggio forgiasse fiorenti immigrati modello ma con il latente "sospetto" che qualcuno li stesse osservando e giudicando. Bandini, dal 1898 al giorno della sua morte nel 1917, fu l'instancabile sostenitore di Tontitown. Egli cercò finanziamenti e supporto per la comunità sulle due sponde dell'Atlantico.

Pubblicizzò il successo della colonia su tutti i giornali che volevano pubblicare un articolo. Il suo album personale è pieno di ritagli di giornale sia in inglese sia in italiano che citano Tontitown. Sotto molti aspetti fu un trionfatore. Tontitown divenne una comunità dinamica e, in generale, prospera che attrasse nuovi immigranti dall'Italia ed ebbe un'importante influenza economica nella regione.

Il 9 dicembre 1916, Bandini ebbe un attacco cardiaco a Tontitown. Il 29 dicembre, dopo un secondo attacco al City Hospital di Fayetteville, dove si stava riprendendo, fu trasportato al St. Vincent's Infirmary di Little Rock. Morì il 2 gennaio 1917. Aveva 64 anni. Dopo la cerimonia funebre nella cattedrale di St. Andrew a Little Rock, fu sepolto nel cimitero di St. Joseph a Tontitown in mezzo alla sua congregazione.

Padre Pietro Bandini

Padre Gioachimo Francesco Galloni
1871-1933

Non ci sono documenti informativi sul passato o le origini di Padre Galloni, per cui quanto scritto qui sotto sono i dettagli raccontati da chi lo ha conosciuto e tramesso i loro ricordi alle nuove generazioni.

Intorno al 1902 gli italiani scrissero al Reverendissimo Vescovo Fitzgerald di Little Rock con la richiesta di mandare un prete italiano come prete residente. Fu allora che Padre Bandini (su richiesta del vescovo) scrisse al vescovo di Senigallia, provincia di Ancona per far venire un prete. Era allora vescovo di Senigallia, Monsignor Giulio Boschi, e fu lui a suggerire per l'incarico Padre Galloni.

Padre Galloni, che era nato in Italia il 10 gennaio 1871, arrivò da Genova il 14 settembre 1903, e andò immediatamente a Tontitown da Padre Bandini. Nella seconda metà del dicembre del medesimo anno, andò a prendersi cura della comunità italiana di Sunnyside. Non essendoci una canonica, dapprincipio fu a pensione da un buon colono italiano, Alessandro Alpe. Una stanza della casa colonica funse da camera da letto, studio e chiesa per più di un anno. Diceva Messa in casa, su un tavolo, con un crocefisso appeso al muro. Mary Borgognoni ricorda che sua madre, Marcella Alpe, raccontava che da bambina gli aveva sellato il suo cavallo molte volte mentre si preparava per andare a visitare gli abitanti di Sunnyside.

Padre Galloni voleva costruire una chiesetta ma a Sunnyside non trovò una sistemazione. Sempre determinato, spostò il progetto a Lakeport, a poca distanza. Con l'aiuto del vescovo e di due amici protestanti, trovò un posto provvisorio dove riunirsi, comodo per la gente di Sunnyside. Comunque, nel 1905 entrò finalmente in possesso di un granaio a Sunnyside, e questa improvvisazione rispose alle necessità della chiesa dal 1905 al 1912.

Padre Galloni di fronte alla nuova scuola St. Mary's, 1926

Si raccontava che per il suo mantenimento, ciascun adulto di Sunnyside veniva tassato di 15 centesimi al mese, riscossi dalla "Compagnia" con il solito 10% di tasso di interesse. Padre Galloni era responsabile per le tasse applicate dall'"emporio della Compagnia" qualora gli italiani non erano in grado di pagare o se ne andavano prima di aver saldato. In questo modo, onde proteggere il suo sostentamento, egli incoraggiava gli italiani a restare, nonostante le ingiustizie perpetrate nei loro confronti.

Comunque, nel 1912 molte famiglie abbandonarono Sunnyside per andare a vivere da altre parti del Paese, sviluppando altri interessi e mestieri oltre l'attività agricola.

In quel periodo anche Padre Galloni se ne andò da Sunnyside e scelse di stare con Padre Matthew a Lake Village. Fu poi nominato parroco il 1° luglio 1913 da sua Eccellenza Vescovo Morris. Questo indusse Padre Matthew a trasferirsi a McGehee, Arkansas.

Durante il pastorato di Padre Galloni furono realizzate molte opere. Le inguardabili e fatiscenti recinzioni furono rimosse e sostituite con belle ed imponenti recinzioni in ferro. (Queste recinzioni delimitano tuttora la proprietà della chiesa e il cimitero). La stanza sul retro, che era stata usata come scuola, fu tappezzata e imbiancata mentre le altre costruzioni furono prevalentemente rinnovate. Nell'aprile 1926 fu edificata una scuola grande, moderna e ben attrezzata. (La scuola cattolica St. Mary's), tuttora un tributo alla sua lungimiranza e grande capacità! L'occhio vigile di Padre Galloni era sempre il primo a rilevare qualsiasi tipo di difetto, ecco perché St. Mary's è sempre stata in buono stato.

Era una persona molto meticolosa con una passione per pulizia e ordine. Si dice che se qualcuno toccava la sua automobile nero lucente, cancellava subito le impronte con il fazzoletto.

Nel corso del tempo divenne piuttosto agiato grazie a una ingente eredità da parte della sua famiglia di Roma. Era generoso e prestava denaro agli italiani per i loro bisogni quotidiani, comprare terreni, o li aiutava come poteva.

Ricordava così Gigia Sampolesi:

Padre Galloni con i cani
Dick e Don, 1920.

"Padre Galloni aveva una sorella benestante che aveva provveduto a farlo studiare in seminario a Roma, e di tanto in tanto gli mandava del denaro. Egli adorava farci visita dall'altra parte del lago e voleva sempre *crece* e verdura. Nella nostra cucina si sentiva come a casa sua. Durante l'alluvione del 1927 utilizzò la barca personale per traghettare la gente al di là del lago. Quando sentì che Gustine ed io eravamo in procinto di trasferirci a Chicago, si precipitò da noi, ci disse che non voleva partissimo, e ci prestò abbastanza soldi per l'acquisto di 500 acri di terra (200 ettari). Padre Galloni aveva un cane da riporto che si chiamava Queenie, e quando lui e Gustine andavano a caccia, mandava sempre la quaglia migliore al vescovo."

Padre Galloni istituì la Società di St. Isidore perché la comunità cattolica era composta in larga parte da agricoltori che avevano una venerazione speciale per il Santo. Dopo aver ricevuto la prima Santa Comunione, tutti i maschi che versavano la quota annuale di 50 centesimi ne diventavano ufficialmente membri. I membri facevano i portatori onorari della bara a tutti i funerali. Inoltre Padre Galloni intitolò il nuovo cimitero a St. Isidore.

Il 23 dicembre 1933 Padre Galloni morì tragicamente in un incidente automobilistico. Mercoledì 27 dicembre 1933, il Vescovo di Little Rock, John B. Morris, assistito dal clero della diocesi, celebrò una solenne Messa pontificale.

Per suo espresso desiderio fu sepolto ai piedi della croce nel cimitero di St. Isidore; era un posto che gli era piaciuto tanto. All'età di 61 anni la morte reclamò la vita di questo zelante sacerdote che era stato al servizio di questa parrocchia per 25 anni.

Citazioni dal suo necrologio. "E così si è arrivati all'ultimo capitolo del libro di una vita piena di risultati, una vita caratterizzata da attaccamento disinteressato alla sua gente e da un coscienzioso adempimento del compito a cui era stato assegnato. Il suo nome potrebbe non apparire sulle pagine sbiadite della storia profana, ma ancora infinitamente meglio, il lavoro di tutta la sua vita sarà registrato brillantemente nel Libro della Vita."

Rimessa per la barca di Padre Galloni,
spazzata via durante l'alluvione del 1927.

Padre Galloni

I Primi Registri della Chiesa Cattolica di Our Lady of the Lake, 1896 – 1913

Gli elenchi delle pagine seguenti sono tratti dai primi registri dei sacramenti degli italiani di Sunnyside e creano un elenco di parrocchiani. I libri A e B andarono perduti in un incendio e in una alluvione. Tuttavia la prima sezione del libro C era l'indice per tutti e tre i libri con i nomi raggruppati dalla prima lettera per cognome seguita da annotazioni della pagina e del libro dove trovare la registrazione completa. Il libro C fu creato da Padre Galloni e termina attorno al 1913. L'elenco sottostante è stato tradotto dal latino in inglese da Libby Borgognoni.

A

ASNICAR, MARCELLA	PG 20, BK A
ASNICAR, ADRIANO,	PG 27, BK A
ALFONSI, CARMELA,	PG 43, BK A
ALPE, ANDREA	PG 25, BK B
AGNOLETTI, CAROLINA	PG 27, BK B
ALPE, STELLA	PG 44, BK B
AMICI, MICHELDO	PG 68, BK B
ALPE, ALESSANDRO	PG 72, BK B
ALPE, BERNARDO	PG 81, BK B
ALPE, ROSA	PG 115, BK B
AMICI, GIUSEPPE	PG 121, BK B
ALPE, GIUSEPPE	PG 123, BK B
ALPE, GINO	PG 145, BK B
ALPE, MARCO	PG 1, BK C
ALPE, LUIGI	PG 14, BK C
ALPE, LUIGI	PG 18, BK C

B

BRUNI, EMMANUELE	PG 1, BK A
BARIOLA, ANNA	PG 2, BK A
BETTALE, MARIA	PG 12, BK A
BETTALE ? (*Blank space in Fr. Bandini's Book*)	
BATTISTELLI, PETRONILLO	PG 23, BK A
BATTISTELLI, AURELIANO	PG 24, BK A
BUSTI, CESIRA	PG 34, BK A
BARIOLA, CATERINA	PG 38, BK A
BONVINI, ALFREDO	PG 43, BK A
BARIOLA, CATERINA	PG 44, BK A
BARIOLA, GIULIO	PG 49, BK A
BUSTI, NAZZARENO	PG 2, BK B
BANCHETTI, CONCETTA	PG 4, BK B
BARIOLA, ANTONIO	PG 11, BK B

BONVINI, ALTESIMA	PG 15, BK B
BONVINI, LINA	PG 32, BK B
BUSTI, CATERINA	PG 40, BK B
BONVINI, ELDA	PG 44, BK B
BARIOLA, PASQUE	PG 48, BK B
BONDI, VINCENZO	PG 56, BK B
BAIONI, ALTESIMA	PG 57, BK B
BONVINI, SILVIA	PG 57, BK B
BUSTI, MARIA	PG 66, BK B
BIANCOLINI, MARIA	PG 68, BK B
BELANTI, EUGENIO	PG 87, BK B
BONVINI, ALDO	PG 89, BK B
BONVINI, AMEDEO	PG 91, BK B
BUSTI, CLEONICE	PG 92, BK B
BELLAGAMBA, ADELE	PG 94, BK B
BUSTI, FRANCESCO	PG 99, BK B
BRUNETTI, GUIDO	PG 109, BK B
BONVINI, MARGARITA	PG 113, BK B
BANCHETTI, VALENTINE	PG 125, BK B
BRUNETTI, PRIMO	PG 128, BK B
BELVEDRESI, ALDO	PG 130, BK B
BUSTI, CESARE	PG 136, BK B
BUSTI, RUGGERO	PG 137, BK B
BARATTI, MARIO	PG 139, BK B
BAILETTI, MARIA	PG 142, BK B
BUSTI, GIULIA	PG 147, BK B
BASSI, CINISO	PG 1, BK B
BUSTI, ALDEMIRA	PG 8, BK B
BORGOGNONI, MARIA	PG 9, BK C
BALDI, GIUSEPPE	PG12, BK C
BIDWELL, MARY	PG 13, BK C
BARATTI, ELISA	PG13, BK C
BRUNETTI, SETTIMIA	PG 16, BK C
BANCHETTI, ALLEN	PG 20, BK C
BAILEY, EDITH	PG 20, BK C

Legenda: PG = Pagina - BK = Libro

C

CUMERLATO, NICODEMO

PG 3, BK A

CICHELERO, ETTORE   PG 6, BK A

CAPRIFOGLIO, AUGUSTO PG 11, BK A

CINGOLANI, VITTORIA   PG 17, BK A

CAVEDONI, MARIA   PG 28, BK A

CARLONI, BIANCA   PG 2, BK B

CARLONI, TERESA   PG 2, BK B

CINGOLANI, OTTAVIO   PG 3, BK B

CASAVECCHIA, GUGLIELMO

PG 10, BK B

CASAGRANDE, ADELE   PG 17, BK B

CARLONI, BIANCA   PG 21, BK B

CICHELERO, CELESTE   PG 24, BK B

CASAGRANDE, INES   PG 30, BK B

CASAVECCHIA, AMERICA

PG 31, BK B

COCCOLO, MAFALDA   PG 34, BK B

CASAVECCHIA, AMERINA

PG 34, BK B

CECILIONI, ATTILIO   PG 48, BK B

CASALI, DOMENICO   PG 52, BK B

CESARINI, ADA   PG 59, BK B

CASAGRANDE, CLARA   PG 59, BK B

CARLETTI, MARIO   PG 64, BK B

COCCOLI, OLIVA   PG 73, BK B

CANDELARESI, ANDREINA

PG 73, BK B

CATALANI, IGINO   PG 77, BK B

CARLONI, VITTORIA   PG 83, BK B

CASALI, MARIA   PG 86, BK B

CINGOLANI, MARIA   PG 88, BK B

CINGOLANI, AGNESE   PG 94, BK B

MAGGIORE, CESARINI   PG 97, BK B

COCCOLO, OLIVO   PG 101, BK B

CATALANI, ERMINA   PG 105, BK B

CALCINA, UMBERTO   PG 105, BK B

CECILIONI, VITTORIO   PG 116, BK B

CARLETTI, REGINA   PG 126, BK B

CINGOLANI, ALDO   PG 129, BK B

CINGOLANI, SECONDO   PG 130, BK B

CINGOLANI, VITTORIA   PG 141, BK B

CINGOLANI, GIOANNI   PG 142, BK B

CASALI, OTTAVIO   PG 146, BK B

CONTINI, ALFREDO   PG 6, BK C

COOK, ELLA   PG 3, BK C

CINGOLANI, COSTANZA   PG 4, BK C

CONTINI, ROSA   PG 10, BK C

CINGOLANI, MAFALDA   PG 11, BK C

CINGOLANI, GIULIO   PG 16, BK C

CICHELERO, OLIVA MARIA   PG 19, BK C

D

DE MARCH, MARIA CECILIA

PG 39, BK A

DURASTANTE, PIETRO   PG 13, BK B

DI LUCA, MARIA   PG 13, BK B

DURASTANTE, MARIA   PG 60, BK B

DI ANGELI, CESIRA   PG 114, BK B

DI ANGELI, MARIA   PG 3, BK C

DI ANGELI, ROSA   PG 3, BK C

DAL FIUME, ELMER   PG 4, BK C

DURASTANTE, ERMELINDA

PG 5, BK C

DAL FIUME, ENRICO   PG 18, BK C

E

EDERATI, VIRGILIO   PG 32, BK A

EUSEBI, NAZARENO   PG 9, BK C

F

FRANCESCHI, CESIRA   PG 5, BK A

FILIPPI, URBANO   PG 7, BK A

FIOCCHI, MARIANO   PG 9, BK A

FRATTINI, (Spazio lasciato in bianco da Padre Bandini)

FIORI, ANGELA   PG 25, BK A

FRATINI, AUGUSTO   PG 44, BK A

FRATINI, ANNUNZIATA   PG 45, BK A

FRATESI, ERCOLE   PG 8, BK A

FLORIANI, GIOVANNI   PG 9, BK B

FORTE, MARIA   PG 10, BK B

FRATINI, ALTESINA   PG 19, BK B

FRANCESCHINI, SANTE   PG 39, BK B

FRATINI, ALDELGISA   PG 41, BK B

FRATINI, IRMA   PG 48, BK B

FRANCESCHINI, MARIA   PG 89, BK B

FRATESI, CIRO   PG 99, BK B

FRATINI, AMELIA   PG 116, BK B

FRATESI, GINO   PG 126, BK B

FLORIANI, IDA   PG 134, BK B

FRATESI, ERCOLE   PG 135, BK B

Legenda: PG = Pagina   -   BK = Libro

FORTE, GIUSEPPE   PG 8, BK C
FORTE, CATERINA   PG 19, BK C

G
GREGANTI, ANNUNZIATA
                         PG 16, BK A
GENTILINI, DONATO   PG 33, BK A
GRASSI, VITTORIO   PG 40, BK A
GRASSI, MARIA   PG 48, BK A
GIROLIMETTI, MARCELLA
                         PG 6, BK B
GIROLIMETTI, AMERICO   PG 6, BK B
GREGANTI, ANASTASIO   PG 17, BK B
GREGANTI, AMERICO   PG 20, BK B
GRASSI, LINDA   PG 23, BK B
GAMBELLI, GUIDO   PG 28, BK B
GIACUSI, STANISLAS   PG 30, BK B
GRANDI, MARIO   PG 36, BK B
GIULIANELLI, DOMENICO
                         PG 39, BK B
GIORGINI, SILVINO   PG 42, BK B
GRASSI, ERMENEGILDA   PG 44, BK B
GOVERNATORI, GINO   PG 45, BK B
GIORGINI, ELENA   PG 50, BK B
GREGANTI, VITTORIO   PG 57, BK B
GIROLIMETTI, PIETRO   PG 58, BK B
GOVERNATORI, GINA   PG 59, BK B
GRASSI, ELDA   PG 79, BK B
GIORGINI, SANTE   PG 82, BK B
GIORGINI, REGINA   PG 86, BK B
GREGANTI, MARGARITA   PG 93, BK B
GREGANTI, ADALGISA   PG 107, BK B
GRASSI, MARIO   PG 108, BK B
GREGANTI, CELESTINO   PG 115, BK B
GIORGINI, ETTORE   PG 120, BK B
GREGANTI, VALENTINA   PG 131, BK B
GIARDINI, ROSA   PG 136, BK B
GUIDI, MARIA   PG 140, BK B
GIORGINI, FRANCA   PG 141, BK B
GIORGINI, ESTERINA   PG 7, BK C
GRASSI, CLARA   PG 17, BK C
GIACONI, FIORE   PG 18, BK C

H
HANKS, PEARL   PG 19, BK C

I
IPPOLITI, AURELIO   PG 19, BK B
IGNOTI, AMERICO   PG 28, BK B
IPPOLITI, INJLESINA   PG 41, BK B
IPPOLITI, EVELINA   PG 41, BK B
IPPOLITI, DUILIO   PG 87, BK B
IPPOLITI, FIRMINIA   PG 97, BK B

J - none

K
KATZEMBERGER, ANNA PG 4, BK C
KARAM, ANASTASIA   PG 13, BK C
KATZEMBERGER, JOSEPH
                         PG 17, BK C

L
LOLLI, GIOVANNA   PG 6, BK A
LORENZINI, CLOTILDE   PG 23, BK A
LANDI, CELIA   PG 28, BK A
LENZI, UBALDO   PG 31, BK A
LAMANDINI, PASQUALE   PG 1, BK B
LAMANDINI, GIUSEPPE   PG 9, BK B
LANARI, AMERICO   PG 19, BK B
LAMANDINI, PASQUALE   PG 56, BK B
LIBERTO, PASQUALE   PG 136, BK B
LINNEMAN, GRAZIE   PG 5, BK C
LEPRI, ANGELO   PG 10, BK C

M
MARCHI, SANTE   PG 4, BK A
MASCAGNI, IRENE   PG 7, BK A
MAROCCO, TERESA   PG 9, BK A
MATTEUCCI *(Spazio lasciato in bianco da Padre Bandini)*
MASCAGNI, ADELE   PG 13, BK A
MONTESI, FEDERICO   PG 18, BK A
MORUZZI, VITTORIO   PG 18, BK A
MASCAGNI, GIULIO   PG 21, BK A
MANFREDI, GIUSEPPE   PG 22, BK A
MAZANTI, ALFONSO   PG 36, BK A
MENGUCCI, AUGUSTO   PG 37, BK A
MAZZANTI, VIRGINIA   PG 41, BK A
MAZZANTI, LUIGI   PG 42, BK A
MARCHETTI, IGINO   PG 42, BK A
MASCAGNI, ERSILIA   PG 47, BK A
MASCAGNI, VENDELINA   PG 50, BK A

MASCAGNI, GRAZIA   PG 51, BK A
MARANGONI, ANACLETO
                     PG 5, BK B
MENGARELLI, EZIO   PG 5, BK B
MAZZANTI, ITALIA   PG 7, BK B
MONTEACUTI, ANTENISIA
                     PG 11, BK B
MAZZONI, ANGIOLA   PG 12, BK B
MANCINI, JOLANDA   PG 18, BK B
MENGUCCI, TERESA   PG 18, BK B
MELLI, SANTE   PG 18, BK B
MENGONI, OLINTO   PG 21, BK B
MENGONI, JUILIO   PG 21, BK B
MENGONI, GINO   PG 22, BK B
MARANGONI, MARIA PG 23, BK B
MENGARELLI, EVELINA PG 23, BK B
MAZZOLI, AMEDEO   PG 26, BK B
MAZZANTI, ROSA   PG 30, BK B
MARCHETTI, MARGARITA
                     PG 32, BK B
MENGARELLI, AMERICO PG 32, BK B
MERENDI, GIUSEPPE   PG 33, BK B
MONTACUTI, ARMANDO PG 34, BK B
MANDOLINI, PRIMO   PG 35, BK B
MERENDI, ANTONIO   PG 36, BK B
MENGUCCI, LUCIA   PG 37, BK B
MORBIDELLI, IRMA   PG 38, BK B
MELLI, OVIDIO   PG 38, BK B
MAGNINI, GINO   PG 39, BK B
MAGNINI, ANGELO   PG 39, BK B
MARANGONI, CLARICE   PG 45, BK B
MAZZONI, GUIDO   PG 47, BK B
MARACHETTI, FAINA   PG 51, BK B
MENGARELLI, ADELMO PG 54, BK B
MAGGIORI, ROSA   PG 56, BK B
MERENDI, FERNUCCIO   PG 58, BK B
MAZZANTI, IRNEO   PG 60, BK B
MONTACUTI, GIAELE   PG 61, BK B
MAZZANTI, ELENA   PG 61, BK B
MAZZANTI, VITTORIO   PG 64, BK B
MENGUCCI, MARIA   PG 65, BK B
MINARDI, IDA   PG 70, BK B
MAZZOLI, ADELINO   PG 70, BK B
MARANGONI, ERSILIA   PG 71, BK B
MELLI, ELISA   PG 72, BK B
MORBIDELLI   PG 74, BK B

MAZZONI, FERNUCCIO   PG 80, BK B
MENGONI, PAOLO   PG 84, BK B
MAGNINI, IDA   PG 85, BK B
MAZZANTI, GIULIO   PG 88, BK B
MENGUCCI, TERESA   PG 90, BK B
MENGARELLI, NEDINA   PG 95, BK B
MONTACUTI, GIULIO   PG 95, BK B
MENGUCCI, NAZZARENA PG 96, BK B
MENGARELLI, ESTERINA PG 98, BK B
MENGARELLI, BATTISTA PG 98, BK B
MASSANELLI, ADOLFO   PG 100, BK B
MAGNINI, GINO   PG 101, BK B
MARANGONI, GIOVANNI PG 103, BK B
MAZZONI, GIOVANNA   PG 104, BK B
MERENDI, SOFIA   PG 104, BK B
MORBIDELLI, CESARE   PG 106, BK B
MAZZANTI, GIUSEPPE   PG 117, BK B
MARCONI, ISIDE   PG 118, BK B
MAZZANTI, ETTORE   PG 119, BK B
MAGGIORI, ALDO   PG 127, BK B
MONTACUTI, QUALTIERO
                     PG 131, BK B
MAZZANTI, ALDENESIA PG 132, BK B
MASSANELLI, MARIO   PG 132, BK B
MENGUCCI, ERMELINDA PG 133, BK B
MENGONI, MARIO   PG 133, BK B
MARANTO, FRANCESCO   PG 135, BK B
MAGGIORI, VITTORIO   PG 137, BK B
MARCONI, FLORINDO   PG 139, BK B
MAGNINI, MARIA   PG 140, BK B
MAGNINI, VIRGINIA   PG 147, BK B
MARCHETTI, GUIDO   PG 148, BK B
MAZZANTI, MARIANO   PG 2, BK C
MAGNINI, ARMANDO   PG 3, BK C
MAGGIORI, NELLA   PG 5, BK C
MAZZONI, GIUSEPPE   PG 6, BK C
MARCHETTI, MARGARITA
                     PG 6, BK C
MANSOUR, ELISABETTA PG 7, BK C
MAZZANTI, ROBERTO PG 8, BK C
MASSANELLI, LINA   PG 8, BK C
MAZZOLI, MARIA   PG 10, BK C
MULLIGAN, JOHN   PG 12, BK C
MENGUCCI, DOMENICO   PG 13, BK C
MAGGIORI, ALTESINA   PG 14, BK C
MAZZANTI, ADALGISA   PG 16, BK B

Legenda: PG = Pagina - BK = Libro

MAZZANTI, NAZZARENO PG 16, BK B
MENGUCCI, SILVIO   PG 17, BK C
MOREHEAD, ROY   PG 17, BK C
MANSOUR, JEWEL   PG 19, BK C
MARCHETTI, CELESTE`   PG 20, BK B

N
NICOLINI, PAQUA   PG 35, BK B
NICOLINI, ZELMIRA   PG 76, BK B
NICOLINI, QUINTO   PG 116, BK B
NICOLINI, AUGUSTO   PG 1, BK C
NEWMAN, LUCAS   PG 7, BK C
NICOLINI, EZIO   PG 10, BK C
NEWMAN, JOHN   PG 15, BK C
NODINI, ERMELINDA   PG 15, BK C

O
OLIVARI, MARIA   PG 25, BK B
OLIVARI, ERSILIA   PG 40, BK B
OLIVARI, MARIA   PG 42, BK B
OLIVARI, LICIMIA   PG 79, BK B
OLIVARI, CARLO   PG 90, BK B
OLIVARI, DARIO   PG 121, BK B

P
PELLIZZARO, MARINA   PG 1, BK A
PIAZZA, BARBARA   PG 3, BK A
PIAZZA, GIUSEPPE   PG 4, BK A
PIAZZA, ANNA   PG 5, BK A
PAOLASINI, ITALIANO   PG 8, BK A
PIANALTO, DIONISIA   PG 8, BK A
PIAZZA, GIUSEPPE   PG 10, BK A
PIAZZA, ROSALIE   PG 11, BK A
PAPILI, CESARE   PG 19, BK A
PATRIGNANI, DORA   PG 25, BK A
PIAZZA GUGELIELMO   PG 26, BK A
PIAZZA, ARISTIDE   PG 27, BK A
PEZZALATO, IDA   PG 29, BK A
PIAZZA, ANNA   PG 30, BK A
PELLIZARO, ANTONIO   PG 32, BK A
PIAZZA, CATERINA   PG 33, BK A
PIANALTO, PIETRO   PG 37, BK A
PIERINI, GUGLIELMO   PG 38, BK A
PARENTI, GIUSEPPE   PG 40, BK A
PAOLASINI, ANGELA   PG 41, BK A
PIERINI, MARGARITA   PG 46, BK A

PAOLASINI, OSVALDO   PG 47, BK A
PAMBIANCHI, AMALDA   PG 1, BK B
PARENTI, LICINIA   PG 3, BK B
PIERONI, BENEDETTO   PG 5, BK B
PAOLASINI, OSVALDA   PG 12, BK B
PAOLASINI, ADALGISA   PG 12, BK B
PIERSANTELLI MARINO
    PG 14, BK B
PAGLIARI, JOLANDA   PG 14, BK B
PAMBIANCHI ARMANDO
    PG 22, BK B
PIERONI, AMORINA   PG 22, BK B
PIERONI, CESIRA   PG 24, BK B
PERNINI, MARGARITA   PG 18, BK B
PALAZZI, GRAZIOSA   PG 29, BK B
PETROLATI, MAGGIORA PG 33, BK B
PIERSANTELLI MARIO   PG 35, BK B
PIERONI, ELENA   PG 37, BK B
PIERONI, EVELINA   PG 37, BK B
PAMBIANCHI, ARMANDO
    PG 43, BK B
PAOLASINI, SETTIMIA   PG 45, BK B
PIERINI, GUELFO   PG 46, BKB
PAOLASINI, GUIDO   PG 47, BK B
POLITI, STELLA   PG 49, BK B
PIERONI, MARIA   PG 53, BK B
PETRINI, MARIANO   PG 58, BK B
POLITI, ALTESIMA   PG 71, BK B
PETROLATI, ERMENIGILDO
    PG 15, BK B
PAMBIANCHI, MARIO   PG 102, BK B
PIERINI, LUIGI   PG 111, BK B
PIERONI, ESTERINA   PG 112, BK B
PIERSANTELLI, MARAIO PG 118, BK B
PAMBIANCHI, STELINDA PG 138, BK B
PIERONI, SETTIMO   PG 3, BK C
POLIDORI, GINO   PG 4, BK C
PALAZZI, MARIA   PG 6, BK C
PICCINETTI, ELENA   PG 6, BK C
PIERINI, EREMITA   PG 8, BK C
PERNINI, MARINO   PG 9, BK C
PAMBIANCHI, ALDA   PG 10, BK C
PAOLASINI, ELDA   PG 12, BK C
PAOLASINI, EVELINA   PG 15, BK C
PREWITT, ALISE   PG 17, BK C

Legenda: PG = Pagina   -   BK = Libro

Q - none

R

ROSO, ANTONIO	PG 19, BK A
ROSSINI, LUIGI	PG 26, BK A
REGINELLI, FELICIA	PG 35, BK A
REGINELLI, SERAFINO	PG 46, BK A
ROSSINI, EGINO	PG 48, BK A
REGINELLI, AMERICO	PG 49, BK A
REGINELLI, ARMANDO	PG 8, BK B
REGINELLI, AUGUSTO	PG 10, BK C
RUGGERI, UMBERTO	PG 16, BK B
RUGGERI, ATTILIO	PG 16, BK B
ROCCONI, ANGELO	PG 20, BK B
REGINELLI, GINO	PG 20, BK B
REGINELLI, PASQUALE	PG 25, BK B
REGINELLI, GILDA	PG 27, BK B
ROSSINI, RUGGERO	PG 38, BK B
ROSSINI, UMBERTO	PG 42, BK B
ROSI, RICCARDO	PG 43, BK B
ROSSINI, IDA	PG 46, BK B
ROSSINI, FIORE	PG 47, BK B
ROSSINI, NELLA	PG 50, BK B
REGINELLI, IRMA	PG 50, BK B
ROCCONI, ANGELA	PG 51, BK B
REGINELLI, SETTIMO	PG 51, BK B
ROMAGNOLI, ERMETI	PG 53, BK B
RUGGERI, UMBERTO	PG 55, BK B
ROCCONI, MARIO	PG 62, BK B
REGINELLI, ARMANDO	PG 62, BK B
REGINELLI, TERESA	PG 63, BK B
ROSSINI, ADALGISA	PG 76, BK B
REGINELLI, PASQUALE	PG 78, BK B
REGINELLI, GIACOMO	PG 78, BK B
ROCCONI, ARCANGELO	PG 91, BK B
ROCCONI, ELVIRA	PG 96, BK B
ROSSINI, ETTORE	PG 107, BK B
REGINELLI, CATERINA	PG 108, BK B
REGINELLI, ELENA	PG 109, BK B
REGINELLI, ROSA	PG 110, BK B
REGINELLI, TERESA	PG 111, BK B
ROSSINI ARMANDO	PG 112, BK B
REGINELLI, IRMA	PG 122, BK B
ROSSINI, AUGUSTO	PG 123, BK B
ROCCONI, AMALITE	PG 128, BK B
ROSSINI, GIORGIO	PG 127, BK B

ROSSINI, ALDO	PG 129, BK B
REGINELLI, ROSE	PG 143, BK B
REGINELLI, AUGUSTO	PG 144, BK B
RUGGERI, GINO	PG 144, BK B
REGINELLI, TERESA	PG 146, BK B
ROMANELLI, ADALGISA	PG 149, BK B
ROCCONI, AUGUSTO	PG 2, BK C
RENZ, CECILIA	PG 2, BK C
REGINELLI, ALTESINA	PG 5, BK C
ROMANELLI, ROSA	PG 6, BK C
ROCCONI, AMALIA	PG 11, BK C
ROMANELLI, QUINTO	PG 15, BK C
REGINELLI, SETTIMIA	PG 15, BK B
REGINELLI, ERMELINDA	PG 16, BK B
ROCCONI, AMERICO	PG 20, BK B

S

SPACCARELLI, GIOVANNI	PG 12, BK A
SABATINI, VINCENZO	PG 13, BK A
SPANEVELLO, NAZARENO	PG 15, BK A
SPANEVELLO EULIOGOSTINO	PG 15, BK A
SPANEVELLO, CLEMENTE	PG 29, BK A
SPANEVELLO, ENRICA	PG 31, BK A
SCARDOVI, ROSA	PG 35, BK A
SANTINI, MARIA	PG 39, BK A
SCUCCHI, GIULIA	PG 45, BK A
SCARDOVI, CLEMENTI	PG 50, BK A
SANTINI, ELENA	PG 3, BK B
SAMPAOLESI, BARBARA	PG 4, BK B
SABATINI, PRIMO	PG 4, BK B
SILVESTRINI, GUERINA	PG 6, BK B
SCUCCHI, UGO	PG 7, BK B
SBARBATI, CHIARA	PG 9, BK B
SIMONETTI, SERAFINO	PG 11, BK B
SABATINI, IDA	PG 13, BK B
SHELL, ETHEL CECILIA	PG 14, BK B
SANTINI, GIUSEPPA	PG 15, BK B
SIENA, ZEFFIRO	PG 17, BK B
SCUCCHI, ROMOLO	PG 23, BK B
SABATINI, SECONDA	PG 14, BK B
SAMPAOLESI, MARGARITA	PG 26, BK B
SANTUCCI, ENRICA	PG 26, BK B

Legenda: PG = Pagina   -   BK = Libro

SANTARELLI, AMERICO   PG 27, BK B
SBARBATI, AMERICO   PG 29, BK B
SANTINI GUERINO   PG 33, BK B
SILVESTRINI, AMERICO   PG 41, BK B
SCUCCHI, AMADEO   PG 43, BK B
SABATINI, TERZO   PG 49, BK B
SAMPAOLESI, LUIGIA   PG 52, BK B
SIENA, ZEFFIRO   PG 54, BK B
SASSETTI, MARCELLO   PG 55, BK B
SBARBATI, AMERICO   PG 63, BK B
SIENA, ROSA,   PG 63, BK B
SIENA, NAZZARENO   PG 63, BK B
SILVESTRINI, GENNAIO   PG 65, BK B
SILVESTRINI, ALMERINA PG 67, BK B
SPADINI, ERCOLE   PG 69, BK B
SAMPAOLESI, AMEDEA   PG 74, BK B
SCUCCHI, AMEDEA   PG 77, BK B
SANTUCCI, SISTO   PG 80, BK B
SAMPAOLESI, NEDINA   PG 81, BK B
SIENA, ANELLO   PG 82, BK B
SANTINI, UMBERTO   PG 83, BK B
SABATINI, QUARTO   PG 83, BK B
SIENA, VIRGILIO   PG 106, BK B
SBARBATI, AUGUSTO   PG 113, BK B
SAMPAOLESI, GIGLIO   PG 117, BK B
SAMPAOLESI, BIANCA   PG 120, BK B
SILVESTRINI, ARTISIENEA
    PG 128, BK B
SIENA, LEONTINO   PG 148, BK B
SBARBATI, GUIDO,   PG 1, BK C
SAMPAOLESI, ALDO   PG 2, BK C
SCUCCHI, RENATO JOANNES
    PG 7, BK C
SARTINI, AMERICO   PG 7, BK C
SANTUCCI, EZIO   PG 9, BK C
SAMPAOLESI, ADALGISA
    PG 9, BK C
SPADINI, EBI   PG 11, BK C
SPADINI, ATTILIO   PG 11, BK C
SHAMOON, CAMILLE   PG 12, BK C
SBARBATI, UMBERTO   PG 13, BK C
SBARBATI, MARIO   PG 14, BK C
SCUCCHI, ANNA   PG 14, BK C
SILVESTRINI, GIUSEPPE   PG 14, BK C
SARTINI, AMELIA   PG 17, BK C
SIENA, ABRAMO   PG 18, BK C

SIENA, FLAVIA   PG 19, BK C
SAMPAOLESI, SETTIMIA PG 10, BK C

T
TAROZZI, GIUSEPPE   PG 2, BK A
TALDO, EMILIA   PG 16, BK A
TISATO, GIACOMO   PG 17, BK A
TOMIELLO, OLIMPIA   PG 22, BK A
TAROZZI, ANGELO   PG 30, BK B
TAMBOLI, MARIO   PG 49, BK B
TRIANI, OLINTO   PG 54, BK B
TORREGGIANI, SERGIO   PG 69, BK B
TAMBOLI, GINO   PG 75, BK B
TORRIANI, PIETRO   PG 92, BK B
TURCHI, ALDO   PG 100, BK B
TORREGGIANI, COSTANZA
    PG 103, BK B
TRIANI, GINO   PG 122, BK B
TORRIANI, ANASTASIA   PG 126, BK B
TURCHI, NAZZARENO   PG 138, BK B
TORRIANI, GUERINO   PG 2, BK C
TORRIANI, ATTILIO   PG 11, BK C
TRIANI, ENRICO   PG 12, BK C

U - none

V
VICARELLI, GAETANO   PG 21, BK A
VICARELLI, CURCIO PAOLO
    PG 36, BK A
VIGNOLI, TRIDE   PG 7, BK B
VESCOGNI, MACHILDO   PG 31, BK B
VESCOGNI, PAOLO   PG 46, BK B
VIGNOLI, TERESA   PG 53, BK B
VOLTERRANI, ADELIA   PG 55, BK B
VICARI, CLAUDIA   PG 67, BK B
VESCOGNI, BEATRICE   PG 67, BK B
VOLTERRANI, ANNITA   PG 119, BK B
VOLTERRANI, RINA   PG 4, BK C
W, X, Y - none

?ER, ALFONSO,   PG 5, BK C

Z
ZULPO, ORESTE   PG 14, BK A
ZULPO, GUGLIELMINA   PG 14, BK A

ZAMPA, ROSA	PG 24, BK A	ZAMPINI, FIORINDO	PG 61, BK B
ZULPO, OLIMPIA	PG 34, BK A	ZUCCONI, SAM	PG 62, BK B
ZANNI, PAOLO	PG 8, BK B	ZAMPINI, ANNUNZIATA	PG 84, BK B
ZAMPA, MARIA	PG 16, BK B	ZOPPI, MARIA	PG 93, BK B
ZAMPINI, FRANCESCA	PG 19, BK B	ZUCCONI, CESIRA	PG 124, BK
ZANNI, GUIDO	PG 36, BK B		

NdT: Si è mantenuto il testo originale per omogeneità. Ad esempio, Zampa Rosa PG 24, BK A indica che le informazioni su di essa sono a pagina 24 del libro A. (PG – pagina; BK – libro)

Elenco delle Persone Decedute a Sunnyside nei Primi Anni

Le seguenti informazioni sugli italiani morti a Sunnyside sono state trovate e documentate a partire dalle schede di Ernesto R Milani.

Ci furono cinque morti a bordo della nave *Chateau Yquem* nel novembre 1895 che furono sepolti in mare.

Marino Folchi, anni 11
Alfonso Folchi, anni 12
Ada Folchi, anni 3
Virgilio Pianalto, anni 3 (sulla lista passeggeri della *Chateau Yquem* nome sembra essere "Joseph Lionetto" ma "Lionetto" a sua volta sembra essere una storpiatura di Pianalto. I nomi di battesimo della famiglia "Lionetto" corrispondono a quelli della famiglia di Dionisio Pianalto, il cui figlio si sa essere morto durante la traversata oceanica).

ITALIANI SEPOLTI NEL CIMITERO DI HYNER 1895-1897:

In aggiunta a quanto sopra, nel suo rapporto all'ambasciatore Fava, Oldrini, l'agente capo di Ellis Island, comunicò il 5 marzo 1897 che durante il primo anno, 1896, c'erano state 25 nascite e 23 morti (10 adulti e 13 tra neonati e bambini). Il seguente elenco dei morti del 1897 è stato trovato dal dott. Edward Stibili negli archivi del Ministero degli Esteri italiano, negli Archivi Vaticani e tra le schede dell'archivio della diocesi di Little Rock:

Elenco dei morti - 1897 Adulti:	Età	Piantagione Nome:
Rosa Cingolani	63	Sunnyside
Ester Angeletti	16	Sunnyside
G.B. Asnicar	59 Asma	Hyner
Giuseppe Brunini	45	Hebron
Pietro Badiali	70	Cottonwood
Cortesina Badiali	39	Cottonwood
Giuseppe Compagnia	59	Sunnyside

Santo Ceola	71	Hebron
Giovanni Delpidio	37 Polmonite	Sunnyside
Apollonia Degli Antoni	50	Hebron
Adolfo Silvi	42	Fawnwood
Carolina Bacchetti	66	Fawnwood
Annunciata Bernardini	68	Fawnwood
Maria Lorenzini	3	Fawnwood
Rosa Marcucci	28	Sunnyside
Luigia Mascagni	28	Fawnwood
Antonia Pirondelli	33	Sunnyside
Angelo Piazza	62	Hyner
Maria Piazza	62	Hyner
Alma Parenti	13	Little Rock
Giovanni Sbanotto	65	
Luigi Farini	64	Fawnwood

Bambini:

Augusto Brunetti	3	Hebron
Ruggero Bracci	2	Fawnwood
Laura Bruni	2	Hebron
Pietro Curzi	6	Sunnyside
Augusto Greganti	2	Cottonwood Ridge
Annunciata Gentilini	2	Fawnwood
Attilio Lovato	2	Hyner
Luigi Malatesta	7	Sunnyside
Luciano Matteucci	3	Sunnyside
Ester Masotti	1	Hyner
Maria Piazza	7	Hyner
Angelo Penzo	3	Hyner

Il numero totale dei morti dell'anno scorso è di 53. Siccome questa lista ne contiene solo 34, crediamo che i 19 mancanti siano neonati, nati qui, e morti in seguito, di cui non ho traccia.

Firmato: Victor Alpini

***

Nel novembre 1897, Padre Bandini presentò un rapporto con altre 16 persone morte a Sunnyside, l'elenco salì quindi a 97.

Altri italiani sepolti a Hyner nei primi anni di permanenza a Sunnyside, identificati attraverso frammenti di lapidi e informazioni datemi dai loro discendenti sono i seguenti:

Jedela (Adele?) Carmelucci Reginelli, prima moglie di Silvano Reginelli (1878-1902).
Antonio Reginelli, (1842-1902), morì di cancrena causata da ustioni.

Albina Vicari, (17 marzo 1876 -?)

Ignoto, Ignoto, (Ignoto – Ignoto)

….gon…., Ignoto (Ignoto - dicembre)

Elvira Meng…., (1° gennaio ? – agosto 20?)

Celesta Malatesta, morta nel 1897 (1896-1898?)

Malatesta, figlio, morto nel 1897

Dionisio Pianalto, (13 maggio 1862 – aprile 1896),
    ucciso dalla caduta di un albero.

Catherine Penzo Pianalto, (7 giugno 1860 – 1896), di
    parto come pure due gemelli.

Neonato Pianalto (1896 – 1896), secondo nato morto

Neonato Pianalto (1896 – 1896), primo nato morto

Pietro Casali, figlio di Fermo e Olga Casali

Dominic Casali, figlio di Fermo e Olga Casali

Pietro Spaccarelli (24 febbraio 1856 – 4 ottobre 1898)

Filomena Chiara Spaccarelli (20 agosto 1896 – 20 marzo
    1900)

Pietro Spaccarelli (15 maggio 1899 – 20 agosto 1900)

Giuseppe Zucconi, morto nel 1897

Alessandra Spanevello, morta di parto nell'agosto 1897
    – Sposata il 12 ottobre 1896

Paolo Lorenzini (1866 – 1897)

Fiore Mazzoni, nato e morto neonato nel 1910

Angelo Piazza, morto tra il 1895 – 1900

Clara Grassi, morta probabilmente di febbri palustri

Paolo Zucconi, morto nel 1899

Il rapporto di Mary Grace Quackenbos: durante l'inchiesta a Sunnyside scrisse ciò che aveva visto.

Neonato Giorgini, morto alla nascita nel 1905

Neonato Giorgini, morto alla nascita nel 1907

Ignoto (5 ignoti in totale)

Infante Di Luca, morto nel 1904

Infante Casavecchia, (1903 – 1904)

Stanislao, Iacuzzi (? – 6 gennaio 1904)

Gino Baioni (2 maggio 1902 – 17…1904

Giustino Belvederesi, morto nel 1905 a 47 anni.

Maria Mengoni, morta il 22 novembre 1898

Ruggero Bracci, morto a due anni il 17 febbraio 1897

Al momento della stesura di questo scritto, l'elenco contiene 135 morti

**In Memoriam
Hyner Cemetery
Established 1898**

Marks the site of those devout, courageous Italian immigrants who came to America in 1895 settling and working at Sunnyside Plantation and throughout the Delta area. They established schools, churches and entered into the life of our communities realizing the American dream of freedom, opportunity, and the pursuit of happiness. This was at the cost of great sacrifice. These Italians struggled against exploitation and prejudice. Malaria epidemics killed many of them. Descendents of those noble immigrants still farm this land.

**In Memoriam
Cimitero di Hyner
Fondato nel 1898**

Segnala il luogo di quei coraggiosi e devoti immigranti italiani che arrivarono in America nel 1895 per lavorare nella piantagione di Sunnyside e nella regione del Delta. Istituirono scuole, chiese, ed entrarono a far parte delle nostre comunità realizzando il sogno americano di libertà, opportunità e ricerca della felicità. Questo al prezzo di grande sacrificio. Questi italiani lottarono contro lo sfruttamento e il pregiudizio. Le epidemie di malaria uccisero molti di essi. Discendenti di questi nobili immigranti continuano a lavorare questa terra.

Un Esodo

Rebecca A. Howard

Nell'autunno inverno 1897-1898, dopo che gli eredi Corbin non avevano rispettato i contratti in modo corretto, e dopo la morte di molte persone a causa della febbre gialla, le condizioni di Sunnyside furono denunciate alle autorità italiane e a quelle ecclesiastiche come "deplorevoli." Molte famiglie decisero di cercare opportunità altrove.

Nelle quattro pagine seguenti ci sono dei documenti trovati dal dott. Edward C. Stibili durante le ricerche per il suo libro, *Pietro Bandini, Missionary, Social Worker and Colonizer.* Questi elenchi della Sunnyside Company che identificano chi se ne andò dalla piantagione, furono rinvenuti nell'Archivio Segreto del Vaticanso a Roma. Si deve prestare attenzione nel valutare la veridicità di questi elenchi. Non solo la Sunnyside Company aveva interesse a far bella figura con le autorità italiane e quelle ecclesiastiche ma molte persone che sono magari partite per le località citate, hanno magari cambiato idea e sono andate da un'altra parte oppure sono arrivate in quella località soltanto per cercare altre opportunità qualche anno dopo.

I due gruppi di italiani più numerosi andarono a fondare delle comunità sugli altopiani degli Ozarks. Padre Bandini rimase con il gruppo che fondò Tontitown, Arkansas vicino Springdale. L'altro gruppo si stabilì a St. James, Missouri. Le due comunità rimasero abbastanza isolate per anni, e crearono identità locali distinte. Mantennero i legami l'una con l'altra attraverso la famiglia (con i Piazza e i Tessaro in ambedue le località), attraverso il commercio, e lo scambio di competenze riguardo la vinificazione. Durante il Proibizionismo collaborarono anche per la produzione di uva per fare il succo d'uva. Entrambe le comunità sono tuttora conosciute per il loro carattere italiano e per quanto hanno fatto per conservarlo.

Il gruppetto di Leota, Mississippi non andò molto lontano perché la piantagione di Leota era al di là del fiume Mississippi, un po' a sud nella contea di Washington, presso un lago di lanca. (NdT: Oggi Leota è una *ghost town*, città fantasma, Nel 1950 aveva una popolazione di 50 anime. Oggi resta poco o niente, coperta da foreste e da una porzione dell'argine del Mississippi). Il gruppo, segnato in partenza per Irondale, Alabama resta un mistero. Non vi si stabilirono. Una ricerca su Google "Irondale Alabama Italians" dà informazioni soprattutto sul locale Olive Garden, una catena di ristoranti. Quanto accaduto al gruppo rimane oscuro. Sembra che alcuni di loro si siano stabiliti nella vicina contea di Bibb, Alabama poiché alcuni cognomi dell'elenco di Sunnyside mostrati per Irondale appaiono nel censimento del 1900 della comunità di Blocton. Uno storico cimitero cattolico italiano della zona condivide alcuni cognomi con l'elenco di Sunnyside, oltre a numerosi cognomi italiani. Agli inizi del ventesimo secolo questa era una comunità di minatori di carbone che aveva attratto molti immigrati italiani. Il gruppo di Irondale, dopo l'esperienza iniziale a Sunnyside, potrebbe essersi semplicemente mescolato con gli altri immigranti italiani della zona e disperso dopo la chiusura delle miniere di carbone. Ovunque siano andati, le ricerche attuali non forniscono alcuna prova che si siano stabiliti come gruppo, e che abbiano creato una specifica comunità italo americana come Lake Village, Tontitown e St. James.

Infine, quelli segnati come "Varie" avevano probabilmente dei contatti con italiani in altre parti del Nord e Sud America, e partirono per raggiungerli. In quel periodo milioni di italiani lasciarono l'Italia per le opportunità offerte da Canada, Argentina, e molti si affidarono ad amici e famiglia in Italia per essere informati di nuove occasioni quando i loro tentativi iniziali fallivano.

THE SUNNY SIDE COMPANY
192 Broadway
New York

FAMIGLIE ASSISTITE DALLA SUNNY SIDE COMPANY
PER TORNARE IN ITALIA

*Partiti da New York a bordo
della nave Tartar Prince 9
aprile 1898 per Genova)*

Curzi,	Spese di viaggio	$120.50	
	Contanti	50,00	$170.50
Moruzzi,	Spese di viaggio	$90.00	
	Contanti	25.00	115.00
Paolazini,	Saldo spese di viaggio		51.00
Matteucci,	" " "		51,25
Campore,	Biglietto per New York		59.00
Delpidio,	Contanti		100.00
Piazza Ern.,	"		50.00
Alpe, .	"		55.00
Pianalto, Cel.,	"		30.00
Dalle Rive,	"		15.00
	Totale …..		$696.75

P.S. Questo elenco non include molte altre indennità date loro al momento della liquidazione dei conti.

Vedi l'Appendice a pagina 300 per il testo originale in inglese

Famiglie andate a Springdale

Alpe A.	Marangoni A.	Zulpo D.T.
Bariola G.B.	Olivari C.	Zulpo P.
Bariola P.	Parenti D.	Zulpo Tomaso

Aggregati

(x) Bisetti G.	Pianalto E.	Galante G.
Bastianelli P.	Pianalto D.	Ardemagni F.
Cichelero A.	Pirondelli E.	Corrà G.B.
Ceola R.	Pianalto C.	Morsani E.
Cortiana E.	Pianalto L.	
Degli Antoni D.	Piazza G.	
Degli Antoni S.	Papili G.	(x) sposato con vedova Elmi
Fabbri A.	Papili P.	(x) sposato con vedova Pianalto
Fabbri R.	Papili S.	
Fiori G.	Pozza G.B.	
Fiori P.	Penzo D.	
Fiori D.	Roso Gius.	
Landi E.	Roso Giov.	
Lanetto F.	Rosa Z.	
Maestri P.A.	Serri S.	
Mattioli A.	Taldo Giov.	
Morsani A.	Taldo Gius.	
Mascagni A.	Tomiello G.	
Mascagni S.	Tessaro C.	
Mascagni L.	(x) Verucchi G.	
Mascagni E.	Zanni C.	
Mascagni Silvio	Zucconi L.	

Vedi l'Appendice a pagina 301 per il testo originale in inglese

Famiglie andate a Irondale, Alabama	Leota, Miss.
Barbetti D.	
Barbetti L.	Brunini (vedova)
Brescaglia C.	Contini F.
Bai P.	Dalle Rive P.
Bernabei F.	Mazzocchi A.
Baruffi G.	Santini D.
Barbetti P.	Vivarelli G.
Cati L.	Varie
Cobianchi G.	
Delpidio (vedova)	Boccolini G:
Baghini G.	Cumerlato I., partito primi 1897
Fiocchi A.	Domenichini G.
Goffredi G.	Filippi A.
Gentilini G.	Franceschi G. idem
Gelsi G., *partito nel 1896*	Innocenzi V. idem
Lorenzini P.	Piazza M.
Lorenzini G.	Patrignani G.
Merli A.	Pranzini G.B.
Polmonari E.	Venturi G., No 2
Selva G.	
Mattioli P.	
Fiocchi C.	
Tarozzi G.	
Tarozzi & Fughelli	

Vedi l'Appendice a pagina 302 per il testo originale in inglese

Famiglie andate a St. James, Mo.

Asnicar G.	Piazza A.
Asnicar F.	Spanevello Ant.
Asnicar A.	Spanevello Aless.
Bettale A.	Spanevello M.
Brunetti P.	Sbabo F.
Bruni L.	Tisato A.
Bacialli D.	Tessaro B.
Caprifogli A.	Trattenero Ant.
Contini P.	Trattenero Ang.
Ederati G.	Tessaro G.
Guidicini G.	Venturi G., No. 1
x Ghibellini (figli)	Venturi E.
Lolli P.	Zulpo A.
Lenzi G.B.	Zulpo G.B.
Lovato G.	
x Malatesta M.	
Marchi S.	
Marchi P.	(x) Tornati a Sunnyside
Masotti E.	
Poggi M.	
Piazza E.	
Piazza A. M.	
Piazza L.	
Piazza P.	
Pezzelato G.	

Vedi l'Appendice a pagina 303 per il testo originale in inglese

Gli Insediamenti dopo Sunnyside

Gli italiani reclutati per l'esperimento iniziale di Sunnyside erano venuti negli Stati Uniti con l'intesa di potersi stabilire in un ambiente agricolo tale da permettere loro di conservare la propria cultura e comunità, e nel medesimo tempo di inserirsi nel tessuto sociale americano. Solo perché al primo tentativo a Sunnyside le cose non erano andate come previsto, questo non significò che non erano disposti a farne un secondo. Nel 1897 cominciò la ricerca di un nuovo posto dove andare a vivere. Sembra che la maggior parte della ricerca si sia concentrata sugli altipiani degli Ozarks in Arkansas e Missouri, territori con un clima simile a quello delle regioni italiane da cui erano arrivati e dove avrebbero potuto coltivare i prodotti agricoli che conoscevano. Furono scelti due siti. Uno era nelle vicinanze di Springdale, Arkansas che divenne poi Tontitown. L'altro era nei pressi di St. James, Missouri. Noto inizialmente come Knobview, in seguito, nel 1931, fu rinominato Rosati.

La chiesa originale di St. Anthony of Padua a Knobview/Rosati.
Completata nel 1906, fu distrutta dal fuoco nel 1918. Un anno dopo
fu costruita una chiesa nuova, pure distrutta dal fuoco nel 1946. Nel
1947 fu edificata una struttura in mattoni, tuttora esistente.

Tontitown

Rebecca A. Howard

Nell'inverno del 1897-1898, Bandini con il gruppo più numeroso di italiani provenienti da Sunnyside si stabilì nelle vicinanze di Springdale, Arkansas. Diedero subito un nome alla loro nuova comunità, Tontitown, in onore di Henri de Tonti, uno dei pochissimi esploratori italiani del Nord America che nel 1636 agli ordini dell'esploratore francese La Salle, aveva dato vita all'Arkansas Post. (NdT: L'Arkansas Post era un avamposto per commerciare con gli spagnoli e i nativi Quapaw situato in prossimità della confluenza del fiume Arkansas nel Mississippi).

Bandini era particolarmente interessato a far sì che la comunità fosse un esempio di immigrazione riuscita e di assimilazione americana. Sosteneva che la padronanza della lingua inglese e del sistema politico americano erano la chiave del successo ed efficienza a lungo termine della comunità. Per favorire l'apprendimento dell'inglese, Bandini assunse la signorina Bernadette E. Brady, nativa dell'Arkansas ed appena laureatasi alla St. Mary's Academy di Little Rock per insegnare nella prima scuola di Tontitown. Sul piano politico, il deputato Hugh Dinsmore fu invitato a intervenire al picnic comunitario del 1904. Nel corso degli anni sia Bandini sia suo nipote Padre Titus Bandini furono in contatto con il governatore Brough, tra cui una lettera di congratulazioni alla comunità in occasione del diciassettesimo annuale Grape Day, Giorno dell'Uva, del 1916. Anche la classe politica locale aveva motivo di prestare attenzione. Fino al 1926 in Arkansas per votare gli immigranti dovevano solo dichiarare l'intenzione di diventare cittadini e di soddisfare i normali requisiti di residenza; era un sistema abbastanza permissivo rispetto a quello di altri stati. Il nome di Bandini e quello di quasi tutti i capifamiglia della comunità cominciarono ad apparire sull'elenco della tassa elettorale già ai primi del 1900.

THE ST. LOUIS REPUBLIC: SUNDAY. MAY 21. 1905.

ITALIAN COLONISTS AT TONTITOWN, ARK, VISITED BY AMBASSADOR FROM ITALY, FURNISH EXAMPLE OF HOW SOUTHWEST MAY BE BENEFITED

Baron des Planches Declares That the Wonderfully Successful Settlement Solves the Problem of Immigration—Further Development Means Greater Prosperity for Section of Which St. Louis is the Metropolis—Envoy's Trip Proves Instructive—His Reception and the Incidents of the Tontitown Visit Considered Remarkable by Those Who Accompanied Him.

The St. Louis Republic, *domenica 21 maggio 1905*

I COLONI ITALIANI DI TONTITOWN, ARK., RICEVONO LA VISITA DELL'AMBASCIATORE ITALIANO, DANNO UN ESEMPIO DI COME PUO' BENEFICIARNE IL SUD OVEST

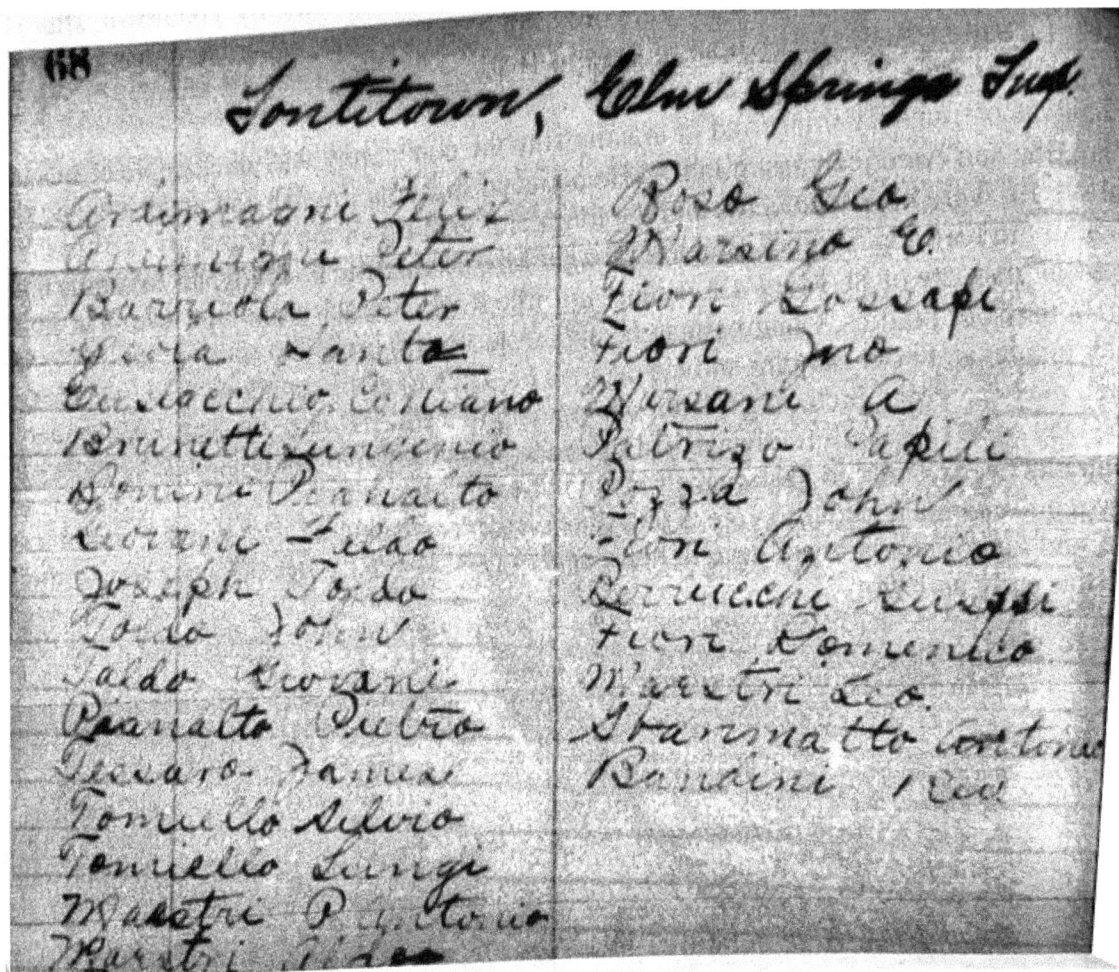

Questa immagine è tratta dall'elenco per il 1905 della tassa elettorale della contea di Washington (Arkansas), in cui Tontitown fu elencata come distretto separato. Fino al 1960 gli abitanti dell'Arkansas qualora volessero votare, erano soggetti al pagamento di una tassa specifica. Prima degli anni venti, gli uomini non avevano bisogno di essere cittadini per votare ma dovevano firmare un modulo indicando la loro intenzione di diventare cittadini. La maggior parte di questi uomini si può pure trovare sugli elenchi delle navi dei primi due gruppi arrivati alla piantagione di Sunnyside, e sulla lista del primo raccolto del 1896. Sembra che i funzionari locali avessero difficoltà nel distinguere la differenza tra i nomi di battesimo e i cognomi italiani, ecco perché l'elenco è un po' confuso.

A sinistra: Mary Bastianelli, Bernadette Edna Brady Koch e Rose Bastianelli Morsani. Edna e Rose insegnarono sia a Tontitown sia a Sunnyside. Mary insegnò a Tontitown. La signorina Brady è ricordata per essere stata la prima insegnante di Tontitown, e probabilmente insegnò anche a Sunnyside. Fondamentale il suo apporto nell'insegnamento dell'inglese agli italiani della colonia di Tontitown. Questa fotografia fu scattata, quasi certamente, durante un corso di formazione estivo per insegnanti nel 1912. Nel 1915, la signorina Brady fu nominata direttrice dell'ufficio postale di Roadland, nella contea di Chicot. (NdT: Roadland era una piccola comunità a sud di Sunnyside dove si erano stabiliti temporaneamente diversi italiani).

Qui sotto: Consegna dei diplomi alla St. Edward Nursing School, Scuola di Infermieristica, 1919. Katherine Pianalto Ceola, seconda da sinistra; le altre non sono state identificate. Durante la prima Guerra Mondiale, dopo l'apertura della St. Edward Nursing School a Fort Smith, le giovani donne di Tontitown passarono dalle scuole magistrali a quelle di infermieristica. Kate Pianalto fu tra le prime diplomate di Tontitown ma sicuramente non l'ultima.

La comunità lavorò scupolosamente per affermarsi come economicamente indipendente e di successo. A tale scopo investirono nella produzione di fragole, mele e uva come colture commerciali. Ancora negli anni trenta, molte persone della comunità integravano il reddito familiare andando a lavorare nelle miniere di carbone dell'Oklahoma o facendo lavori stagionali dal Kansas all'Ohio. A Tontitown vendevano mele fresche ma le trasformavano pure in aceto di mele. Inizialmente l'uva veniva prodotta per far vino, e i vini di Tontitown vincevano premi sia localmente sia ai concorsi del Nord Est. Nel 1916 quando l'Arkansas proibì la produzione

Bambini di Tontitown alla raccolta delle mele

di vino e alcolici, la comunità innestò i vitigni Concord nella vecchia uva da vino e contrattò con Welch per la produzione di succo d'uva. Prima del Proibizionismo il succo d'uva pastorizzato aveva una modesta quota di mercato negli Stati Uniti ma nel 1922 i vertici di Tontitown persuasero con successo la Welch Juice Company a costruire un impianto di imbottigliamento vicino la ferrovia di Springdale.

Stabilimento della Welch Grape Juice a Springdale, Arkansas

Il "Grape Day", Giorno dell'Uva, si era celebrato annualmente a Tontitown dal 1898, ma dopo il partenariato con Welch, durante gli anni venti divenne un evento di più giorni. Richiamava gente da tutta la regione non solo per le conferenze didattiche sulla produzione dell'uva ma anche per il parco divertimenti, i giochi a premi, bingo e l'incoronazione della Queen Concordia, Reginetta Concordia. Nella vera tradizione cattolica rurale, la competizione per diventare Queen Concordia non era un concorso di bellezza ma una gara con l'obiettivo di vendere il maggior numero di biglietti della lotteria per vincere il primo premio dell'evento. Nel corso degli anni la manifestazione è continuata anche quando la produzione di uva commerciale nel Nord Ovest dell'Arkansas è diminuita. Il Tontitown Grape Festival, il Festival dell'Uva che si tiene tuttora nell'area attorno alla chiesa di St. Joseph, resta il festival comunitario più longevo.

Queen Concordia negli anni quaranta (sinistra) e nel 2019 (destra)

Da sinistra a destra: Mary Vaughn, Gena Hartman, Denise Pellin, Roger Pianalto, Susan Young, Pat Pellin, Charlotte Piazza, Beverly Cortiana McEuen, Brenda Pianalto

Nel 2014 i discendenti di Tontitown visitarono Sunnyside, l'insediamento originale dei loro antenati. Durante questo viaggio visitarono il cimitero di Hyner, la piantagione di Sunnyside, e presero parte alla preparazione delle polpette per la spaghettata annuale di Lake Village. Scambiarono ricette con la comunità ed ebbero un incontro piacevole.

Rosati

Steve Zulpo

Nell'autunno del 1897, Giovanni Taldo, Antonio Asnicar, Pietro Marchi, e altri due uomini si recarono da Sunnyside a St. Louis per incontrare i rappresentanti della compagnia ferroviaria che li condussero a Knobview per vedere com'era il posto. La compagnia ferroviaria aveva sentito parlare del gruppo e puntava a una maggiore attività lungo i suoi binari. A dicembre un secondo gruppo fece visita allo stesso modo. Questo gruppo comprendeva Padre Bandini, fondatore e primo parroco di Tontitown. Gli italiani furono molto soddisfatti della terra e del suolo, molto simili a quelli delle loro comunità italiane. Il giorno di Capodanno del 1898 fu firmato un contratto con la compagnia ferroviaria per l'acquisto di quasi 480 ettari di terra da suddividere in lotti di 16 ettari. Il costo della terra era di $3.00 per 0.4 ettari con una caparra di $15.00.

Knobview/Rosati intorno al 1910, lungo i binari della ferrovia che collegava il villaggio al mondo.

Il 21 gennaio 1898 commemora il giorno in cui un gruppetto di uomini arrivò a Knobview da Sunnyside guidato da Tullio Malesani. Fu offerto loro di vivere temporaneamente nei vagoni ferroviari e altri alloggi di fortuna in attesa della costruzione delle case. Iniziarono subito i lavori per edificare le abitazioni per gli uomini, le loro famiglie, e per gli altri che stavano sopraggiungendo da Sunnyside. Dopo il completamento delle prime case, più nuclei familiari traslocarono in alcune di esse, in attesa di costruzioni ulteriori. A marzo erano già arrivate trenta famiglie e non passò molto tempo prima che ogni famiglia entrasse in possesso della propria casa.

L'anno successivo arrivarono altre famiglie dall'Arkansas mentre altre ancora giunsero dall'Illinois. Alcuni immigranti furono indirizzati a Knobview dal consolato italiano di St. Louis. Molte famiglie che si erano stabilite fuori dalla zona centrale di Knobview lungo la ferrovia, vivevano verso nord e ovest. La Friendship School era ubicata circa due chilometri e mezzo a ovest nord-ovest di Knobview, e molti studenti nei primi anni del 1900 erano figli di italiani insediatisi in quella zona.

Con soltanto un numero esiguo di animali e con un numero limitato di alberi da frutto in grado di produrre, nei primi anni le entrate furono scarse; questo rese la vita molto difficile. Attorno al 1900 e nel corso della decade seguente, alcune famiglie e scapoli se ne andarono da Knobview e trovarono lavoro a St. Louis oppure si trasferirono più a nord, in Illinois, ad Aurora, Staunton e Galesburg. Altri gruppi si trasferirono nelle contee di Morgan e Logan, Colorado.

In seguito alcune famiglie che si erano trasferite a St. Louis o in altre città dell'Illinois ritornarono a Knobview. Nonostante i disagi, le attività cominciarono a fiorire già due anni dopo l'arrivo degli italiani nel 1898. Nei primi dieci anni si costruirono due negozi, un *saloon*, un impianto di inscatolamento, un ufficio postale, una scuola, una stazione ferroviaria, e una chiesa. Tutti ubicati in una zona dove una decina di anni prima c'erano solo alberi, boscaglia e terra desolata.

L'emporio di Peter Marchi e l'ufficio postale, intorno al 1910

Gli italiani cominciarono a fare affari nella vicina St. James, otto chilometri a ovest della Springfield Road. Il commerciante John Sutton era convinto dell'onestà e della gran voglia di lavorare degli immigranti, e fu il primo uomo d'affari di St. James a offrir loro credito. Cominciarono a coltivare diversi prodotti agricoli ma non avevano l'uva cui erano abituati. Si procurarono talee di uva dall'Italia che non si adattarono alla diversità del clima e del suolo, e morirono tutte. Acquisirono allora dagli immigranti francesi della municipalità di Dillon, situata lungo la ferrovia tra St. James e Rolla, una varietà di vitigni del New England (Concord). L'uva Concord funzionò, e fu la varietà principale per molti decenni.

Durante i primi anni del novecento, tutti avevano un orto, e così la maggior parte delle famiglie coltivava uva e altra frutta tipo mele, pesche, fragole e pere. Quasi tutti quelli che avevano un vigneto facevano il vino. C'era persino un castagneto vicino alla casa dei Gherardini. Vacche, maiali e pollame erano diffusi, e molte famiglie producevano e vendevano grandi quantità di formaggio. Antonio Piazza e la moglie Amelia spedivano il formaggio in molti posti e vendevano il latte alla Quality Dairy, una latteria di St. Louis. Il treno caricava i bidoni pieni di latte e li riportava vuoti.

Nel 1931 la comunità cambiò il nome in Rosati. Il vescovo Joseph Rosati (1789 – 1843) fu il primo vescovo di St. Louis. Era di origine italiana. Dopo il cambio nome circolò un volantino che rilevava, "È opportuno che una comunità sorta con le fatiche e i sacrifici di gente nata in Italia, e tuttora popolata quasi esclusivamente da gente di origine italiana, la sola comunità di questo tipo in Missouri, perpetui attraverso il suo nome la memoria dell'unico italiano che ha contribuito così tanto al primissimo sviluppo della valle del Mississippi."

Nel 1925 fu costruito il Knobview Boys Club Hall (ritrovo per i giovani). Poi, nel 1927 fu eretto un nuovo edificio scolastico in mattoni, di fianco al ritrovo. La nuova scuola era più grande, con due aule separate da una parete mobile. Un'aula per le classi prima - quarta e l'altra per le classi quinta – ottava. Negli anni venti, Knobview ebbe una high school, scuola media superiore ma per la maggior parte degli studenti le classi 9-12, high school, dovevano essere completate a St. James.

Il Boys Club non era riservato ai soli ragazzi, veniva usato per eventi sociali come serate a base di torta, feste danzanti e le popolari spaghettate della chiesa di St. Anthony. Le ragazze si riunivano nel loro club. La scuola chiuse i battenti nel 1962, e da allora in avanti tutti gli studenti cominciarono a frequentare le scuole di St. James.

Dopo la fine della seconda Guerra Mondiale, quando i figli e i nipoti dei colonizzatori di Rosati cominciarono a tornare a casa dal servizio militare, la maggior parte di essi iniziò a coltivare uva. Con il passare degli anni, oltre all'uva, molti di loro si diedero anche all'allevamento del bestiame mentre altri presero lavori part-time o full-time lontano dalle fattorie. Quando la generazione successiva si diplomò alle scuole superiori, a metà anni 60 e fino a fine anni 70, molti di questi giovani andarono all'università, e trovarono poi impiego in città più grandi.

Il primo edificio scolastico in mattoni, completato nel 1927.

Quando i loro genitori invecchiarono, l'eccessiva manodopera richiesta per l'uva rese il loro lavoro molto difficile, e la superficie dei vigneti di proprietà dei soci della Welch's Cooperative cominciò a diminuire nella seconda metà degli anni settanta. Nel 1990 Welch cessò il rinnovo dei contratti d'acquisto dell'uva. In questo periodo sorsero nuove aziende vinicole, e la superficie dell'uva da vino continuò ad aumentare. I vigneti Concord (di proprietà di molti piccoli agricoltori e utilizzati soprattutto per la produzione di succo e gelatina) furono gradualmente sostituiti con vigneti di altre varietà necessarie per la moderna produzione di vino. I nuovi vigneti erano prevalentemente posseduti da un gruppo ristretto di proprietari di aziende vinicole.

La maggior parte dei vecchi vigneti, piantati decine e decine di anni fa, non esiste più. Oggi, vigneti moderni, dotati di irrigazione, garantiscono quasi tutta l'uva coltivata nella zona di Rosati – St. James. Chi passa lungo la I-44 la storica Route 66, continua a vedere le vigne e i chioschi per la vendita dell'uva come è sempre stato per più di novant'anni.

La squadra di baseball della comunità, anni trenta, i "Knobview Fruit Growers", (I Coltivatori di frutta di Knobview).

Da Sunnyside Attraverso l'America
Insediamenti Derivati

Anthony Borgognoni

A partire dall'esodo da Sunnyside del 1898, l'intero panorama dell'immigrazione italiana cambiò in maniera drammatica. Ben presto, ciò che era cominciato a Sunnyside si sviluppò in un diffuso movimento a carattere nazionale in continua espansione.

Con grande meraviglia di molti, questa colonia italiana non si trovava in un grande centro urbano. Era assolutamente unica poiché era situata in un angolo scarsamente popolato

Posizione geografica di Lake Village, Arkansas.

del Sud Est dell'Arkansas. Nel 1893 la popolazione italiana dell'intero stato raggiungeva il massimo 100 persone.[1] Tredici mesi dopo l'arrivo del primo gruppo di famiglie, il 4 dicembre 1895, e poi del secondo gruppo il 5 gennaio 1897, la popolazione degli italiani nello stato aumentò di 1.000.[2]

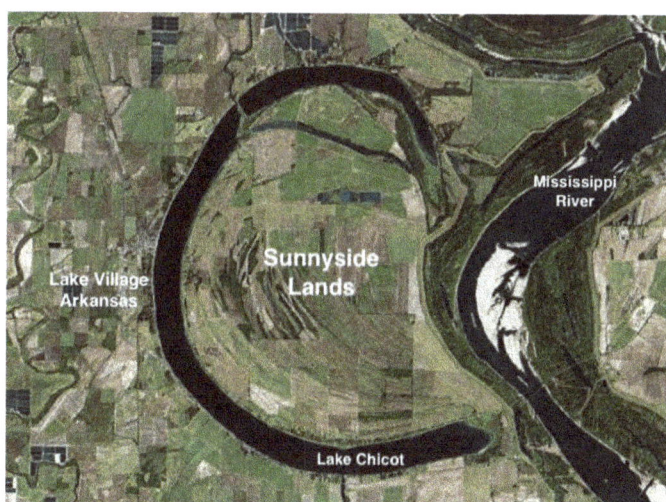

Posizione geografica della piantagione di Sunnyside entro il lago Chicot, a forma di C.

La colonia di Sunnyside era praticamente circondata dall'acqua. A est il maestoso fiume Mississippi. Ai confini nord, sud e ovest il lago Chicot a forma di C, il lago di lanca naturale più grande del nord America. L'accesso principale era dal fiume Mississippi, in questo modo i punti di accesso alla colonia erano facilmente sorvegliabili. Tuttavia da questa colonia isolata scaturì un fenomeno immigratorio che sparse gli italiani attraverso tutta l'America.

---

[1] Edward C. Stibili, *Pietro Bandini: Missionary, Social Worker, and Colonizer 1852-1917* (New York: Scalabrini International Migration Network, 2016), 214

[2] Ibid., 252

Mentre l'esodo era in corso, si verificarono spontaneamente alcuni fattori determinanti:

- **Decimazione della Forza Lavoro** – Oltre l'80 % dei circa 1.000 italiani (176 famiglie) di Sunnyside stavano andandosene via in fretta.[3]

- **Mediatori di Manodopera** – Disperati per la crescente diminuzione della manodopera, i manager di Sunnyside si avvalsero di mediatori italiani senza scrupoli per attrarre nuove famiglie a Sunnyside. Questa pratica fu subito copiata da altre piantagioni, fattorie e industrie.[4] La commissione variava da $5.00 per un lavoratore a $10.00 – $25.00 per una famiglia.

- **Competizione** – A causa della grande pubblicità attorno alla piantagione di Sunnyside, altre piantagioni e grandi proprietari terrieri cominciarono a reclutare con energia famiglie italiane per le loro fattorie con le medesime tattiche della piantagione di Sunnyside.

- **Posizione del Governo Italiano** – A causa delle cattive notizie ricevute dai coloni, il governo italiano scoraggiò molti italiani appena arrivati dall'andare a Sunnyside e preferire altre parti degli Stati Uniti.[5,6]

La colonia italiana di Sunnyside fu il caso scatenante che innescò la crescente ondata di immigrazione italiana. Allora, le comunità agricole e industriali americane avevano un disperato bisogno di manodopera. L'ampia copertura pubblicitaria attorno alla colonia italiana fu analizzata dalle aziende agricole e dalle imprese industriali con la speranza di poter risolvere la loro necessità di manodopera. Ne seguì quindi una frenetica competizione per indurre questi efficaci lavoratori italiani a stabilirsi in altre comunità attraverso tutta l'America.

Coloro che abbandonarono Sunnyside assieme alle nuove famiglie reclutate in Italia incominciarono a sparpagliarsi in tutte le fattorie, villaggi e città americane.

Nel solo 1898, separate relazioni di Bandini, Oldrini ed Edgell documentarono il movimento iniziale delle famiglie che includeva:[7]
- 33 – rimaste a Sunnyside
- 37 – a Rosati & St. James, MO
- 30 – a Irondale, AL
- 41 – a Springdale, AR
- 7 – a Hot Springs, AR
- 12 – ritornate in Italia

---

[3] Ibid

[4] Paul V. Canonici, *The Delta Italians* (2003), 194.

[5] Edward C. Stibili, *Pietro Bandini: Missionary, Social Worker, and Colonizer, 1852-1917* (New York: Scalabrini International Migration Network, 2016). 261

[6] Bertram Wyatt-Brown, "Leroy Percy and Sunnyside: Planter Mentality and Italian Peonage in the Mississippi Delta," *Arkansas Historical Quarterly* 50, no. 1 (primavera 1991), 91.

[7] Edward C. Stibili, *Pietro Bandini: Missionary, Social Worker, and Colonizer, 1852-1917* (New York: Scalabrini International Migration Network, 2016). 266, 270.

Máximo

Il 18 aprile 1898, Bandini fornì due relazioni con l'aggiunta delle seguenti località alla migrazione da Sunnyside.[8]
- Blocton, AL
- Birmingham, AL
- Leota, MS
- Shelby, MS
- Tennessee
- New Jersey

Ma questo era solo l'inizio. Subito dopo si verificò una continua sequenza di trasferimenti in cui molte famiglie fecero più spostamenti nella speranza di trovare la "Città dell'Oro." Nonostante la deludente esperienza di Sunnyside, si pensava all'America come la terra delle ricchezze e dello svago. Ecco perché molti immigranti italiani vennero in America, non solo per avere successo ma per provare "La Dolce Vita." Durante queste disperate ondate di movimento, molte piccole comunità italiane si svilupparono. Alcune prosperarono mentre altre furono temporanee. Questo periodo fu caratterizzato da due realtà contrastanti. Innanzitutto molte famiglie si erano sistemate e legate alla destinazione americana originale. Ad esempio, quelle rimaste a Sunnyside o arrivate in altre destinazioni furono intimorite per farle restare o tenute prigioniere contro il loro volere con una serie di tattiche da parte dei supervisori e manager della piantagione. D'altra parte, alcune famiglie che erano riuscite a fuggire o a spostarsi liberamente, spesso si trasferivano più volte alla ricerca di una comunità di loro gradimento. Alcune famiglie viaggiavano in gruppo, altre partivano come singolo nucleo familiare con la speranza di raggiungere altre comunità italiane di cui avevano sentito parlare.

A partire dall'esodo da Sunnyside nel 1898 fino al blocco del 1923 (Immigration Act del 1924) si svilupparono comunità italiane di derivazione. Queste comprendevano:[9,10,11]

Lake Village, AR	Colorado Springs, CO	Greenville, MS
Tontitown, AR	Logan County, CO	Leland, MS
Marion, AR	Morgan County, CO	Indianola, MS
Crawfordsville, AR	New Haven, CT	Clarksdale, MS
New Gascony, AR	Chicago, IL	Shelby, MS
Pine Bluff, AR	Aurora, IL	Shaw, MS
Little Italy, AR	Galesburg, IL	Cleveland, MS
West Helena, AR	Staunton, IL	Rosedale, MS
West Memphis, AR	Gueydan, LA	Vicksburg, MS
Barton, AR	Knobview/St. James, MO	Robinsonville (Tunica),MS

[8] Ibid., 270-272

[9] Ibid., 27, 213

[10] Paul V, Canonici, *The Delta Italians* (2003), 163,164, 166, 167, 193

[11] Paul V, Canonici, *The Delta Italians II* (2013), 88, 91, 97

Springdale, AR	St. Louis, MO	Longwood (Natchez), MS
Hot Springs, AR	Alpha, NJ	Glen Allan, MS
Blocton, AL	New York City, NY	Holly Ridge, MS
Birmingham, AL	Krebs, OK	Arcola, MS
Irondale, AL	Cincinnati, OH	Benoit, MS
Ensley, AL	Pittsburg, PA	Bryan, TX
Gadston, AL	Memphis, TN	Brownsville, TX
Napa, CA		

Il 15 marzo 1908, il governo italiano attraverso il commissariato per l'emigrazione emanò una circolare per scoraggiare l'emigrazione italiana verso alcune regioni degli Stati Uniti:

> Le regie autorità consolari per gli stati del Mississippi, Louisiana, Arkansas, Florida, Alabama e Texas…hanno segnalato le deplorevoli condizioni che subiscono molti dei nostri compatrioti che sono emigrati…in conformità con gli accordi dei contratti di lavoro… tra le principali pratiche illegali… c'è la diffusione di false informazioni, la descrizione in termini entusiastici… il pagamento di alti salari.[12]

Nonostante le avvertenze del governo italiano, l'emigrazione verso Sunnyside e il sud degli Stati Uniti continuò senza sosta. Questo dimostrava lo spirito di avventura generato dal progetto originale di Sunnyside. Confermava, inoltre, l'efficacia degli ingannevoli mediatori di manodopera che superavano queste obiezioni.

Quando alcune famiglie si radicavano, si aggiungevano altri gruppi di compaesani italiani. In alcuni rari casi, una famiglia si avventurava da sola in una nuova località. Qui affrontava la vita lontano dai suoi connazionali e si mescolava in fretta in quella comunità.

Gli italiani si assimilarono in fretta per necessità. Alcuni avvenimenti alimentarono la rapida americanizzazione degli immigranti italiani e dei loro figli. Quando scoppiò la prima Guerra Mondiale nel 1914, l'Italia faceva parte della Triplice Alleanza con Germania e Austria – Ungheria. Questo la mise in guerra contro gli Alleati tra cui gli Stati Uniti, provocando una tempesta di diffidenza nei confronti degli immigranti italiani in America. Anche se in seguito l'Italia si schierò con gli Alleati, i dubbi riguardo al loro patriottismo e lealtà verso l'America rimasero.

Maggior diffidenza nei loro confronti fu attizzata dal periodo di potere del KKK, Ku Klux Klan che raggiunse l'apice della sua influenza a metà degli anni venti. Gli italiani furono spesso presi di mira, vittime di pregiudizio e ostilità per via delle loro radici straniere, lingua e religione. Nella seconda Guerra Mondiale (1939 -1945), l'Italia si alleò nuovamente con Germania e Giappone (potenze dell'Asse) contro gli Stati Uniti (che facevano parte degli Alleati). Molti italo americani prestarono servizio in ambedue le guerre contro la terra natale dei loro genitori ma ciò nonostante la pesante nuvola del sospetto aleggiò

---

[12] Valentine J. Belfiglio, *Italian Experience in Texas,* (Eakin Press, 1995), 35

sempre su di loro. Questa realtà sviluppò un forte desiderio di essere alla pari con gli altri americani nella società come nella scuola e nel mondo del lavoro.

Queste dinamiche durarono decine d'anni e resero l'assimilazione la grande priorità delle famiglie italiane. La lingua italiana fu il primo simbolo caratteristico a sparire; onde evitare il pregiudizio divenne imperativo parlare prevalentemente in inglese. Successivamente furono accantonate le abitudini e le tradizioni culturali per far posto ad una identità più americanizzata. Nel 2014 lo scrittore italiano Paolo Battaglia fece un viaggio attraverso gli Stati Uniti per scoprire "l'Italia" nelle piccole città americane. Attraverso le sue osservazioni rilevò che persino gli italiani originari di Sunnyside, e provenienti dalle medesime regioni italiane, si erano nettamente distinti nell'arco di una generazione. La loro assimilazione era il riflesso del tessuto della comunità in cui si erano stabiliti definitivamente. Dimenticate (in larga parte) le caratteristiche della patria ancestrale, e anche le radici di Sunnyside. Battaglia constatò che l'unica grande abitudine che proseguiva era quella delle tradizioni culinarie ma che anche questa stava scomparendo. Documentò, tuttavia, che tutti avevano una identificazione comune ed erano orgogliosi della loro discendenza italiana.[13]

L'autore Paul Canonici descrisse l'assimilazione in questi termini, "Nonostante molti discendenti dei coloni italiani originali sostengano di essere italiani e di sentirsi italiani, solo pochi hanno visitato l'Italia e ancora meno sono in contatto con i loro parenti in Italia. La maggior parte degli italo americani del Delta ha mantenuto poco più di qualche frase della lingua italiana. Alcuni conservano un po' di cucina italiana e qualche tratto culturale…Sembra essere una caratteristica americana quella di aggrapparsi alla propria identità delle radici nell'immenso crogiolo americano. Mentre i discendenti dei coloni italiani originali si proclamano italiani, sono orgogliosi di essere Americani.[14]

Il New York Sun descrisse Sunnyside in questo modo: "Questo fu uno dei tentativi più pianificati mai fatti per la colonizzazione degli italiani nel sud."[15] Da queste origini programmate scaturì un'ondata epocale dell'immigrazione italiana. Il lavoro preliminare della fondazione, The Italians of Sunnyside Foundation mostra che i discendenti italiani di Sunnyside si sono distribuiti in tutti i cinquanta stati e in molte altre nazioni. Se non fosse stato per l'idea coraggiosa e l'iniziativa che incominciò a Sunnyside, la migrazione italiana attraverso l'America non si sarebbe sviluppata con tanta vitalità e importanza.

Tuttavia, secondo questo discendente, si pensa che la cosa era più complicata. Al momento della partenza per attraversare l'oceano verso una vita nuova, il primo gruppo di italiani si consacrò e affidò con fervore a Dio per essere assistiti nella nuova terra.[16] Questo osservatore pensa che la Sua mano (Dio) protettiva li guidò sin dall'inizio e continua a fare lo stesso con i loro discendenti.

Se cavalco i venti dell'aurora fino al più lontano degli oceani,
anche là la tua mano mi guiderà, la tua forza mi sosterrà.[17]
—Salmo 139: 9 – 10

---

13 Paolo Battaglia, intervista con Anthony Borgognoni, 6 ottobre 2019

14 Paul V. Canonici, *The Delta Italians* (2003), 205

15 Edward C. Stibili, *Pietro Bandini: Missionary, Social Worker, and Colonizer, 1852-1917* (New York: Scalabrini International Migration Network, 2016).

16 "Emigranti che Pensano al Papa e lo Soccorrono prima di Partire, *Cronaca* (Vicenza, Italia), 6 novembre 1895.

17 The Bible, New Living Translation, Salmi 139: 9 - 10

L'inchiesta di Mary Grace Quackenbos, 1907

Elizabeth "Libby" Olivi Borgognoni

Entro il 1900, quasi tutti gli "italiani di Corbin" se n'erano andati da Sunnyside ma questo non significa che gli eredi e i successivi proprietari di Sunnyside avessero rinunciato allo sfruttamento dei coloni o a reclutare italiani con sempre più meccanismi di controllo. Nuove famiglie italiane furono invogliate ed attirate nella regione fin quando gli Stati Uniti chiusero quasi tutta l'immigrazione d'oltremare nel 1924.

Quando le notizie riguardanti lo sfruttamento degli immigranti raggiunsero le autorità e i rappresentanti della chiesa in Italia, fu fatta pressione sul governo americano per avere una spiegazione su quanto stava accadendo. Come risultato l'investigatrice federale speciale Mary Grace Quackenbos fu mandata nella contea di Chicot. Il suo rapporto fu comunque tenuto nascosto sotto pressione del senatore Leroy Percy. Anche se non furono emesse accuse in seguito all'inchiesta, il solo fatto di investigare unito agli insegnamenti che Quackenbos e i suoi colleghi diedero agli italiani in merito alla portata del trattamento illegale da parte dei proprietari della piantagione, incoraggiò gli immigranti a pretendere un trattamento migliore o l'opzione di andarsene. Comunque, le incredibili rivelazioni del rapporto, scoperte anni dopo dai ricercatori, smascherarono l'insopportabile trattamento e i regimi inflitti agli italiani di Sunnyside.

Le pagine seguenti contengono la storia dell'inchiesta di Quackenbos, stralci del suo rapporto e memorie locali di inique condizioni di lavoro nella piantagione di Sunnyside e dintorni.

Questi gettoni, della collezione privata di Ann Cox Cash, furono coniati nella vicina piantagione di Red Leaf. Invece di pagare i coloni e gli operai con valuta legale, questi gettoni - che avevano valore soltanto nella piantagione – consentivano ai proprietari di detta piantagione di non pagare per niente sia i coloni sia gli operai. Questo fatto li rendeva totalmente dipendenti e legati alla Sunnyside Company.

Stralci dal Rapporto di Mary Grace Quackenbos sul Peonage e la sua Lettera di Accompagnamento al Procuratore Generale degli Stati Uniti d'America

Le ripetute lamentele da parte dei coloni tra il 1898-1906 all'ambasciata italiana condussero infine ad un'inchiesta con l'accusa di essere stati ingannati. Queste comprendevano la disponibilità di lavoro, il clima, l'acqua, i prezzi esorbitanti, i tassi di interesse, sovrapprezzi per case primitive, la terra, servizi, e le condizioni avverse che mettevano in pericolo la loro vita. L'inchiesta indagò pure i metodi di Sunnyside per reclutare i coloni italiani, e peggio ancora il fatto che questi coloni erano tenuti in uno stato di peonage, larvata schiavitù.

Nel 1907, l'ambasciatore Des Planches sporse una denuncia al Dipartimento di Stato americano sul trattamento riservato agli italiani. Fu avviato il procedimento federale. L'Assistente Procuratore degli Stati Uniti, Mary Grace Quackenbos lavorava al Dipartimento di Giustizia come assistente speciale per indagare i casi di immigranti italiani tenuti in peonage, larvata schiavitù nel Mississippi Delta.

Mary Grace Quackenbos

Mary Grace Quackenbos era una donna d'avanguardia che aveva operato negli slum, quartieri poveri nella parte bassa di Manhattan a New York. Fondò la "People's Law Firm", (NdT: letteralmente "Lo Studio legale del Popolo") nel 1905 per coadiuvare il lavoro della Legal Aid Society, Società di Patrocinio Legale a favore soprattutto degli immigranti.

Per avere messo in discussione il ruolo di genere di quel periodo, fu definita la "Donna Nuova." Pretese il riconoscimento della donna e si batté per la giustizia nei confronti dei poveri. Nel 1906 effettuò un'inchiesta nei campi di lavoro in Florida, Alabama e Tennessee, tutti sospettati di praticare il peonage verso gli immigranti. Il suo lavoro in questa pericolosa impresa impressionò a tal punto l'Assistente Procuratore Generale Charles Wells Russell che si deve a lui la designazione della prima donna assistente speciale del Procuratore del Dipartimento di Giustizia degli Stati Uniti. E fu lui ad assegnarle l'investigazione della situazione di Sunnyside.

Nel suo rapporto Quackenbos annotò:

Acquisita dal principe italiano Ruspoli 15 anni fa, Sunnyside fu concepita come una vera colonia di italiani. Il principe Ruspoli e Austin Corbin, il suo successore, ambedue deceduti, capirono che questa proprietà abbandonata avrebbe potuto eventualmente produrre enormi quantità di cotone, e fu profuso molto denaro nella mera anticipazione del benessere degli italiani. Con il rispetto e la reverenza per la loro onesta filantropia, questi signori commisero senza dubbio un errore dal punto di vista sanitario nella scelta della loro colonia. Sunnyside è stata quasi spazzata via da due epidemie di febbre e anche se oggi ci può essere stato un miglioramento per quanto riguarda i pozzi artesiani, la bonifica, case migliori, prodotti alimentari più sani, acqua più pulita, filtri, ecc., tutto questo non fermerà gli straripamenti annuali del fiume Mississippi e l'impaludamento di queste pianure del Delta che rendono Sunnyside così umida e bagnata che insieme al clima torrido generano febbri costanti. Gli eredi di Austin Corbin, con scarso interesse per le terre che visitavano di rado, le affittarono nell'anno 1898 a O. B. Crittenden & Company con i quali adesso dividono i profitti. O. B. Crittenden & Company non pretende di colonizzare o promuovere l'immigrazione. Sono mediatori di cotone puri e semplici che considerano l'immigrazione e Sunnyside come un investimento che produce cotone soltanto a fini speculativi. O. B. Crittenden, mediatore, Leroy Percy, noto avvocato e leader politico del Mississippi, Morris Rosenstock, un ricco ebreo, sono i componenti dell'impresa. La gestione della piantagione rivela i loro rigidi e scaltri principi commerciali. L'affitto copre 4.451 ettari di cui circa 2.428 sono attualmente coltivati.

Da un'altra parte si legge:

Il supervisore afferma che trova raramente necessario istruire gli italiani riguardo la coltivazione del cotone – in quanto sono maestri in agricoltura. Andare su e giù a cavallo è una mera pretesa dell'ordine del boss della piantagione – in realtà osserva semplicemente come gli italiani arano bene!

Questi coloni italiani ottengono dei raccolti eccellenti per la Crittenden Company, e confrontando i raccolti di altre piantagioni di cotone – da nessuna parte i solchi sono così diritti, tagliati di netto, senza erbacce, i fiori del cotone così grandi e belli, il rendimento previsto così promettente come a Sunnyside. Tuttavia, questi raccolti, abbastanza pieni di vigore e vitalità, contrastano stranamente con il pallido ed esangue aspetto dei coloni – i "poveracci" come li chiama il signor Crittenden manifestando ilarità.

Nel riferire le condizioni delle colonie di italiani del sud, le condizioni degli individui che costituiscono le cosiddette "colonie" non dovrebbero essere trascurate e vorrei correggere un'impressione sbagliata ed evidenziare il fatto che i coloni di Sunnyside non sono siciliani che se necessario sono pronti ad estrarre lo stiletto, per proteggersi e difendersi. Gli italiani di Sunnyside sono nati nelle province dell'Italia centrale e settentrionale, e sono noti per la loro forza fisica e l'energia delle classi contadine. Intelligenti, laboriosi, ospitali e decisamente onesti negli affari, meritano considerazione e rispetto.

Lavorano sodo e con coscienza e hanno diritto a "patti chiari." Ecco un altro passaggio che si sofferma sul contratto tra la Crittenden Company e gli italiani.

(Si tenga presente che in questo brano c'è un linguaggio che non riflette quello attuale, e non intende umiliare o sminuire il valore di nessuna razza o popolo.)

Questo genera un sistema scellerato noto come "pay roll system," una pratica comune inventata in origine, e poi utilizzata universalmente per indebitare i negri.

Prevalentemente durante la stagione del raccolto, ma anche altre volte – **una squadra di negri può essere costretta a lavorare sulle terre affittate agli italiani sotto la direzione del supervisore, cui poi gli italiani devono pagare il salario.** In questo modo il cotone può essere raccolto più rapidamente quando il mercato tira e per speculare ne servono grandi quantitativi. Quindi il "colono" italiano che ha lavorato parecchio e fedelmente per produrre il suo bel raccolto, scopre che il guadagno previsto, dopo un anno di paziente fatica, viene fagocitato dal salario dei negri.

La voce "pay roll" aggiunta agli altri conti annotati sui registri è di solito l'equivalente dell'affitto di metà anno o del vitto – è un altro modo di indebitare il colono e consentire nel contempo alla compagnia di attaccarsi a tutti i profitti possibili mentre il negro viene pagato in contanti ogni sabato sera, e l'ammontare trascritto sul conto degli italiani al 10% di interesse. Questo fu il caso di Giuseppe Tamboli.

La posizione del colono a Sunnyside è come di gente in gabbia. **Il sistema di "affitto" ai "coloni italiani" è certamente un abuso.** L'agente racconta: "Vieni nell'America dell'oro dove puoi vivere in salute e felicità, e ricevere un adeguato compenso per il tuo lavoro! Se non hai soldi, il ricco americano pagherà tutte le spese!" In pratica il padrone dice: "Devi lavorare per me almeno un anno seguendo le mie istruzioni perché mi devi una grande somma di denaro per il trasporto; mi devi dare il controllo completo del frutto del tuo lavoro; devi vivere con l'ammontare che ti concedo; devi pagare i prezzi dello spaccio; affidarti al nostro medico in caso di malattia, pagandolo quanto vorrà; devi pagare per il sostentamento del prete; inoltre mi devi pagare l'affitto e il 10% di interesse su tutto. In cambio non ti darò niente; se ti lamenterai non ti ascolterò; se scriverai al console ti ridurrò il sussidio. Se non lavorerai abbastanza in fretta ti porterò una squadra di negri a lavorare la tua terra, e ti addebiterò i loro salari. Se ti rifiuterai di accettare le mie condizioni e tenterai di scappare, ti arresterò per debito e accuserò di "falsi pretesti," e tornerai al mio servizio finchè non avrai pagato l'ultimo centesimo oppure andrai ai lavori forzati secondo le leggi dello stato.

Questa non è per niente un'esagerazione come dimostrano un'attenta analisi del contratto e una rigorosa verifica dei fatti. La costante battaglia dei coloni con i "buffi" e l'invariabile risposta alla domanda, "Come va?" è penosamente allusiva "A Sunnyside c'è sempre il buffi."

Tratto dal File no. 100937 – Attuale no. 121643 – Ricevuto nel 1907 – Inserito M858 - da Mary Grace Quackenbos, Assistente Speciale. Oggetto: Rapporto sulla Piantagione di Sunnyside, Ark., 18 settembre 1907, spedito al Dipartimento di Giustizia, Archivi Nazionali, Dipartimento di Giustizia, Washington, D.C. www.archives.gov

Greenville, Miss.   28 settembre 1907
The Attorney General, Washington, D.C.

Egregio Signore:

Ho l'onore di sottoporle un rapporto sulla piantagione di Sunnyside, Arkansas. Ho esaminato a lungo l'importazione di manodopera italiana e la sua sequenza, il "sistema del contratto di affitto" – più propriamente definito "il sistema del debito" – per darle un prospetto dettagliato delle operazioni relative agli immigranti italiani nelle piantagioni di cotone in Mississippi e Arkansas. Nel sottoporle un rapporto completo riguardante la piantagione più grande, la invito a considerarlo tipico delle condizioni prevalenti nelle piantagioni più piccole in tutta la regione del Delta. I miei rapporti successivi saranno più brevi e integreranno argomenti menzionati in questo.

Colgo l'occasione per accennare che nello sviluppo della mia inchiesta e del lavoro svolto, sono stata significativamente coadiuvata dai miei tre assistenti, ognuno dei quali ha sostenuto sforzi instancabili per assistermi nel trovare la verità. La mia segretaria Hannah Frank ha intervistato personalmente alcuni residenti di piccole città e ha copiato atti giudiziari di casi che mi hanno portato alla corretta visione della situazione. Gli impiegati speciali Michele Berardinelli e Charles Pettek hanno affrontato molti rischi, hanno subito insulti, sono stati minacciati di arresto e anche cacciati da alcune piantagioni. Siete a conoscenza dell'arresto dell'impiegato Pettek a Sunnyside e della multa di 100 dollari al posto della sentenza di tre mesi di lavori forzati. Le ho scritto periodicamente delle mie difficoltà ad entrare a Sunnyside che ho infine superato attraverso una lettera del governatore dello stato. Le visite successive sono state fatte dopo molte e serie controversie, e poi meramente tollerate ma spero di fare altri viaggi a Sunnyside nella convinzione che la porta di questi luoghi dovrebbe essere sempre aperta.

In tutta sincerità le assicuro di essere pronta a qualsiasi discussione o domande riguardo ogni mia affermazione.

Rispettosamente

Mary Grace Quackenbos.

Special Assistant U.S. Attorney
Southern District, New York

SUNNY SIDE COLONY, ARK
O. B. CRITTENDEN & CO., Affittuari,
MEDIATORI DI COTONE

Nella parte sud orientale dello stato dell'Arkansas, presso un'ansa del fiume Mississippi, una lunga e stretta striscia di terra è tagliata fuori dal mondo esterno da un lago circolare a forma di ferro di cavallo lungo 35 chilometri.

Nel letto del lago ci sono 6.634 ettari (16.393 acri) di terreno fertile, - delle molte terre alluvionali delle regioni del Delta, queste sono forse le più famose per la loro produttività come pure per le febbri perniciose.

Sunny Side è situata nella parte orientale del lago Chicot ed è ritenuta la più grande "colonia" italiana del sud. A volte se ne parla come un modello per gli insediamenti stranieri; ma nonostante ciò che si è detto della sua prosperità, Sunnyside come colonia italiana è un fallimento completo. È semplicemente una enorme piantagione divisa in quattro parti – Sunny Side, Hyner, Hebron e Fawnwood – in cui gli italiani lavorano per i boss americani. A Sunnyside è in funzione "il sistema dell'affitto" e "la manodopera" è trattenuta "secondo contratto."

Vedi l'Appendice a pagina 304 per il testo originale in inglese

Di seguito gli estratti dell'inviato speciale Michele Berardinelli che lavorò con l'assistente speciale del procuratore degli Stati Uniti Quackenbos, nell'inchiesta sui casi di peonage, larvata schiavitù per debiti nel Mississippi Delta.

Michele Berardinelli, Agente Speciale, Rapporto sui Casi di Peonage in Mississippi, Marzo 1909. Estratto dal File n. 100937-4, datato marzo 1909, Dipartimento di Giustizia, Archivi Nazionali, Washington, D.C. www. Archives.gov

Dal rapporto di Berardinelli:

Circa 14 anni fa, un principe italiano, sposato con un'americana, mentre era in viaggio attraverso il Mississippi fu colpito dalla fertilità della terra di quello stato, e si accordò per mandare un gran numero di famiglie, alcune dalle sue stesse fattorie in provincia di Ancona, per coltivare cotone in una estesa piantagione del vicino Arkansas. Questa piantagione contiene circa 1.619 ettari di terra ricchissima e si trova circa 13 chilometri a sud di Greenville, Mississippi, al di là del fiume Mississippi, sul lato dell'Arkansas. Da una parte c'è il fiume, dall'altro lato un lago a forma di ferro di cavallo che la circonda. Questa piantagione assomiglia più a un'isola, con l'accesso soltanto via acqua con l'eccezione di un varco, comunque sorvegliato, dalla parte degli uffici e dell'emporio della Compagnia.

Era di proprietà di un filantropo di New York che era interessato sia al miglioramento delle sue terre sia al benessere dei nuovi coloni. Attraverso la piantagione fu costruita una ferrovia, ed altre migliorie furono avviate all'arrivo delle famiglie italiane come bonifica, chiesa, scuola ma circa un anno dopo il proprietario morì e la piantagione passò nelle mani di tre affittuari di Greenville, Miss., che erano pure mediatori di cotone.

Questi tre nuovi proprietari non erano animati da idee filantropiche e quando presero in mano le redini degli affari, gestirono la piantagione da un rigido punto di vista commerciale.

Nella fase iniziale di questa immigrazione, questi coloni, provenienti da regioni italiane salubri, furono costretti ad affrontare il problema dell'adattamento; ma prima di abituarsi al clima, molti si ammalarono di febbri malariche, e molti morirono. Ne risultò la fuga di un gran numero di coloni mentre alcuni di loro, guidati dal prete della colonia, fondarono una nuova colonia più a nord. Alcuni di questi coloni, insoddisfatti, ritornarono a Sunnyside, altri fuggirono altrove nelle vicinanze ma alla fine tutti si sistemarono e cominciarono a trarre profitto dal proprio lavoro.

Il cotone prodotto da questi laboriosi lavoratori raggiunse, in alcuni posti fino ad una balla e ½ per acro (0.405 ettari).

In un'altra pagina del rapporto:

Dice l'immigrante: "I racconti delle vostre risorse naturali e industriali così abbondanti mi hanno attirato alle vostre coste. Ho spezzato la mia famiglia, ho interrotto le attività di mio padre, ho abbandonato la mia famiglia, i miei amici, il mio luogo di nascita, tutti gli usi e costumi che rendevano la vita facile: ho affrontato l'oceano battuto dalla tempesta e sono venuto qui a sviluppare le tue industrie, a costruire le tue ferrovie, a edificare i tuoi palazzi. I miei effetti personali sono stati venduti o ipotecati per racimolare i soldi per il biglietto. Adesso i miei figli impauriti, i miei anziani genitori, mia moglie sconsolata, tutti quanti hanno un immediato bisogno del mio aiuto. La grande città, il porto di sbarco con tutta la sua febbrile vita industriale mi dà un rapido ritorno per il mio lavoro. Eccomi qua, in grado di guadagnare abbastanza per soddisfare le mie esigenze personali e quelle della mia famiglia. Qui ci sono tutte le strutture necessarie per il mio benessere. Qui posso condurre una vita sociale tra la gente della mia nazionalità perchè non sono stato abituato a una vita di solitudine e segregazione. Qui sono più vicino a casa, e quando desidero andare a trovare i miei, la nave è sempre pronta, quasi fuori casa, e le esorbitanti tariffe ferroviarie non sono necessarie. Se desidero avere con me la mia famiglia, qui posso condividere tutti i privilegi offerti dalla grande città. I miei figli avranno la possibilità di istruirsi e di crescere nella società e nel benessere che ho avuto la possibilità di ottenere. Inoltre, ho sentito che in alcune località, lontane dai grossi centri urbani, il pregiudizio dei nativi nei confronti degli stranieri è così grande che i figli degli stranieri sono stati espulsi dalle scuole e i padri cacciati dalle città. Ho sentito che non sono state inflitte punizioni alle persone colpevoli di questo comportamento così come nessuna punizione è stata inflitta alle persone colpevoli di aver tolto la vita agli stranieri, e nessuna a chi ha arrestato, catturato, privato dell'autonomia e della libertà gli stranieri senza un vero motivo se non la convinzione che gli stranieri sono soltanto sostituti dei negri e che devono essere mantenuti al medesimo livello. Ho sentito che i governi stranieri sono eccessivamente generosi nell'aiutare i grossi centri ma mancano completamente di un efficace sistema di protezione nelle lande desolate degli stati spopolati, di cui non so niente. In aggiunta a questi motivi, non trascurabili, non ho soldi da risparmiare per altri biglietti; non sono certo di essere pagato subito per il mio lavoro, e avendo da mantenere la mia famiglia e me stesso, non mi posso permettere di impegnarmi in imprese avventurose con dubbie prospettive di successo.

Perciò, datemi il trasporto gratuito, pagatemi il salario giornaliero per il mio lavoro, se non ce la faccio a mantenermi durante la lunga attesa del raccolto; proteggete in modo adeguato la mia vita, la mia proprietà e libertà personale; date ai miei figli la possibilità di istruirsi, trattatemi con la considerazione dovutami come membro di una razza, uguale almeno con le principali razze del mondo, e allora andrò a sud, ovest sud ovest, in qualsiasi posto dove ci sia bisogno delle mie forti braccia e mi fermerò a dare una mano a sviluppare le risorse naturali di questo Paese, come ho già fatto sviluppando le tue industrie e costruendo i tuoi ponti, i tuoi palazzi, le tue gallerie, le tue ferrovie."

Altri Brani dal
Rapporto Quackenbos
Elizabeth "Libby" Olivi Borgognoni

Ancor prima del funerale di Corbin, il *New York Times* ipotizzò che George Stephen Edgell, che aveva sposato Isabella, la figlia di Corbin, avrebbe preso il controllo delle proprietà in cui Corbin aveva una quota di maggioranza. Secondo il giornale, "Il signor George S. Edgell, suo genero ha condiviso per anni gli affari di Corbin ed è altamente qualificato a portare avanti i progetti e la politica del finanziere."

Il testamento di Corbin fu depositato il 2 luglio. Il suo patrimonio, stimato 10 milioni di dollari (valore del 1897), fu ereditato interamente dalla vedova, George S. Edgell, e Austin Corbin, Jr. Due settimane dopo Edgell disse all'ambasciatore Fava che avrebbero fatto tutto quanto in loro potere per soddisfare i coloni e procurare loro pura acqua potabile.[1]

Nonostante le assicurazioni di Edgell a Fava, il progetto di drenaggio iniziato da Corbin non fu ultimato e "le zanzare sciamarono fuori dalle paludi attorno al lago Chicot." Le morti causate dalla malaria aumentarono, poche le famiglie non colpite. Il progetto della ferrovia che avrebbe collegato Sunnyside con il sud ovest fu parimenti accantonato. La visione originale di Corbin stava rapidamente cadendo a pezzi.[2]

George S. Edgell non onorò i contratti originali siglati con gli italiani, e fu così che 2.428 ettari (6.000 acri) di terra sviluppata e coltivabile di Sunnyside furono dati in affitto a Morris Rosenstock, O. B. Crittenden e Leroy Percy, mediatori di cotone di Greenville, Mississippi; i tre costituivano la O. B. Crittenden & Co.[3]

La proprietà era fortemente ipotecata, e così O. B. Crittenden & Company la presero in affitto anno per anno in quanto non si sapeva se Sunnyside avrebbe dato ancora risultati positivi. A causa di questa incertezza gli italiani furono caricati di commissioni esorbitanti che includevano l'affitto a 6 dollari l'acro (0.404 ettari) più tasse. Inoltre la Compagnia addebitava mensilmente a ciascun adulto 15 centesimi per il mantenimento del prete che aveva bisogno di 75 dollari al mese per le spese vive. Altre commissioni aggiunte al conto comprendevano tutte le provviste, l'onorario del medico, vestiario, l'affitto dei muli, e tutto l'occorrente per la famiglia e la fattoria. Inoltre il 20% del costo della sgranatura,

---

[1] Edward C. Stibili, *Pietro Bandini: Missionary, Social Worker, and Colonizer, 1852-1917* (New York: Scalabrini International Migration Network, 2016), 248.

[2] Ibid., 249, 255

[3] Ibid., 263

trasporto del cotone alla sgranatrice, l'imballaggio e l'avvolgimento protettivo e la rivendita del seme venivano caricati sul loro conto. Poi a fine anno, tutte queste commissioni venivano sommate al totale e aggiunta la percentuale *fissa* del 10%.

Qui sotto la trascrizione di alcuni brani con i tipici abusi messi in luce dall'inchiesta.

Francesco Scucci (Scucchi) riconosciuto essere uno dei "coloni benestanti" essendo arrivato nel 1895, dichiarò che a Sunnyside l'anno scorso la Compagnia gli pagò il seme di cotone $8 a tonnellata mentre altre piantagioni pagarono $35. Il seme, da piantare in seguito, costava $1.25 al sacco (in una tonnellata c'erano dai 30 ai 40 sacchi di seme). Veniva caricato il 10% di interesse fisso e tutto l'ammontare dedotto dal profitto del cotone.

Giuseppe Ceccoli, Nicolò e Antonio Merendi, e suo genero, a Venezia erano esperti muratori. Nel 1902 le promesse di molto lavoro a $4-$5 al giorno di un reclutatore di manodopera li indussero a emigrare a Sunnyside. Vendettero i loro beni, ipotecarono le loro terre, e si pagarono il biglietto, non sapendo niente di cotone. Erano 15 in famiglia, furono dati loro 40 acri di terra (circa 16 ettari) e una diaria di $40 al mese per le provviste con cui dovevano dar da mangiare a sette adulti, otto bambini e due muli. Cinque sacchi di avena per i muli costavano $17.50, 1 1/3 barile di farina per il pane costava $8, mentre i rimanenti $14.50 servivano per le varie necessità e provviste di ogni genere, e ammontavano a $3.55 a settimana o 71 centesimi al giorno. I debiti ammontavano a $1500, se si mangiava non ci si vestiva, e se ci si vestiva non si mangiava. Non ne ho a sufficienza per dar da mangiare alla mia famiglia di quindici persone.

Nel 1901 Antonio Polodori venne in America con la moglie e quattro figli per fare il raccoglitore di cotone a Sunnyside con paga giornaliera. La Crittenden Company gli pagò il viaggio e cominciò a lavorare. Dopo quattro mesi fu mandato in una piantagione adiacente, Red Leaf, Arkansas dove lavorò per quattro anni, Non essendo in grado di saldare i debiti, fu rimandato a Sunnyside, e la Crittenden Company rilevò i suoi debiti di "Red Leaf." Da allora ha coltivato annualmente 22 acri (8.9 ettari) di terra a Sunnyside ma era ancora indebitato di $310.

Elena Marche venne in America nel 1902, si pagò il viaggio, e aveva proprietà in Italia. Nel 1906 morì suo marito. In quei quattro anni il debito si era accumulato con l'aggiunta di $160 per l'onorario del dottore. Le ridussero gli acri da 17 a 14 (da 6.8 ettari a 5.6 ettari) che producevano 6 balle di cotone l'anno. Il piccolo guadagno veniva ridotto da sgranatura, trasporto, legatura e avvolgimento a $1 a balla. Il manager le aveva detto che avrebbe piantato fagioli per fertilizzare la terra, cosa che non fece mai. Lei non aveva soldi per i fertilizzanti. Aveva solo pane e caffè.

Nel 1906 i procacciatori di manodopera che avevano aperto un'agenzia a Greenville incassavano fino a $25 per famiglia per l'importazione di italiani a New Gascony, Arkansas, Friars Point, Marathon, e Dahomy, Mississippi.

Per attirare più italiani, considerati robusti e intelligenti lavoratori, furono fatte molte promesse a Senigallia, Mantova, Osimo, Pesaro e città circostanti soprattutto nella regione Marche. Erano muratori, barbieri, musicisti, meccanici ed agricoltori. Fu loro promesso che sarebbero stati in grado di pagare il costo della traversata più $2 a Peter McDonnell e $1 a Crittenden per ogni biglietto. Furono dati loro dei fogli con le risposte da dare alle domande che dovevano essere distrutti prima di sbarcare negli Stati Uniti. Il denaro richiesto da esibire era di 50 lire in contanti, se necessario veniva loro prestato. Con lo sforzo congiunto di tutta la famiglia ci volevano 2 anni per ripagare i soldi del viaggio caricati del 10% di interesse. I libri contabili mostrano semplicemente che l'anticipo della Compagnia era stato pagato.

Giovanni Floriani con una famiglia di 7 persone aveva 22 acri (8.9 ettari) e un anticipo di $18 al mese per il mulo ecc., che gli lasciava 18 centesimi al giorno per la famiglia. I suoi debiti superavano $400 e sua moglie era malata di febbre. Il sussidio per il cibo fu ridotto a $3 al mese. Il prete voleva la sua casa, fu costretto ad andarsene e traslocare in una casa più piccola, La famiglia faticava a sopravvivere con $18 per l'affitto, le provviste per loro e per il mulo.

Pasquale Giorgini, sua moglie Maria e l'anziana madre, una famiglia di tre adulti aveva 14 ¾ acri (5.9 ettari) e viveva con $15 al mese suddivisi in $7 per il mulo e $6 per un barile di farina per cui rimanevano $2 per un cibo diverso dal pane ovvero l'equivalente di 7 ½ centesimi al giorno. Abitavano in un monolocale con annessa baracca con infiltrazioni di acqua dal tetto che si riversavano sul letto, con una sedia, un vecchio tavolo e una panca di legno grezzo. C'era una culla fatta di vecchie assi, e il bambino era morto di febbre. Lei aveva avuto altri due bambini morti alla nascita per mancanza di nutrimento. La madre lavora tutto il giorno nei campi negandosi il cibo per tenere in vita suo marito e sua madre.

Nel 1906 secondo Quackenbos morirono un infante Deluca e un infante Casavecchia.

Il triste caso di Giuseppe Tamboli, originario di Montignano, Ancona, arrivato in America nel 1903 con moglie e tre figli. Il loro viaggio fu pagato dalla Red Leaf Company le cui terre confinano con Sunnyside. Dopo aver raccolto cotone per sei mesi, siccome il manager era troppo severo, indusse O. B. Crittenden & Co. a rilevare il suo debito di $311. Tamboli fu pagato $10 in più e firmò un contratto di affitto con la Compagnia con la promessa di coltivare 20 acri (8.09 ettari) di terra da cotone. Nel 1905 sua moglie cadde ammalata e incapace di lavorare, le provviste furono ridotte e il debito aumentò rapidamente. Un italiano lo aiutò nelle sue difficoltà con un prestito di $155 per ridurre il debito. Un piantatore di cotone vicino, James Jett, un negro, rilevò il residuo del debito di Sunnyside e Tamboli continuò a lavorare per il suo terzo padrone. I suoi debiti aumentarono e visse in uno stato di schiavitù per anni, in debito di $700. Quackenbos notò che il contante dato a Tamboli per un anno intero era di $5, in alcuni anni 50 centesimi l'anno e $1.50 per due anni. Il signor Percy spiegò la cosa affermando che "da nessuna parte si danno anticipi in contanti agli affittuari."

James Jett, un negro di Red Leaf aveva molti affittuari bianchi oltre a due fratelli Silvestrini che coltivavano cotone per lui. I negri fornivano alloggi migliori ecc., erano gentili e comprensivi con gli italiani. In caso di malattia assistevano gli italiani e quando qualcuno moriva gli facevano la bara. Sunnyside addebitava $12 più il 10% di interesse e il negro che aveva fatto la bara dava una parte del suo guadagno alla Compagnia per il privilegio di averla fatta. Durante la raccolta, la Compagnia usava il *payroll system* che obbligava gli italiani ad accettare una squadra di negri sulle terre affittate con l'italiano che doveva pagare il salario dei negri che rappresentava sei mesi di affitto. I negri venivano pagati in contanti ogni sabato e il pagamento da parte dell'italiano veniva annotato sul suo conto al 10% di interesse.

Mary Grace Quackenbos scrisse nel suo rapporto che un'attenta lettura del contratto e un dettagliato esame dei fatti mostrano che il padrone afferma in pratica: *Tu devi lavorare per me e sotto la mia guida per almeno un anno perché tu mi devi una grande somma per il trasporto: devi vivere con il sussidio che ho deciso di assegnarti; allo spaccio devi pagare i nostri prezzi: devi affidarti al nostro dottore in caso di malattia e pagarlo quanto chiediamo; devi pagare il prete per il suo mantenimento: inoltre, devi pagare l'affitto e il 10% di interesse su tutto. In cambio non ti darò niente; se ti lamenterai, non ti ascolterò; se scriverai al console, ridurrò il tuo sussidio. Se non lavorerai in fretta, ti porterò una squadra di negri per lavorare la tua terra e ti addebiterò il loro salario. Se rifiuti di accettare le mie condizioni e tenterai di andartene, ti farò arrestare per debiti e accusare di "falsi pretesti", e tornerai al mio servizio finchè non avrai pagato l'ultimo centesimo oppure andrai ai lavori forzati secondo le leggi dello stato.*

Molte delle prime famiglie di Sunnyside non vissero le difficoltà e le tribolazioni descritte nel rapporto Quackenbos. Questo perché erano emigrate a Tontitown, Arkansas ed anche in Alabama, Missouri, Colorado, Ohio, Tennessee, New York, Texas e in molte piccole città del Mississippi. Ma per chi rimase a Sunnyside e per chi arrivò più tardi, questo rapporto illumina le gravi condizioni cui furono sottoposte queste fantastiche famiglie nella piantagione di Sunnyside.

Ci furono molte più storie simili a quelle elencate nel rapporto di Mary Grace Quackenbos. Nel 1907, Padre Galloni osservò che oltre 100 persone erano fuggite da questo ambiente oppressivo, Comunque, egli precisa poi che 158 famiglie (600 - 700 italiani) restarono a Sunnyside e tennero duro.

Presentazione delle Prove di Peonage Verificatosi a Sunnyside

Elizabeth "Libby" Olivi Borgognoni

Anche se si dice che il peonage iniziò con la Guerra Messicana negli Stati Uniti, il Peonage Abolition Act del 1867, fu una legge approvata dal Congresso il 2 marzo 1867, che aboliva il peonage nel Territorio del New Mexico e ovunque negli Stati Uniti.

Dopo la morte di Corbin in un incidente stradale nel giugno 1896, suo genero, George S. Edgell venne a Sunnyside e cancellò i contratti stipulati da Corbin con gli italiani. Edgell riscrisse il contratto (una copia datata 1° febbraio 1898 fu rinvenuta a New York ed è mostrata in questo libro). La stipula e le condizioni erano tutte a favore della Sunnyside Company. Non lasciava agli italiani alcuna voce in capitolo con possibilità quasi nulle di poter pagare i debiti e con nessuna promessa di rettificare le orribili condizioni e richieste della Compagnia.

Alcuni italiani (i miei bisnonni materni, gli Aguzzi, ed altri) ritennero i contratti insoddisfacenti e li rimandarono indietro. Quindi coltivarono la terra a mezzadria per un anno prima di andarsene[1]. Per sopravvivere molti italiani si trasferirono a Tontitown, Arkansas; Rosati, Missouri; Irondale, Alabama; Trail Lake, Mississippi, e in altre località.

Come accennato in precedenza, nel 1898 le terre furono date in affitto da George S. Edgell a O. B. Crittenden. Morris Rosenstock (descritto da Quackenbos come un ricco ebreo), e Leroy Percy, i quali decisero di usare la proprietà e gli italiani per trarne il massimo guadagno. Questi signori architettarono un piano per attirare a Sunnyside altri italiani e trattenerveli. Ingaggiarono dei disonesti agenti italiani per reclutare i propri compatrioti al prezzo di $25.00 per famiglia proponendo false, mirabolanti storie di vita splendida in case bellissime, con poco lavoro in un clima mite; si dipingeva una spettacolare immagine di tutti i piaceri immaginabili."[2]

Naturalmente, era tutta una menzogna. Percy e la Crittenden Company erano intenzionati ad impedire la circolazione di manodopera e vincolare questi italiani mal consigliati alla terra, in uno stato di indebitamento (peonage). Riuscirono nel loro intento costringendo gli immigranti a comprare e vendere tutti i loro prodotti all'emporio della Compagnia. Tutti gli acquisti per le provviste, i muli,

---

[1] Ned Julius Aguzzi, conversazione con l'autrice, 1975

[2] *Tratto dal File no. 100937 – Attuale no. 121643 – Ricevuto nel 1907 – Inserito M858 - da Mary Grace Quackenbos, Assistente Speciale. Oggetto: Rapporto sulla Piantagione di Sunnyside, Ark., 18 settembre 1907, spedito al Dipartimento di Giustizia, Archivi Nazionali, Dipartimento di Giustizia, Washington, D.C., www, archive.gov*

il trasporto, le medicine e gli onorari del dottore avevano un prezzo esagerato aumentato del 10% del tasso di interesse fisso da aggiungere annualmente al loro debito. Dall'altro lato, per la produzione del loro raccolto venivano pagati il 40% meno del prezzo di mercato e non ricevevano niente per i semi di cotone. Questo sistema manteneva il tipico colono italiano in debito perpetuo, sempre in crescita, nei confronti della Compagnia.[3]

---

[3] Ibid.

Ciò che fecero in tutto questo periodo era un reato federale.

Percy controllava tutta la corrispondenza degli italiani, quando si lamentavano per le condizioni intollerabili e per le richieste avanzate nei loro confronti. Non permetteva loro di andarsene fino al pagamento dei debiti. Se qualcuno tentava di scappare, lo faceva arrestare e tornare.

Abbiamo diverse lettere scritte dagli immigranti di Sunnyside e spedite alle loro famiglie in Italia. Le missive descrivono le difficili condizioni e le situazioni impossibili che dovevano affrontare. Queste lettere con centinaia di documenti storici sono esposte all'*Italians of Sunnyside Museum* di Lake Village, Arkansas.

Il governo italiano e gli Stati Uniti fecero ben poco per alleviare queste condizioni, e i coloni tentarono di fuggire dalla piantagione non appena riuscivano a pagare i loro debiti.

Infine, nel 1906-1908, dopo anni di abusi, il Dipartimento di Giustizia del presidente Theodore Roosevelt (vale a dire Mary Grace Quackenbos e Charles Wells Russell) iniziarono a investigare e perseguire legalmente molti casi di peonage nel sud. Trovarono prove convincenti di peonage, condizioni di lavoro orribili e persino violenza.

Il rapporto e la documentazione su Sunnyside di Mary Grace Quackenbos (rubati dalla sua camera d'albergo di Greenville) furono rinvenuti nel dossier *peonage* negli Archivi Nazionali, sepolti negli schedari del Dipartimento di Stato.

La signora Quackenbos aveva intervistato 70 delle 157 famiglie della piantagione e nonostante la forte opposizione riuscì a negoziare 13 modifiche al contratto dei coloni con grande costernazione di Leroy Percy che le accettò con riluttanza.

Percy usò con cattiveria la sua amicizia con il presidente Roosevelt per scoraggiare e screditare Quackenbos in tutti i modi possibili, utilizzando pure la sua influenza come senatore (1910-1913) per farla rimuovere dal caso. Ad ogni modo, lei non fu dissuasa dal raggiungimento del suo obiettivo.

I discendenti di questi straordinari italiani immigrati a Sunnyside sono molto in debito con Ernesto R Milani, Randolph Boehm e Bertram Wyatt - Brown che hanno avuto un ruolo importante nello scoprire il rapporto Quackenbos negli archivi nazionali. La scoperta riportò alla luce e documentò per i posteri la storia del peonage e il trattamento degli italiani della piantagione di Sunnyside.

A seguire: Il contratto e le modifiche migliorative copiate dal libro *Shadows Over Sunnyside,* curato da Jeannie M. Whayne.

Contratto di affitto

Questo contratto fatto e stipulato oggi da e tra O. B. Crittenden and Company, locatario e--. affittuario, dichiara:--

Che detto locatore dà in affitto a detto colono per l'anno 19—detto tratto di terra da coltivare comprensivo di ….acri (un acro pari a 0,4 ettari sulla piantagione di…..

……., contea di Chicot, Arkansas. Detto tratto di terra è stato mostrato a detto colono da detto affittuario, e accettato da detto colono come indicato e specificato da detto affittuario per cui il detto colono accetta di pagare a detto affittuario per l'anno……,,

l'affitto di $........per acro, aggiungendo $........, e il suddetto colono deve pagare tutto il debito per denaro, provviste, rifornimenti, muli e attrezzature che il detto affittuario può dare durante l'anno al prezzo convenuto ma al prezzo corrente se non si raggiunge un accordo e di garantirsi il pagamento di detto affitto e il conto dei rifornimenti, in aggiunta ai privilegi legali previsti dalla legge, detto affittuario deve avere un'ipoteca, con potere di vendita, sul bestiame e gli attrezzi agricoli di detto colono, descritti come segue:

…………………………………………………
…………………………………………………
…………………………………………………
…………………………………………………

e anche su altro bestiame ed attrezzature che detto colono potrebbe inserire nella detta proprietà durante detto anno; in caso di mancato pagamento di detto debito dovuto; e nel caso di violazione dei patti e delle condizioni di questo contratto, l'affittuario può prendere immediato possesso di tutta la detta proprietà e venderla in contanti, con pubblica risonanza, al maggior offerente, di fronte al tribunale della contea di Chicot, o a un certo punto sulla proprietà affittata, dopo un preavviso di dieci giorni riguardo l'ora, il posto e i termini di detta vendita con una notifica affissa in detta proprietà affittata; e, nella vendita l'affittuario diventare l'acquirente. Il debito dovuto all'affittuario sarà pagato con i proventi della vendita, il rimanente sarà versato al colono.

Il colono accetta di coltivare la terra affittata secondo le istruzioni dell'affittuario e sotto il suo controllo, e di eliminare le erbacce dalle rive dei fossi e dalle strisce di terra non coltivata dove svolta l'aratro e di radunare tutti i prodotti di detta terra affittata e prepararli per il mercato. Il cotone coltivato in detta proprietà affittata deve essere consegnato alla sgranatrice dell'affittuario a Sunnyside, Arkansas.

Se il colono non riesce o si rifiuta di coltivare la terra affittata secondo le istruzioni dell'affittuario, l'affittuario avrà il diritto di assumere, a spese del colono, della manodopera per coltivare detta coltura oppure avrà il diritto di interrompere l'affitto e prendere possesso della proprietà e dei raccolti, con il colono responsabile per l'affitto della terra e per le provviste anticipate fino a quel momento, per il cui pagamento potrà essere applicata la garanzia data.

Si concorda che tutto il cotone e il seme coltivato dal colono saranno gestiti dall'affittuario, pagato al prezzo corrente. Il cotone sarà comperato dal proprietario al prezzo concordato tra lui e il colono, ma se il colono lo desidera il cotone sarà venduto da O. B. Crittenden and Company come intermediari per conto del colono, i rendiconti della vendita resi al colono e a detti coloni caricata soltanto la commissione ordinaria applicata agli altri clienti. Tuttavia, una volta che il colono ha pagato completamente il debito nei confronti dell'affittuario, compreso l'affitto e il conto dei rifornimenti, il colono avrà il diritto di gestire in proprio detto cotone dopo la sgranatura, e disporne come meglio crede.

Di seguito le tariffe concordate: L'affittuario deve sgranare il cotone, addebitando quindi 50 centesimi ogni 100 libbre (circa 45 chilogrammi), di cotone greggio, e…….. per l'imballo, e le cinghie necessarie per avvolgere ciascuna balla, e se il colono lo desidera, può trasportare il cotone alla sgranatrice. Quando detto cotone è trasportato con il carro ci sarà un addebito di ……… centesimi ogni 45 chilogrammi di cotone greggio; nel caso del trasporto via ferrovia l'addebito sarà di ………centesimi per 45 chilogrammi di cotone greggio.

Vedi l'Appendice a pagina 305 per il testo originale in inglese

L'addebito per il trasporto del cotone dalla sgranatrice all'imbarcadero è di …….. centesimi per balla, i diritti di approdo sul cotone sono di………centesimi per balla.

Se il prodotto su detta terra non fosse raccolto entro la fine dell'anno, al colono sarà concessa una dilazione per raccoglierlo, e all'uopo potrà entrare ed uscire dalla proprietà affittata fino al completamento della raccolta, senza pagare altro affitto, ma questo diritto non deve interferire con i diritti dell'affittuario di prendere possesso della casa, terra ed annessi.

Questo contratto è redatto in duplicato, in italiano e inglese.

Autenticazione delle firme dell'affittuario e del colono, qui sottoscritti, oggi…………190……….

………………………………
Affittuario

………………………
Testimone

………………………………
Colono

………………………
Testimone

STATO DELL'ARKANSAS
CONTEA DI CHICOT

Si rende noto che oggi si è presentato personalmente davanti a me……………………......………, Giudice di Pace, della predetta contea,……………… ……………………………………………………… a me noto come colono del suddetto contratto di affitto, e dichiarato di aver preso coscienza del medesimo per i termini e le condizioni in esso menzionate ed esposte.

A testimonianza di ciò appongo la mia firma e il mio timbro ufficiale quale Giudice di Pace,, oggi……………190…

………………………………………
Giudice di Pace di Chicot, Arkansas

Vedi l'Appendice a pagina 306 per il testo originale in inglese

5. Modifiche al contratto del 1907. Mary Grace Quackenbos negoziò con Percy e Crittenden

MODIFICHE

1. Con la presente O. B. Crittenden and Company accetta di dare al colono l'opzione di disporre del proprio cotone in ciascuno di questi tre modi:

> I. La Compagnia comprerà il cotone greggio ai prezzi correnti. Dovrà essere trasportato alla sgranatrice. Il colono pagherà il costo del trasporto alla sgranatrice, o lo porterà lui stesso, a sua discrezione.

> II. La Compagnia pagherà il cotone dopo la sgranatura e lo pagherà al colono al prezzo corrente.

> III. La Compagnia venderà il cotone per conto del colono al mercato di Greenville cercando di realizzare il prezzo migliore per il colono, addebitandogli solo la commissione ordinaria del due e mezzo percento (2 ½ %).

> Se la Compagnia compra il cotone dopo la sgranatura (II) o lo vende al mercato di Greenville (III) il colono accetta di pagare la sgranatura, l'imballaggio e le cinghie.

2. La Compagnia accetta che il colono o il governo italiano abbiano un loro rappresentante alla sgranatrice di Sunnyside o all'emporio dove vengono fatte tutte le vendite di cotone, per informare i coloni riguardo al listino prezzi in vigore e sul seme del cotone, e consigliare loro il metodo da adottare per disporre del loro cotone. La Compagnia accetta che questo, o un altro rappresentante, sia presente a Greenville, dove il cotone del colono deve essere venduto dalla Compagnia, e detto rappresentante deve controllare se il prezzo di vendita del cotone è equo.

3. O. B. Crittenden and Company accetta di soffittare le case dei coloni come si deve e renderle resistenti alle intemperie.

Vedi l'Appendice a pagina 307 per il testo originale in inglese

4.   La Compagnia accetta che un dottore italiano, scelto dal governo italiano, eserciti la professione medica a Sunnyside facendosi pagare un dollaro ($1.00) per ciascuna visita ai coloni. Qualora i coloni non siano in grado di pagare l'onorario del dottore, la Compagnia accetta di anticipare il denaro in contanti, addebitando al colono 6% di interesse su tali anticipi. La Compagnia non chiederà sconti al dottore e gli pagherà un salario mensile di venticinque dollari ($25.) per il suo sostentamento.

5.   La Compagnia accetta di distribuire gratuitamente al colono il chinino fornito dal console italiano.

6.   La Compagnia accetta e approva che nella proprietà di Sunnyside possano risiedere due o più Sisters of Mercy (Suore della Misericordia) o un'insegnante per la scuola italiana, scelta dal governo italiano, con residenza nella proprietà di Sunnyside, con libere relazioni con i coloni con l'obiettivo di dare istruzione anche religiosa e sanitaria e consigli vari. La Compagnia accetta di dare un'abitazione a dette Sisters of Mercy e all'insegnante della scuola.

7.   La Compagnia accetta che d'ora in avanti sarà addebitato solo un interesse annuale e che tale interesse non sarà mai, in nessun caso, contabilizzato come "fisso" (interesse sull'importo e non interesse annuale).

8.   La Compagnia si impegna ad anticipare ai coloni un dollaro ($1.) per acro (0.4 ettari) per le spese di sostentamento, e di dare al colono da detto importo, il venticinque percento (25%) in contanti.

9.   La Compagnia si impegna, per quanto possibile ad impiegare i coloni come giornalieri in ferrovia, come sterratori, bonifica terreni o raccolta di cotone in campi altrui.

10.   La Compagnia accetta di non speculare sulle medicine vendute dal dottore.

11.   La Compagnia accetta che i generi alimentari siano pesati, qualora richiesto, in presenza del colono.

12.   La Compagnia accetta, su richiesta del colono, che tutti gli acquisti del colono siano registrati dal magazziniere in un apposito libretto da dare al colono per controllare l'esattezza delle ricevute mensili inserite nel suo conto.

13.   La Compagnia assicura che farà di tutto affinché il manager e gli impiegati di Sunnyside si attengano ai termini del contratto con assoluta onestà, gentilezza,

Vedi l'Appendice a pagina 308 per il testo originale in inglese

e considerazione verso il colono, e che tutte le questioni controverse presentate alla Compagnia saranno ascoltate ed esaminate secondo ciò che è corretto e giusto.

Approvato e da adottare

da

O. B. Crittenden & Co.

da Leroy Percy, Avvocato

e membro della sua società

Il dottore italiano e l'esperto di cotone menzionati, sono stati promessi dal signor Scelsi, console a New Orleans, ora a Roma, Italia. Il governo italiano ha promesso di mandare gratuitamente la migliore qualità di chinino. Ho ripreso la questione della scuola italiana con il signor Percy e il prete e spero di vedere il vescovo mentre sarò a Little Rock. Agli eredi Corbin sarà richiesto di cedere un lotto di terra.

Vedi l'Appendice a pagina 309 per il testo originale in inglese

Verso fine 1900 gli storici Randolph H. Boehm e la dott.ssa Jeannie Whayne scoprirono molto sui giorni oscuri della storia di Sunnyside.

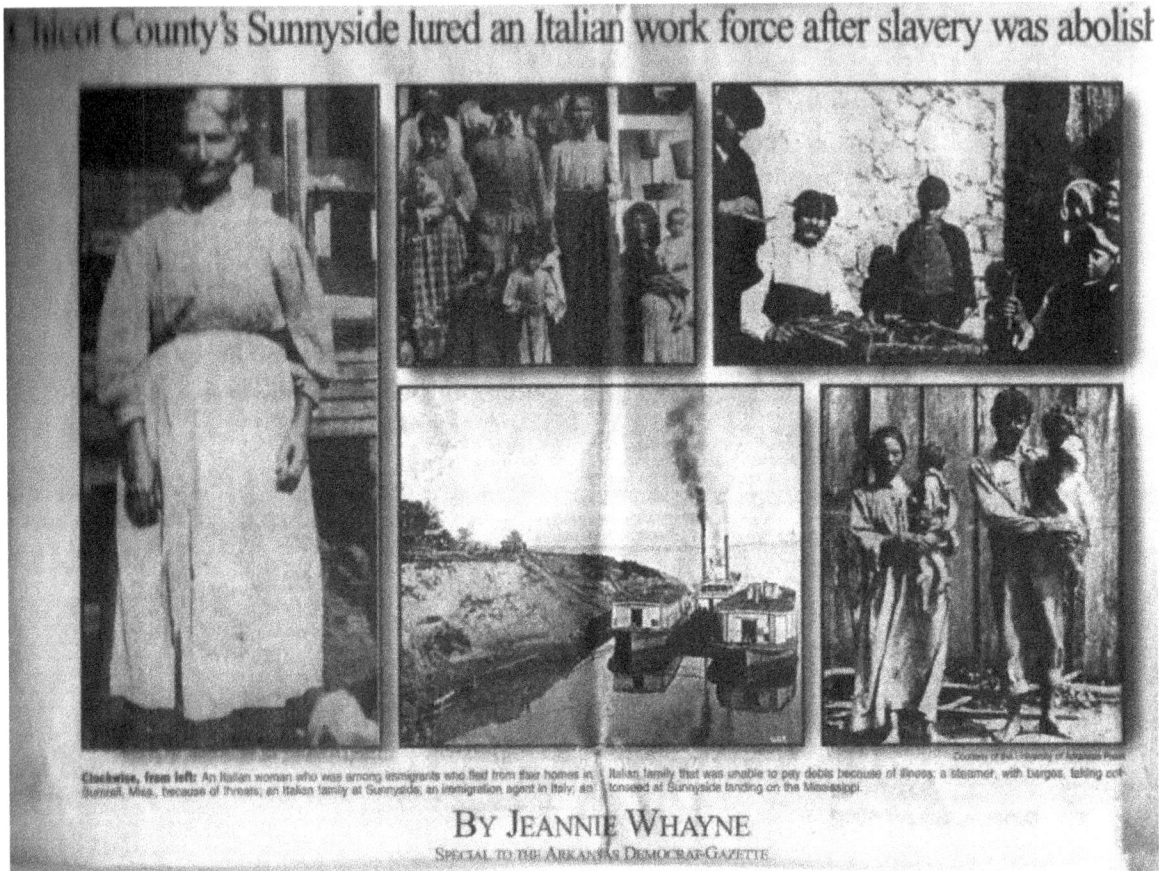

Articolo di Jeannie Whayne sull'Arkansas Democrat-Gazette *dal titolo: Sunnyside, contea di Chicot, attirò manodopera italiana dopo l'abolizione della schiavitù.*

Una squadra di operai al lavoro nella segheria di Sunnyside; fotografia di J. C. Coovert.

Articolo apparso sull'Arkansas Democrat Gazette, domenica 13 aprile 1997

OMBRE SUL DELTA

L'inchiesta

Randolph H. Boehm si concentra sull'inchiesta, e in particolare sullo scontro tra Mary Grace Quackenbos, la prima investigatrice donna federale, e Leroy Percy, uno dei tre affittuari di Sunnyside e gentiluomo della vecchia scuola del sud.

La decisione di inviare Mary Grace Quackenbos a investigare le attività della Crittenden Company non avrebbe potuto capitare in un momento peggiore per la Compagnia. I tre soci anziani erano Orlando B. Crittenden, un facoltoso piantatore; Morris Rosenstock, un importante mercante di Greenville, e Leroy Percy, avvocato, piantatore di cotone e leader politico del Delta (Era il prozio dello scrittore Walker Percy. In *The Last Gentleman*, Walker Percy descrisse Leroy come un uomo "che sapeva cos'era giusto e cosa sbagliato, si comportava di conseguenza e non si curava del pensiero altrui." Dopo aver fatto grandi investimenti per incoraggiare l'immigrazione italiana s Sunnyside, l'impresa si trovava in pericolo. Nella primavera del 1907 la piantagione fu agitata dallo scontento dei coloni immigrati. Lettere di lamentela per il trattamento abusivo da parte dei manager della piantagione e per le condizioni di vita antigieniche avevano raggiunto il governo italiano con tale frequenza che il consolato di New Orleans chiuse di fatto l'immigrazione verso tutto il Delta.

Nella primavera del 1907, la fuga precipitosa di famiglie dopo il pagamento dell'anticipo ai coloni preoccupò Leroy Percy, se l'esodo non fosse stato frenato, l'intera piantagione sarebbe finita in rovina.

Ecco Mary Grace Quackenbos. Era il prodotto di un ambiente radicalmente diverso – la grande metropoli di New York - dove fu la prima donna avvocato nei quartieri poveri, gli *slum*, nella parte bassa di Manhattan. Aveva creato da sola la "People's Law Firm", (Studio Legale del Popolo) nel 1905, per coadiuvare il lavoro della Legal Aid Society, Società di Patrocinio Legale a favore degli immigrati, lavoratori e poveri in generale. Sovvenzionò questa ambiziosa iniziativa con la sua modesta eredità, e dimostrò ulteriormente il suo impegno per far sì che ai poveri non fosse negata la giustizia, intraprendendo un'inchiesta privata nei campi di lavoro in Florida, Alabama e Tennessee nel 1906. Esisteva il sospetto che quei campi praticassero il peonage nei confronti degli immigrati adescati a New York. Al suo ritorno presentò i risultati della sua inchiesta al Dipartimento di Giustizia e impressionò così tanto l'Assistente Procuratore Generale Charles Wells Russell che si adoperò per portarla al Dipartimento di Giustizia come Assistente Speciale del Procuratore degli Stati Uniti – prima donna mai assegnata all'ufficio del Procuratore degli Stati Uniti.

La strategia iniziale di Quackenbos per investigare Sunnyside fu di procedere sotto copertura come aveva già fatto durante le inchieste sul peonage negli stati sud orientali. Tuttavia, il piano fallì miseramente quando uno dei detective del suo gruppo che parlava italiano fu fermato dai manager della piantagione, e condannato per ingresso abusivo da un giudice di pace locale. A questo punto Quackenbos ricorse a una seconda strategia. Si rivolse al governatore ad interim, Xenophon O. Pindall, e si fece dare una lettera per la O. B. Crittenden and Company con la richiesta di concederle l'autorizzazione per l'ingresso a Sunnyside. Munita di questa lettera, fece visita a Leroy Percy. Percy era ancora all'oscuro della precedente incursione di Quackenbos a Sunnyside e dell'arresto dell'agente. All'inizio, Percy fu colpito dalla donna e accolse con favore la proposta di investigazione. A quanto pare pensava che un'inchiesta avrebbe reso giustizia all'operazione di Sunnyside. Anche Quackenbos fu impressionata da Percy e nel suo rapporto scrisse che era "un uomo di buon senso."

Vedi l'Appendice a pagina 310 per il testo originale in inglese

Per diversi giorni a Quackenbos fu permesso di muoversi liberamente attraverso la piantagione ma a quanto sembra Percy si allarmò per le sue attività e cominciò ad ostacolare la sua investigazione. Le sue interviste e l'analisi dei libri contabili rilevarono diffuse violazioni della legge del contratto di lavoro per stranieri, pratiche monopolistiche da parte della Compagnia nell'acquisto e commercializzazione del cotone dei coloni, sovrapprezzo sul cibo e sugli attrezzi agricoli, scadenti condizioni di vita, gravi problemi di salute, speculazione sugli anticipi per spese mediche e una diffusa atmosfera intimidatoria alimentata dalla continua presenza dei supervisori.

Sulla questione del peonage, all'inizio non ne era sicura. Le prove lampanti della violenza fisica e del lavoro forzato che aveva incontrato nei campi peon della regione sud orientale degli Stati Uniti non erano facilmente visibili a Sunnyside, In Arkansas, lei trovò un sistema di intimidazione più sottile. Scrisse tre rapporti sulla piantagione di Sunnyside, sempre più autorevoli, per il Dipartimento di Giustizia che evidenziarono ogni punto di sfruttamento. Sperava, comunque, che le attività commerciali della piantagione potessero essere migliorate, conferì con il consolato italiano di New Orleans e avviò negoziati con Leroy Percy e O. B. Crittenden per cambiare il contratto di lavoro dei coloni di Sunnyside. Inizialmente essi risposero adottando alcune modifiche che aveva suggerito e Quackenbos trascorse persino una serata mondana a casa dei Percy. Ma quando Quackenbos investigò una denuncia di peonage e raccomandò l'incriminazione di O. B. Crittenden, il rapporto amichevole si inasprì. L'opposizione all'investigazione prese una strana piega quando la cartella legale di Quackenbos scomparve inspiegabilmente dal suo albergo di Greenville – e riapparve nelle mani dell'intimo amico e alleato politico di Percy, l'ex deputato degli Stati Uniti del Delta, Thomas C. Catchings. La cartella conteneva la prova che Quackenbos stava sviluppando un procedimento di peonage credibile. Convinto che nessuna giuria locale avrebbe mai condannato Crittenden, Percy temeva che Quackenbos avrebbe redatto altri capi d'accusa contro i manager della piantagione di Sunnyside per altri fatti. Questi manager erano molto più difficili da difendere del suo partner altolocato e

il loro atto d'accusa formulato in Arkansas dove la sua influenza era meno dominante. Lo preoccupava anche la prospettiva di un disastro nelle pubbliche relazioni tale da compromettere il suo piano di riaprire il Delta all'immigrazione italiana.

Deciso a costringere Quackenbos a sospendere l'investigazione, Percy attinse ai suoi rapporti personali con il presidente Theodore Roosevelt per raggiungere il suo scopo.

Incontrò Roosevelt a Washington, D.C., e descrisse efficacemente l'indignazione emotiva di Quackenbos – facilmente evidente nei suoi rapporti – con una argomentazione antifemminista, lei non aveva giudizio. La accusò pure di avere una conoscenza insufficiente delle attività delle piantagioni che aveva mal interpretate e travisate. Roosevelt si schierò con Percy, e così finì la sua investigazione.

Randolph Boehm conclude il suo saggio con l'analisi delle lacune del successore di Quackenbos. I dati del censimento del 1910 indicano che la popolazione italiana di Sunnyside era rimasta quasi pari a quella della fine del 1907. Ma l'esondazione del 1912 distrusse praticamente la piantagione e la Crittenden Company vendette i suoi interessi a Sunnyside. Gli italiani opposero fermamente la decisione del nuovo affittuario di passare dal contratto d'affitto alla mezzadria, e il loro rifiuto di lavorare a mezzadria significò la disintegrazione della colonia.

Malattia in famiglia –
impossibile pagare i debiti

Vedi l'Appendice a pagina 311 per il testo originale in inglese

Procacciatori di Manodopera Adescano gli Italiani con Falsa Propaganda

"ITALIANI!

Se avete genitori o amici da richiamare in America, non perdete questa grande opportunità di comprare i biglietti da me, biglietti che potete avere con un forte sconto.

Posso vendervi i biglietti per il piroscafo

MANILLA!

che parte dall'Italia il mese di agosto, per $45.30 con il biglietto ferroviario pagato fino a Greenville, Miss; ma vi darò due dollari di commissione per ogni biglietto intero.

Come ben sapete posso vendervi i biglietti di qualsiasi società di navigazione a prezzi inferiori e garantire la protezione dei vostri passaggi.

Cordialmente

UMBERTO PIERINI

Sunnyside, Ark.

P.S. Se non avete il denaro per i biglietti da spedire ai vostri genitori, ho la possibilità di farli venire qui con l'intesa che si stabiliranno dove assegnati; sulle terre più fertili e alle migliori condizioni."

NdT (Nota del Traduttore): nella versione inglese appare il vocabolo "parents", tradotto in "genitori" anche se probabilmente l'invito era rivolto a "parenti" ovvero "relatives".

Vedi l'Appendice a pagina 312 per il testo originale in inglese

Italiani in Arkansas:
Stralci da un lungo articolo

Dedicato agli Stolfo ed Egino Mazzanti e tutti
gli altri che continuano ad ascoltarmi

Ernesto R Milani. Gallarate, 21 aprile 1994

Milani afferma che questo lungo articolo costituisce un'interpretazione personale di come le cose avrebbero potuto essere, e illustra come l'intervento e il non intervento di un pubblico ufficiale può cambiare il corso della storia. Egli racconta perché gli italiani lasciarono l'Italia, dove si stabilirono, che cosa hanno fatto e in che modo la loro presenza ha influenzato lo Stato. Le sue ricerche hanno portato alla conclusione che l'operato di una persona, il barone Saverio Fava (Prima ministro plenipotenziario, in seguito ambasciatore presso gli Stati Uniti d'America) fu essenziale nel determinare il destino degli italiani nel sud est degli Stati Uniti.

Il caso della speculazione nella piantagione di Sunnyside è alquanto complesso e legato alla possibilità di decentralizzare una parte degli immigranti italiani che affluivano verso le città industriali del nord est. Fava era stato in contatto con la Southern Interstate Immigration Society per la promozione dell'immigrazione nel sud cui aveva chiesto di dare la preferenza agli immigranti italiani. Questi fatti erano contemporanei all'apertura dell'Italian Labor Bureau, l'Ufficio Italiano del Lavoro a New York. Quando Austin Corbin, un uomo d'affari di New York avvicinò Fava attraverso il suo amico Alessandro Oldrini, l'agente capo dell'Ufficio del Lavoro, pensò di aver trovato la soluzione giusta.

La visione di Corbin era la colonizzazione della piantagione di Sunnyside, situata in Arkansas su un'isola del Mississippi di fronte a Greenville. Ai coloni sarebbero stati assegnati lotti da 12 ½ acri (circa 5 ettari) di cui sarebbero diventati proprietari dopo 20 anni. La Compagnia avrebbe provveduto ad alloggi, attrezzi agricoli mentre la piantagione era già dotata della propria ferrovia, segheria, sgranatrice. Era pure previsto la costruzione di una chiesa, e di una scuola, in pratica una colonia modello. A questo punto Fava commise il suo primo errore. Nell'ottobre 1894 approvò volentieri una visita alla piantagione ma anziché accompagnare Austin Corbin e il suo futuro rappresentante italiano, don Emanuele Ruspoli, mandò suo figlio. Fava era preoccupato dalla durata del contratto e dai problemi che avrebbero potuto sorgere nel lungo periodo ma non voleva un coinvolgimento diretto. La visita fu proficua e il piano fu finalizzato. Le prime famiglie sarebbero partite alla fine del 1895. In questo periodo Fava insistette perché il governo italiano considerasse l'accordo una transazione privata tra Corbin e i coloni.

Questo punto di vista era in palese contrasto con la richiesta fatta per incoraggiare l'emigrazione italiana e mostrava la totale mancanza di conoscenza dell'ambiente dove gli italiani si sarebbero stabiliti. Inoltre Fava non si rese conto che a Sunnyside gli italiani avrebbero coltivato cotone, una coltura a loro sconosciuta e che avrebbero sostituito la ruota mancante del sistema di produzione cioè i negri e i detenuti usati in precedenza.

Gli era pure sconosciuto il fatto che mentre Corbin era del nord, gli altri proprietari di piantagioni erano del sud, e quindi con una conduzione degli affari opposta alla sua. Tuttavia, Corbin agiva al sud e con gente del sud.

L'edizione di "The World" del 16 novembre 1895 ricostruisce la storia di Sunnyside e nota in particolare che il commissario per l'emigrazione, Stump, aveva ricevuto il progetto di Sunnyside da Fava e dal senatore del New Hampshire, Chandler. L'idea era di collocare gli immigranti italiani direttamente sulla terra senza farli diventare parte del sistema del "padrone." Fu vagliata e approvata dal Dipartimento del Tesoro e dal governo italiano.

Fu pure pubblicato che Oldrini era stato mandato da Fava a New Orleans per incontrare i coloni al loro arrivo. Stranamente ma non sorprendentemente, Fava negò tutte queste affermazioni e dichiarò che l'ambasciata non aveva un coinvolgimento né diretto né indiretto nell'affare e che Oldrini era andato a New Orleans in vacanza. Il 28 novembre 1895 anche "L'Araldo" commentò la visione di Corbin e si chiese se l'importazione fosse davvero vantaggiosa per l'immigrazione italiana e se quelle famiglie trasportate su un piroscafo quasi incapace di contenerle, avrebbero potuto perseguire la loro felicità oppure se questa fosse la solita speculazione.

E perché in considerazione dell'accordo tra i due governi, Fava non diede informazioni o spiegazioni in merito? Le perplessità della stampa di lingua italiana riguardo all'impresa aumentarono con i commenti di Fava, e molti lettori si domandarono perché Fava si lavasse le mani, novello Ponzio Pilato, dicendo di non essere coinvolto e di non volerlo nemmeno. E dov'era il console italiano di New Orleans? O perché gli italiani dovevano pagare così tanto una terra a buon mercato? Come avrebbero fatto a vendere il loro cotone? In realtà, il 29 novembre 1895, Oldrini era al molo per incontrare il primo gruppo di coloni in arrivo a New Orleans a bordo dello *Chateau Yquem*. Egli si rese subito conto che le difficoltà che i coloni avrebbero dovuto affrontare erano superiori al previsto, Nessun supervisore parlava italiano, e c'era meno lavoro extra di quanto promesso. Alcune lamentele si riferivano alla mancanza di prezzi differenziati in base alla produttività delle terre. Il rifornimento idrico era poco igienico e i filtri non costituivano un rimedio efficace come avrebbero fatto i pozzi artesiani tanto promessi. Nell'estate del 1896, con l'inizio della stagione calda, cominciarono le febbri palustri che in seguito devastarono la colonia. Padre Bandini, il prete venuto da New York ed assegnato alla colonia, dettagliò tutti questi problemi a Fava che girò doverosamente il rapporto a Roma.

A quanto pare, Fava controllò solo marginalmente lo stato della colonia fin quando ricevette una richiesta di aggiornamento da Roma. Mandò quindi Papini, il vice console a New Orleans a verificare la situazione.

Questa delegazione segnalò che la colonia stava cominciando a crescere e che i problemi erano presumibilmente attribuibili alla scarsa conoscenza del cotone, e che la sola difficoltà reale sembrava essere l'acqua. I funzionari della Compagnia e Papini erano ottimisti mentre Padre Bandini era molto scoraggiato in quanto aveva una visione della piantagione dal suo interno. Corbin morì nel giugno del 1896, fatto che fu giudicato con apprensione dal Regio Ministro Italiano degli Affari Esteri di Roma che temeva per il futuro dell'esperimento. Fava, tuttavia, dopo un rapporto favorevole di Ruspoli, che quell'estate visitò Sunnyside per la seconda volta, autorizzò l'imbarco di un secondo gruppo di 72 famiglie che salpò da Genova il 17 dicembre 1896 e che arrivò a Sunnyside via New York – Atlanta il 5 gennaio 1897 dove apprese che il gruppo di immigranti che li aveva preceduti aveva avuto risultati contrastanti con il primo raccolto del cotone. Più di un terzo delle famiglie rimaneva in debito con la Compagnia dopo la deduzione dalle entrate del cotone, delle spese per il viaggio, provviste, attrezzature, suppellettili, in aggiunta agli anticipi e agli interessi.

Fava continuava a credere che i pozzi artesiani fossero in costruzione e che i brividi e le febbri che colpivano i coloni erano dovuti alla loro negligenza piuttosto che al clima.

Il progetto non funzionava e tuttavia la colpa veniva data ai coloni e a vari inconvenienti reputati minori o maggiori secondo la fonte. I coloni formarono un comitato che richiese un cambiamento nella gestione della piantagione. A questo punto Fava prese un lungo periodo di aspettativa che durò da luglio 1896 al 1° settembre 1899.

Negli anni intermedi gli affari furono delegati a Giulio Cesare Vinci, che prese in mano la situazione da dove Fava aveva lasciato. Il problema con la proprietà Corbin sfociò ai primi del 1898 con l'affitto della piantagione a O. B. Crittenden. Leroy Percy e Morris Rosenstock, il cui interesse da veri piantatori del sud e mediatori di cotone era concentrato nel colmare l'acuta carenza di manodopera. Con poche speranze di risolvere i loro problemi impellenti e con il continuo aumento di morti e febbri, la colonia si sciolse. Alcuni coloni seguirono Padre Bandini mentre altri se ne andarono a Irondale, Alabama e Rosati, Missouri. Alcuni restarono a Sunnyside. L'indagine di Rossati per conto dell'ambasciata, caldeggiata da tutte le parti interessate confermò l'esistenza dei problemi, e fu così che la prima colonizzazione di Sunnyside finì nel 1899 con 38 famiglie o 97 persone rimaste. Le cose sarebbero cambiate con una nuova ondata di immigrazione indotta che sfociò nel peonage, (larvata schiavitù) che attraverso il console Scelsi di New Orleans, il nuovo ambasciatore italiano Mayor Des Planches e l'inchiesta di Mary Grace Quackenbos generò alla fine la sola soluzione possibile che l'Italia poteva prendere: fermare l'emigrazione verso il sud con la riduzione delle violazioni del lavoro a contratto.

Il numero di famiglie italiane nel Delta scese da 750 nel 1907 a circa 350 nel 1912, e a Sunnyside da 128 a 60 durante il medesimo periodo. Allo scoppio della Prima Guerra mondiale l'immigrazione italiana verso il sud era praticamente cessata.

Corretta Ortografia di Nomi Italiani
a cura di Ernesto R Milani

Durante gli ultimi 100 anni, la grafia di molti nomi e cognomi è stata modificata o americanizzata, e qui sono stati stampati come sono stati dati o copiati. In basso la grafia italiana corretta di ciascun nome/cognome.

Grafia in America	*Grafia Italiana Corretta*
Alissandro	Alessandro
Alfonzo	Alfonso
Allegho	Allegro
Asnica	Asnicar
Batista	Battista
Belamino	Beniamino
Belvedresi	Belvederesi
Biago	Biagio
Calabrese	Calabresi
Catheren	Caterina
Catterina	Caterina
Cecelia	Cecilia
Chechacci	Checcacci
Cichlereo	Cichelero
Deoenica	Domenica
Dominico	Domenico
Earnest	Ernesto
Elbino	Albino
Eliza	Elisa
Erselia	Ersilia
Ercola	Ercole
Fradetsi	Fedrizzi
Geacomo	Giacomo
Geavanni	Giovanni
Gentillini	Gentilini
Genuino	Gesuino
Ginliano	Giuliano
Ginditta	Giuditta
Guiseppe	Giuseppe
Guiseppina	Giuseppina
Guistina	Giustina
Joseppe	Giuseppe
Julia	Giulia
Magdalena	Maddalena
Margaritta	Margherita
Mascangni	Mascagni
Napolitani	Napoletani
Nazzarreno	Nazzareno
Nicholini	Nicolini
Octavia	Ottavia
Philomina	Filomena
Philoma	Filomena
Polodori	Polidori
Premo	Primo
Sampoalesi	Sampaolesi
Santi	Sante
Serafena	Serafina
Seraphino	Serafino
Schucche	Scucchi
Silverstrini	Silvestrini
Sciliani	Siciliani
Tessario	Tessaro
Zbanatto	Sbanotto
Gallarte	Gallarate

Perchè Alcuni Italiani Scelsero di Rimanere a Sunnyside

Libby Olivi Borgognoni

Questa è una domanda davvero interessante e forse non sapremo mai tutta la verità! Comunque, vale la pena esplorare perché ancora oggi nelle vicinanze di Sunnyside esiste una forte comunità italiana, È stato documentato da diverse fonti che nel 1897 tutti i coloni di Sunnyside decisero di andarsene in gruppo con l'intenzione di formare una nuova colonia con un terreno e un clima migliore. Bandini mandò dei gruppetti in avanscoperta per valutare almeno tre siti potenziali per il reinsediamento di tutto il gruppo.[1,2,3]

La colonia prese questa decisione collettiva nel 1897 perché l'ottimismo e le condizioni di vita a Sunnyside deteriorarono rapidamente dopo la morte di Corbin nel 1896.[4] Gli eredi Corbin non mantennero le promesse che erano state fatte. Il genero di Corbin, George S. Edgell non solo disonorò i contratti originali ma adottò condizioni più severe verso gli italiani. Altri problemi comprendevano un'epidemia di malaria (che secondo alcune fonti sterminò fino a un 1/3 della colonia), acqua imbevibile - causa di molte malattie, e caldo soffocante con umidità insopportabile che prosciugavano l'energia dei coloni.[5] Inoltre, il lavoro non agricolo e i proventi promessi a 300 uomini non si concretizzarono mai.[6]

Per convalidare la loro decisione di partire, Bandini scrisse al conte Giulio Vinci che mandò Guido Rossati, direttore della Regia Stazione Enotecnica Italiana di New York (Rossati era considerato un'autorità in campo agricolo) ad investigare le condizioni di Sunnyside. Rossati arrivò nel febbraio 1898 e appurò la fondatezza delle lamentele, e non solo.[7]

Rossati affrontò i rappresentanti della Compagnia riguardo ai vari problemi e riscontrò la loro irrazionalità e contrarietà a migliorare le condizioni sanitarie ed economiche. Percepì che i coloni, anche con il miglioramento delle condizioni non sarebbero mai diventati proprietari della terra che

---

[1] "Italians of Tontitown," *Arkansas Democrat* (Little Rock, Arkansas), 17 marzo 1905, p.6

[2] "Missouri Italian Farmers," *Kansas City Star*, 30 giugno 1912, p. 20.

[3] Edward C. Stibili, *Pietro Bandini: Missionary, Social Worker, and Colonizer, 1852-1917* (New York: Scalabrini International Migration Network, 2016), 250, 256, 258, 264, 267.

[4] Ibid., 256

[5] Leo Belvedresi a 88 anni, intervistato da Amalite Rocconi Fratesi, 1979. Vedere "As They Journeyed" in questo libro.

[6] Ibid., 255, 257.

[7] Stibili, *Bandini,* 259

coltivavano. Un'ulteriore complicazione era costituita dalla complessa struttura finanziaria pianificata dalla Sunnyside Company. Anche se ogni famiglia italiana avrebbe dovuto avere la titolarità dei loro 12 ½ acri (circa 5 ettari) di terra, la Sunnyside Company deteneva sempre la titolarità della terra a loro nome, ed aveva aggiunto un'ipoteca sulla proprietà di $600.000.00 con la Central Trust Company di New York.[8] Questa inconsueta ed illegale disposizione finanziaria era inspiegabile. In pratica la Sunnyside Company dichiarava che gli italiani non avevano alcun diritto di proprietà, e questo era contrario ai termini del loro contratto. Che cosa sarebbe successo alla proprietà dei coloni se la Compagnia non avesse pagato il prestito?

Alla luce d quanto osservato, era opinione di Rossati che gli italiani non dovessero restare a Sunnyside, Suggerì il loro ritorno in Italia o una ricollocazione in una località del Paese più adeguata.[9]

Infine la Compagnia informò i coloni che avrebbero potuto accettare le nuove condizioni per avere la proprietà oppure ridare i loro contratti e affittare la terra con pagamenti mensili prendendo in prestito altri soldi dalla Compagnia.[10]

In una lettera datata 1° dicembre 1897 da Bandini al conte Vinci, Bandini scrisse che entro marzo sarebbero partiti tutti.[11] Nonostante la decisione di andarsene, tra i coloni crebbe presto il dissenso. La controversia si concentrò su quale fosse la località per la ricollocazione dell'intera colonia.[12] Alla fine, come descritto nel capitolo "Esodo" di questo libro, gli italiani si divisero in vari gruppi. Quasi l'80% delle famiglie partì per diverse destinazioni, ma perché il 20% cambiò idea e rimase?

A causa di questa frammentazione, il conte Giulio Vinci sollecitò Edgell a presentargli un rapporto dettagliato sulle famiglie rimaste a Sunnyside e le loro condizioni. Vinci sollecitò pure un resoconto accurato di coloro che erano partiti. Nel suo rapporto Edgell attribuì la condizione degli italiani alla "paura della malattia" provocata dalla loro negligenza e cattive abitudini. Incolpò anche i gli agenti di altre proprietà di attirarli altrove, e il possibile maltrattamento a pochi dipendenti della Compagnia che erano stati licenziati.[13]

Nonostante esista una grande differenza sul numero dei partenti e delle loro destinazioni, il seguente rapporto fu fornito da Edgell a Vinci il 22 aprile 1898: *il 1° gennaio 1898 nella proprietà c'erano 160 famiglie di cui 33 restano come affittuarie su loro richiesta; 37 famiglie sono andate a St. James, a Knobview, Missouri, 30 famiglie a Irondale, Alabama; 41 famiglie a Springdale, Arkansas; 7 famiglie a Hot Springs, Arkansas e 12 famiglie in Italia.* [14]

---

[8] Ibid., 261

[9] Ibid

[10] Ibid., 264, 268, 269

[11] Edward C. Stibili, *Pietro Bandini: Missionary, Social Worker, and Colonizer, 1852-1917* (New York: Scalabrini International Migration Network, 2016), 256

[12] "Missouri Italians Farmers"

[13] Stibili, *Bandini*, 266, 267, 268

[14] Ibid., 266, 270.

Ai primi di febbraio del 1898 il console italiano di Chicago Antonio Rozwadowski informò Rossati che il vice parroco Padre J. Gastaldi, prevedeva di portare 50 famiglie da Sunnyside in un'area vicino Louisville, Kentucky. Due giorni dopo aver ricevuto il rapporto di Rossati, Bandini rispose con il seguente elenco delle località dove erano andati i coloni: *"Una ventina di famiglie in Italia, il medesimo numero nello stato del Mississippi – alcuni forse in Alabama, altri nel New Jersey, altri ancora a Springdale. Tutti vorrebbero andare a Springdale ma ci sono famiglie che non hanno nemmeno in centesimo e suscitano davvero pietà. Al mio ritorno, ho trovato due agenti, uno della compagnia di navigazione e un agente immobiliare per l'Alabama. Ambedue molto attivi.* [15]

Il 18 aprile Bandini diede a Vinci un aggiornamento sull'esodo da Sunnyside: *18 famiglie erano partite per l'Italia, 18 per l'Alabama, circa 32 per Knobview (Rosati dal 1931), 58 per Springdale (Tontitown) mentre 34 restavano a Sunnyside.* [16]

Per aumentare la confusione, un documento senza data rinvenuto negli archivi diplomatici produce il seguente elenco: *"53 famiglie andarono a Springdale, 39 a St. James, MO., 24 a Irondale, Ala., 6 a Leota, Miss., e 10 erano elencate sotto "Varie". Giovanni Battista Pranzini andò a Blocton, Alabama. Alcune famiglie andarono a Birmingham, Alabama, una quindicina a Shelby, Mississippi ed alcune nel Tennessee.* [17]

Nel 1901 la U.S. Industrial Commission elencò Tontitown, Arkansas, e Montebello e Verdella, Missouri come *"colonie derivate"* da Sunnyside." [18]

Questa storia richiede una risposta alla domanda iniziale: Perché mai molti italiani rimasero a Sunnyside? Le opportunità per chi se andò sembravano migliori. A Tontitown la terra fu acquistata a soli $15.00 per acro (pur avendo ricevuto la promessa di $8.00 per acro prima del loro arrivo). A Knobview (Rosati) la terra fu acquistata a $3.00 per acro rispetto ai $160.00 per acro del contratto di Sunnyside. Inoltre, in entrambi i luoghi il clima rispecchiava le temperature italiane e la terra aveva un suolo più simile a quello italiano a differenza delle paludi del Delta. Queste e le altre opzioni di trasferirsi in Alabama, Tennessee e Mississippi, davano più prospettive per la proprietà della terra, una maggiore diversificazione e la capacità di estinguere i loro debiti. Inoltre, le autorità italiane e il loro leader spirituale li esortavano ad abbandonare Sunnyside. Mentre quasi tutti i veneti ed emiliani se ne andarono, la maggior parte delle famiglie marchigiane rimase. Questo fatto continua a sfidare la ragione.

Purtroppo le condizioni di chi rimase continuarono a peggiorare. George S. Edgell affittò in tutta fretta le terre di Sunnyside a intermediari del cotone del Mississippi che misero oneri aggiuntivi ai coloni. Il 1° febbraio 1898 dichiararono che ai coloni erano stati concessi troppi benefici che sarebbero stati eliminati. Ecco quanto: *I muli, il prete, l'insegnante, il giardiniere, il riscaldamento della chiesa, la ferrovia e il filtro dell'acqua avevano tutti un costo che adesso i coloni dovevano pagare.* [19]

---

[15] Ibid., 270

[16] Ibid., 271

[17] Ibid.

[18] Ibid., 272

[19] Ibid., 263, 264

Quindi, perché restare e sopportare tutti gli anni a venire in un luogo di servitù, malattia e morte, ed essere nel contempo denigrati, minacciati e vessati dalla Compagnia e dal sistema della piantagione? Rimanendo non ci sarebbe stato un prete fisso per cinque anni. Questo fatto demoralizzò moltissimo questa devota colonia cristiana sia emotivamente sia spiritualmente.

Nonostante l'aggiunta di queste disposizioni tiranniche, le famiglie marchigiane non solo restarono ma il loro numero aumentò. Centinaia di famiglie continuarono ad arrivare non solo a Sunnyside ma in altre piantagioni e grandi fattorie di ogni parte del Delta dell'Arkansas e del Mississippi.

È mia opinione personale che rimasero per 5 motivi principali:

1. **Successo Economico**: è vero, i risultati del primo raccolto mostrano che alcuni italiani ebbero un utile netto (dopo il primo raccolto). Chi se la cavò meglio degli altri, probabilmente pensò che avrebbe continuato a prosperare.[20]

2. **Debito e Intimidazione Legale:** D'altra parte, molte famiglie avevano un debito considerevole nei confronti della Sunnyside Company. Anni dopo, il rapporto Quackenbos avrebbe rivelato che a diverse famiglie era stato detto che se fossero andate via, lo sceriffo le avrebbe arrestate e riportate o in galera o nella piantagione fino al pagamento del loro debito.[21,22]

3. **La grande importanza delle loro competenze:** In effetti, i coloni italiani divennero molto apprezzati per la loro abilità nel coltivare il cotone. Furono diffusi parecchi studi scientifici che riconoscevano la grande produttività degli immigranti italiani rispetto ai lavoratori bianchi e neri (Afro americani).[23,24,25,26] Per questo motivo, la Sunnyside Company si preoccupò di tenere gli italiani come propria forza lavoro. Quasi certamente, furono fatte promesse ed opere di persuasione per convincere alcuni a restare. La Compagnia, infatti, impiegò intermediari di manodopera delle Marche per reclutare più italiani per la piantagione.

4. **Riluttanti a lasciare ciò per cui avevano già faticato tanto**: alcuni degli italiani avevano già lavorato per due anni ed avevano già certamente valorizzato la loro terra e le loro case. Nell'area erano stati profusi sudore e fatica, e così pensavano che il peggio fosse passato e di avere davanti giorni migliori.

---

[20] Ibid., 260, 262

[21] Ibid., 261

[22] *Tratto dal File no. 100937 – Attuale no. 121643 – Ricevuto nel 1907 – Inserito M858 - da Mary Grace Quackenbos, Assistente Speciale. Oggetto: Rapporto sulla Piantagione di Sunnyside, Ark., 18 settembre 1907, spedito al Dipartimento di Giustizia, Archivi Nazionali, Dipartimento di Giustizia, Washington, D.C. www.archives.gov*

[23] Ibid.

[24] The Italian as a Cotton Picker," *Arkansas Gazette* (Little Rock), 5 febbraio 1907, p.10.

[25] Jeannie M. Whayne, ed., *Shadows Over Sunnyside: An Arkansas Plantation in Transition*, 1830-1945 (Fayetteville, University of Arkansas Press, 1993), 22

[26] Paul V. Canonici, *The Delta Italians* (2003), 21

5. **Adattamento Climatico della Comunità**: mentre le condizioni di vita erano precarie, si era consolidato un senso di comunità e famiglia. C'erano la chiesa, la scuola, la banda, e un legame con i connazionali che avevano resistito. Siccome gli italiani erano suddivisi in base alle regioni di origine, sembra che le famiglie marchigiane fossero riluttanti a scommettere un'altra volta sull'ignoto.[27,28,29]

Gli italiani delle Marche resistettero a Sunnyside, e ricevettero il sostegno spirituale quando Padre Gioachimo Galloni, egli stesso marchigiano di Senigallia, provincia di Ancona, arrivò nel dicembre 1903 per prestare servizio a tutti gli italiani delle piantagioni di Sunnyside e Red Leaf. Chi ha conosciuto Padre Galloni mi ha riferito che lui incoraggiava gli italiani a restare, anche se in quel momento le condizioni erano ancor più insopportabili. *Nota: Una signora italiana mi ha detto personalmente che stava programmando di trasferirsi a Chicago, quando Padre Galloni la convinse a restare e le prestò $500.00 per comprare una proprietà su un tratto di quella che era stata Sunnyside.*[30]

E così per altri nove anni, molte famiglie restarono nonostante le sofferenze e le servitù dettagliate nell'inchiesta della Quackenbos. L'inchiesta fu insabbiata e gli italiani continuarono senza alcuna assistenza.

Infine, nel 1912, molte famiglie se ne andarono per le inondazioni, raccolti scarsi e il fallimento della piantagione di Sunnyside (indebitamento e bancarotta). Fu l'anno in cui il vescovo della diocesi dell'Arkansas trasferì Padre Galloni da Sunnyside alla chiesa cattolica di Our Lady of the Lake di Lake Village come assistente di Padre Matthew Saettele. Padre Galloni continuò, comunque, a servire gli italiani di Sunnyside, Red Leaf e dintorni. A questo punto Padre Galloni incoraggiò molte famiglie italiane a ricollocarsi nella parte occidentale del lago Chicot per comodità, una chiesa cattolica più grande, e per permettere ai loro figli di frequentare la scuola cattolica di St. Mary's. Nel 1913 il vescovo trasferì Padre Saettele a McGehee, e Padre Galloni fu nominato parroco di Our Lady of the Lake.[31]

Dal 1913 al 1923 gli italiani si spostarono spesso nelle altre comunità derivate da Sunnyside e in altre località attraverso tutti gli Stati Uniti. Comunque, molti di essi ritornarono a Sunnyside e attorno a Lake Village. A quanto pare, "altrove l'erba non era più verde," e la vita meravigliosa che cercavano si trovava dove tutto era cominciato nel 1895.[32] Dopo il fallimento della piantagione, molti italiani finirono per comprare appezzamenti di terra a Sunnyside come pure molte fattorie nelle aree periferiche di Lake Village. Molti storici e giornalisti hanno scritto che l'originale, "visionario" esperimento di una colonia italiana a Sunnyside fallì. È vero che l'impresa della piantagione finì nel 1945. Da questo, molti hanno dedotto che si dissolse pure la comunità italiana. Percezione assolutamente errata.

[27] Stibili, *Bandini*, 252, 253, 264, 267

[28] From Sunnyside Arkansas," *Greenville Times*, 9 luglio 1896

[29] Leo Belvedresi, anni 88, intervistato da Amalite Rocconi Fratesi, 1979. Vedere "As They Journeyed", in questo libro.

[30] Gigia Sampaolesi Pieroni, intervista con l'autrice, 1994.

[31] Libby Borgognoni, "Elenco Cronologico," *Priests Serving Our Lady of the Lake Catholic Church from 1866 to Present,* Our Lady of the Lake Church and Italian Museums, Lake Village, Arkansas.

[32] Stibili, *Bandini*, 272

Anche se agli italiani fu consigliato di abbandonare la zona, sono molto grata ai molti che persevera-rono e decisero di rimanere mentre altri ritornarono, ed altri ancora continuarono a stabilirsi quaggiù. Oggi, Lake Village (Sunnyside) rimane una delle più vivaci comunità italiane d'America.

Il Loro Viaggio verso l'America

*S*ul perché e quando gli italiani viaggiarono verso l'America, si sono sviluppate molte storie affascinanti. Molti racconti familiari sono stati tramandati di generazione in generazione, spesso con passaparola, per cui molti fatti appaiono confusi, alcune informazioni contradditorie con ciò che sappiamo dai documenti ufficiali (come le accuse a Corbin per cose accadute dopo la sua morte). Siamo stati attenti a utilizzare le migliori fonti storiche disponibili, dando allo stesso tempo onore e rispetto ai ricordi di chi visse in quel periodo, e a coloro che hanno condiviso le preziose memorie personali dei loro cari.

Aguzzi

Dai documenti di Ned Julius Aguzzi:

Nell'anno 1895 Alessandro Aguzzi con la moglie Maria Bastianoni Aguzzi e quattro figli (Adele, Francesco, Vincent e Nazzareno / la figlia Rosa nacque in America nel 1902/), Giovanni (John) Biondini e sua moglie Anna Aguzzi Biondini e sei figli (Ned, Mary, Joe, Rose, Adele e Frank), e Maria Aguzzi Micci e quattro figli (Ernest, Vincent, Joe e Frank) arrivarono in America a bordo di un mercantile che di solito era adibito al trasporto di merci e bestiame.

La famiglia di Alessandro e Maria Bastianoni Aguzzi arrivò al porto di New Orleans a bordo dello *Chateau Yquem* il 29 novembre 1895, diretta a Sunnyside, Arkansas. Eravamo tutti sistemati in uno stanzone senza privacy. Arrivammo a New Orleans, Louisiana il 29 novembre 1895. Andammo a Greenville, Mississippi, e attraversammo il fiume Mississippi su un traghetto per andare in Arkansas. All'arrivo, le nostre case erano tutte ammobiliate. Le case avevano da due a quattro locali con sedie, tavoli e letti.

Ciascuna famiglia aveva la propria casa. Le nostre famiglie coltivavano la terra con un contratto ventennale e un pagamento annuale prima di diventare proprietari della terra. Nell'emporio lavoravano il signor Pierini e il signor Alpe che registravano i nostri pagamenti. Dopo due anni di lavoro sotto questo contratto, decidemmo che si pagava troppo per la terra, restituimmo il contratto e coltivammo la terra a mezzadria per un anno.

La famiglia di Alessandro Aguzzi e Maria Bastianoni. Da sinistra a destra: Adele, Rosa, Francesco "Frank," Giulio "Ned Julius," Alessandro e Vincenzo (Vincent).

Fotografie e documenti della famiglia Aguzzi

Poi una decina di famiglie decise di trasferirsi a Tontitown, Arkansas, e una quindicina di famiglie si trasferì a Shelby, Mississippi. A Shelby andarono gli Aguzzi, Galassi, Checcacci, Biondini, Micci, Grassi e Busti. Interprete e leader del gruppo era Charles Curcio. Abbiamo vissuto a Shelby per due anni. Nel 1901 gli Aguzzi e le famiglie di Ned e Jim Mazzanti si trasferirono a Merigold, Mississippi dal signor Lee. Le famiglie di John Biondini, Mary Micci (e figli) e Checcacci si trasferirono a Greenville, Mississippi dove comperarono terreni. Nel 1902 le famiglie di Ned e Jim Mazzanti e Grassi se ne andarono da Merigold, Mississippi per tornare a Red Leaf, Arkansas. Gli Aguzzi traslocarono a Greenville nella proprietà di John Biondini dove vissero per tre anni, trasferendosi poi nella proprietà del signor E. R. Wertham per un anno, e in quella del signor Bell per tre anni. Nel 1906 il signor Tirelli (NdT: Adelelmo Luigi Tirelli, nato a Carbonara Po, Mantova, fu procacciatore di manodopera - soprattutto lombardi – destinata al Mississippi Delta, condannato in Italia per le sue attività illegali) di Vicksburg, Mississippi e il signor Jim Roselli (di Greenville, Mississippi – interprete e agente italiano) ingaggiarono 20 famiglie per andare e lavorare in fattoria a Heathman. L'interprete era Ned Biondini. Una quindicina di famiglie andò a Glen Allan, Mississippi dove Frank Micci fungeva da interprete.

Durante l'anno 1908, sette famiglie arrivarono a Cleveland da Lamount, Mississippi. Nel 1909, Alessandro Aguzzi, Ralph Pettinari, Joe Pettinari, John Checcacci, Serafino Sartini e Ned Agostinelli si trasferirono a Cleveland da Greenville. Noi vivevamo sulla terra di Mel Crews. Il signor Doty (cognato di Mel Crews) affittava la terra che coltivavamo dal signor Crews. Lavorammo con un contratto scritto per un anno, i sei anni successivi con un contratto verbale. Il signor Doty era persona buona, di fiducia, onesta, e gran lavoratore. Pur essendo benestante, veniva ogni inverno a Cleveland ad aiutarci a scavare fossati e a mantenere il posto in ordine. Nel 1916 comprammo 200 acri (81 ettari) a Shaw, Mississippi in una località conosciuta con il nome di "Cattle Gap Place." Tuttavia, non abbiamo voluto trasferirci a Shaw, e fu così che li comprò Ned Durastante.

Nel 1918, l'avvocato Thomas ci prestò il denaro per effettuare il pagamento di 140 acri (57 ettari) di terra, oggi nota come Yale Extended, a Cleveland, Mississippi.

Alpe

Alessandro e Albina Bruni Alpe partirono per Sunnyside l'8 novembre 1895 a bordo dello *Chateau Yquem* con i figli (Camillo, Bernardo, Rosa, Silvio, Giuseppina, Margherita, Marco e Marcellina). L'ultimogenito, Guerrino, nacque a Sunnyside. Alessandro, non solo coltivava cotone ma contabilizzava i conti degli italiani presso la Sunnyside Company. I figli Silvio e Marco facevano gli interpreti per gli immigranti.

Alessandro e Albina Bruni Alpe

La famiglia Alpe proveniva da Recoaro Terme, Vicenza, Veneto. Mentre tutti gli altri veneti se ne andarono da Sunnyside, la famiglia Alpe fu la sola famiglia veneta a restare nella colonia di Sunnyside dall'inizio alla fine.

Angeletti

Gasper ed Eliza "Liza" Baldi Angeletti arrivarono a Sunnyside da Montignano, Senigallia. Lei arrivò nel 1904, lui nel 1905. I due si sposarono a Sunnyside.

La fotografia qui sotto celebra il loro 50° anniversario di matrimonio. Da Sunnyside la famiglia si trasferì nella contea di Crittenden, Arkansas.

Due sorelle nacquero sorde. A suo merito, Ida Angeletti Bompressi (una delle gemelle) fondò una scuola per sordi a Memphis, Tennessee.

C'erano anche due gemelli maschi, Frank e John. È interessante notare che Kelsey Wright, una delle nipoti di John, sposò Brock Eskridge. I due si trasferirono a Lake Village, Arkansas ed ebbero un figlio, Rucks. Recentemente (giugno 2020) sono diventati proprietari del Lake Village Spirits Liquor, negozio di bevande alcoliche, sulla Highway 65/82 a sud di Lake Village.

Altri proprietari di piantagioni adottarono il modello Sunnyside e reclutarono italiani per coltivare la terra. A sud di Sunnyside, dall'altra parte del lago Chicot, gli italiani coltivarono la piantagione di Red Leaf finchè l'esondazione del 1912 non li costrinse ad andarsene via. Nel 1905, John M. Gracie importò italiani del nord a coltivare la sua piantagione a "New Gascony" nella contea di Jefferson, Arkansas. Nel 1911, 25 famiglie lavoravano per lui.

La piantagione Dockery vicino Marion, Arkansas (contea di Crittenden), dove c'erano condizioni di vita e di lavoro migliori rispetto a Sunnyside, attrasse un notevole numero di italiani. Molti erano alle dipendenze di Will Dockery, mentre altri lavoravano nelle fattorie vicino Marion. In seguito, alcuni avviarono negozi di generi alimentari e prodotti vari, ristoranti, negozi di scarpe, ed altre attività.

1949, la famiglia di Gasper e Lisa Angeletti a Crawfordsville, Arkansas.
50° anniversario di matrimonio di Gasper e Lisa. In basso, da sinistra a destra:
Frank Angeletti, Gasper ed Elisa "Lisa" Baldi Angeletti (genitori), John Angeletti –
Fila dietro: Irene Angeletti Baratti, Armond "Mando" Angeletti, Ida Mary Angeletti
Bompressi, Mary Grace Angeletti Bruno, Pete Angeletti e Geno Angeletti.

Bacialli – Elmi

Domenico Bacialli (46), sua moglie Julia Elmi (36), e i figli Luigi (18), Ida (12), Elvira (10), Maria (8), Giuseppe (5), Agostino (3), e la nipote Giuseppina Vitri (14) ricevettero i loro passaporti il 15 dicembre 1896 e salparono da Genova il 17 dicembre 1896 a bordo del *Kaiser Wilhelm II*. Da New York proseguirono per Sunnyside. Maria (che aveva allora 8 anni) parlava sempre della raccolta del cotone e dei familiari che a Sunnyside erano sempre ammalati di malaria.

Il primogenito, Ersilio (20), che faceva parte della guardia reale, non riuscì a ottenere il passaporto, rimase in Italia e mise su famiglia a Camugnano, vicino alla casa originale di famiglia di Carpineta, provincia di Bologna.

La famiglia di Domenico Bacialli se ne andò, come altre, da Sunnyside nel 1898 a causa delle condizioni in continuo deterioramento. Viaggiarono su un battello fluviale fino a St. Louis, Missouri, e in treno (vagoni merci) fino a Knobview (Rosati), Missouri. La fotografia di famiglia qui sotto è stata scattata nel 1905-1906.

Famiglia Bacialli

Bariola

Giovanni e Margherita Rosso Bariola (di Valli dei Signori, Vicenza) Arrivarono a Sunnyside nel 1895. (Conservano ancora la mappa originale e il contratto con Austin Corbin che mostra la proprietà che stavano per acquisire). Il 7 febbraio 1896 nacque Anna Teresa, la prima figlia di immigranti italiani nata nel nuovo mondo. Molti anni dopo, Anna Teresa Bariola Nobile amava sollevare con amore la preziosa coppa d'argento con l'incisione *Hannah Teresa Bariola – 1896*, e mostrandola ai figli diceva: "Questa fu data a papà e mamma

Da sinistra a destra: Giovanni Battista Bariola, Italiano Paolasini, Anna Bariola, Santo Rossini, Tony Bariola e Giulio Bariola. Cortesia Louise Bariola Ferris.

dal *"Padrone"* perché fui la prima bambina nata da immigranti italiani appena stabilitisi a Sunnyside." Nel corso degli anni portò sempre la coppa con sé. La spostò dal baule alla cassettiera (dove custodiva le forcine per i capelli e pezzi di nastro), e dopo la sua morte, il 27 marzo 1984, fu posta su una mensola di casa sua per onorarne le origini. Giovanni e Margherita Rosso Bariola andarono a Tontitown nel 1898 con Padre Bandini, dove nacque il figlio Julius. Vi rimasero due anni, poi tornarono a Sunnyside. Al loro ritorno, Julius fu battezzato nel 1905 da Padre Galloni. Gli altri figli si chiamavano Catherine, Anthony, Maria, Louise e Anna.

La coppa d'argento fu donata a John e Margherita Rosso Bariola in occasione della nascita della figlia Anna Teresa Bariola dal padrone della piantagione. Nata il 6 febbraio 1896, fu la prima bambina italiana nata da immigranti italiani nella piantagione di Sunnyside.

Belvedresi

Leo Belvedresi e suo fratello Amedio (Amedeo) arrivarono in America, si stabilirono a Eminence, una municipalità dell'Arkansas confinante con la piantagione di Red Leaf. Questa era vicina a Sunnyside sul lago Chicot e vicina al fiume Mississippi. Leo ricordava chiaramente le epidemie di malaria e febbri palustri. Leo era il padre di nove figli, e all'età di 88 anni coltivava ancora il suo orto, si occupava della casa e faceva anche il pane. Con una strizzatina d'occhio e un sorriso cordiale, disse così all'intervistatrice Amalite Rocconi Fratesi, "Tu fai le domande e io risponderò al meglio della mia memoria." Continuò così.

"Ricordo che Austin Corbin era il proprietario dui Sunnyside e viveva a New York. Si diceva che prima degli immigranti italiani, Sunnyside era stata coltivata da detenuti delle prigioni. Austin Corbin aveva dei manager nella piantagione, che a loro volta si avvalevano di interpreti italiani per tradurre le transazioni aziendali con i coloni italiani. Gli interpreti erano Marco Alpe, Duardo Paolasini, Augusto Catalani, Berto Pierini e Louis Mazzanti, che adesso sono tutti morti."

Dopo una breve pausa proseguì,

"E sai, subito dopo che la colonia italiana si era stabilita, Corbin morì. Allora, la gente si fermava a guardare i funerali. Era così triste. Il corteo funebre era composto da un mulo agganciato a un carro con il morto, seguito dai parenti stretti (2 o 3 o 4 o 5) con il prete, Padre Galloni a cavallo. Tutte queste vittime venivano sepolte in un cimitero, in un posto che chiamavano Back Hyner, al di là del lago, alcuni chilometri a nord di Sunnyside. Delle 300 famiglie e più di italiani, allora presenti, un terzo morì.

"Gli italiani erano pagati 4, 5, 6 centesimi per libbra di cotone (1 libbra pari a 0,454 Kg.). Se affittavi la terra, potevi affittare un mulo per la stagione della raccolta a $30.00 perché il colono non poteva permettersi il costo di un mulo a $300.00. Dopo il raccolto il mulo doveva essere restituito. Amalite, voglio che tu sappia che mio fratello Amedio ed io, in Italia, prima di venire in America, facevamo i pescatori. Sapevamo maneggiare ogni genere di imbarcazioni in acque calme, agitate e rapide. Nel 1912 quando successe la grande esondazione, salvammo cinque o sei famiglie di Eminence che stavano sui tetti. Con le nostre barche lavorammo notte e giorno. Abbiamo avuto le nostre difficoltà e le nostre sofferenze ma abbiamo passato dei bei momenti tra cui i nostri bellissimi matrimoni in chiesa, le nostre feste con musica, balli, banchetti e canti perché tra di noi c'erano musicisti e ballerini piuttosto bravi."

Fine 1800 – Raccolta del cotone

Biondini, Aguzzi e Micci

Il primo gruppo di immigranti arrivò dalle regioni Marche, Emilia e Veneto, tutte a nord di Roma. I discendenti dei Biondini ricordano che gli dicevano che c'erano due distinte personalità nella zona: loro erano i veri italiani (non i romani, siciliani, napoletani o calabresi) e non erano *mafiosi*. Essendo parte della grande Toscana, il loro era il posto della vera lingua italiana. Chi parlava toscano era ammirato a livello universale per la grammatica corretta, la dizione, e la bella cadenza del parlato. Le opere di Dante come pure il primo romanzo italiano moderno *(I Promessi Sposi)* furono scritti in dialetto toscano, che per gli italiani equivalgono a ciò che Chaucer e Shakespeare rappresentano al mondo di chi parla inglese in modo corretto. Indubbiamente, anche se molti non avevano mai letto una pagina di queste opere, erano tuttavia fortunati perché parlavano il più bello dei tanti dialetti italiani.

La seguente storia familiare è in corsivo per darle enfasi. *Il contratto con Corbin stipulava che gli americani dovevano garantire un viaggio decente fino a New York, assegnare le fattorie agli immigranti, e fornire loro 12 ½ acri (4.86 ettari) di terra coltivabile dopo 22 anni di mezzadria.* (Nota dell'autrice: 12 ½ acri dopo 20 anni).

L'opportunità di diventare proprietari di terra fu allettante per gli Aguzzi, i Biondini, e i Micci che vivevano in poderi in affitto, a 3 – 5 chilometri da Ostra, vicino Ancona. Le dolci colline dei piccoli villaggi erano punteggiate da case in pietra, e ogni centimetro di terra era terrazzato con cura per gli uliveti, i pergolati d'uva o per gli orti. Gli Aguzzi erano custodi e tuttofare del cimitero mentre le altre famiglie avevano dei piccoli orti, allevavano qualche pollo e ricavavano olio d'oliva dagli ulivi della loro terra. Il padrone prendeva la metà dei prodotti dell'orto, dei polli e due terzi dell'olio d'oliva.

Alessandro e Maria Bastianoni Aguzzi (con i loro figli Adele, Francesco, Vincent e Nazzareno), assieme a John Biondini a Anna Aguzzi Biondini (e i loro figli Ned, Mary, Joe, Rose, Adele e Frank) e la famiglia di Maria Aguzzi Micci (con i figli Ernest, Vincent, Joe e Frank) facevano parte del primissimo gruppo di italiani che salpò da Genova per Sunnyside a bordo del piroscafo *Chateau Yquem*. La modesta sistemazione promessa si rivelò essere una stanza nella stiva della nave dove diverse famiglie erano ammassate come animali. La qualità del vitto era scarsa e non c'era abbastanza spazio per tutti. Il viaggio in mare durò un mese e finì a New Orleans il 29 novembre 1895. Da lì proseguirono con un

Bill, Rose, Lizzie, Henry, Tony, Erman, Nonna, Nonno, Ned e Maria Biondini Fotografia scattata intorno al 1921

Famiglia

Biondini:

Frammenti

Ralph Pettinari; Memphis, TN (Fratello del nonno Giuseppe)

Casa Lanari a Salida, Colorado

Più o meno da dietro in avanti – da sinistra a destra: Raymond & Angie; il signor Post, Nonna, Lizzie, Henry, Gino Pirani, Ann Pettinari, zio Ralph Pettinari, Louie, Della, Rose, l'amico di qualcuno, Rose Post Lanari, la signora Post, Nonno, Carrie Post, il signor Lanari, la signora Lanari, Rose Pettinari, Delia Post, Tony, Guy Post, Bill, John Pettinari.

Giovanni Aguzzi e Anna Aguzzi Biondini Circa 1905

Dietro il bar. Da sinistra a destra: Joe Biondini, Fred Montesi, Ralph Pettinari (zio Pett), Ned (Nazzareno) Biondini. Il bar era sul retro del negozio.

Fratelli Biondini, generi alimentari e carni fresche, circa 1909. Angolo tra le vie Walker e Wilmington, Memphis, TN.

Rose e Domenico, Nazzareno Biondini, Nonna, Lizzie, Bill e Henry. Fotografia scattata nel 1910.

Negozio dei fratelli Biondini: Ralph Pettinari (zio Pett), Fred Montesi, Joe Biondini.

battello fluviale fino a Sunnyside. Due anni dopo, nel 1898, queste famiglie, insoddisfatte del contratto e delle condizioni, se ne andarono a Shelby, Mississippi. Da là si spostarono in altre parti dello stato, stabilendosi poi a Cleveland, Mississippi.

Col tempo, quasi tutta la famiglia Biondini si trasferì a Memphis, Tennessee. Nel 1909 i fratelli Biondini, Frank, Ned e Joe aprirono e gestirono il Biondini Brothers Grocery and Meat Market, (negozio di generi alimentari con macelleria). Nel retro del negozio c'era pure un bar. Frank si occupava dei generi alimentari, Joe della macelleria mentre Ned gestiva il bar. Tutti e tre abitavano sopra il negozio. In questo negozio lavorava pure Fred Montesi. Allora i generi alimentari venivano consegnati tramite un carro trainato da cavalli. Ned si trasferì a Colorado Springs, Colorado e nel 1914 comprò il Gray Front Grocery (negozio di generi alimentari). In questo negozio Madre Cabrini elemosinava cibo. (Nota dell'autrice: *Era una grande sostenitrice dei connazionali italiani immigrati in America, fondò un orfanotrofio femminile a Denver, Colorado, e fu la prima cittadina americana ad essere canonizzata santa, ed è la santa patrona degli immigranti*).

Lena (Anna) Biondini, arrivata in America nel 1903 con il fratello, il patrigno e il fratellastro, sposò in seguito Nazzareno (Ned) Sabbatini il 4 gennaio 1911. Ebbero sette figli e si stabilirono a Shaw, Mississippi.

Bonvini-Andreoli

Giovanni (John) ed Ersilia Andreoli Bonvini arrivarono da Genova a bordo della nave *Città di Milano*, diretti alla piantagione di Sunnyside dove vissero per dieci anni prima di abbandonare la piantagione e trasferirsi a New Haven, Connecticut.

La sorella di Giovanni, Maria Bonvini, arrivò in America e andò a Sunnyside assieme al fratello e sua moglie (Ersilia Andreoli Bonvini). Sposò Vincenzo Andreoli (fratello di Ersilia) che appare sulla lista passeggeri della stessa nave. La sorella di Giovanni sposò il fratello di sua moglie, Vincenzo.

Il tredicesimo censimento federale degli Stati Uniti del 1910 (qui sotto) indica che Vincenzo Andreoli (fratello di Ersilia) , come pure Giovanni, Ersilia Andreoli, Aldo (3 mesi), e Maria Bonvini risiedevano

13° Censimento federale degli Stati Uniti, contea di Chicot, municipalità di McConnell, Arkansas.

Da sinistra: John Bonvini ed Ersilia Andreoli si sposarono il 20 agosto 1905 a Mondolfo, Pesaro-Urbino.

Il primogenito Aldo nacque nel 1910 mentre risiedevano a Sunnyside.

Da sinistra: Aldo con il fratello Dino, nato nel 1920 a New Haven, CT.

La freccia indica Aldo, sassofonista nell'orchestra Carl Lehman

tutti nella municipalità di McConnell, contea di Chicot, Arkansas. In seguito lasciarono in blocco Sunnyside per ricollocarsi in Connecticut.

Ersilia Andreoli e Vincenzo Andreoli avevano un altro fratello, Vittorio Andreoli, che arrivò a Sunnyside a bordo della nave *Città di Napoli*. Vittorio sposò Margherita Alpe che gli diede 14 figli (inclusi 4 gemelli). L'ultimogenito fu Johnny Andreoli, vedi fotografia in alto a sinistra nella pagina seguente, con la madre (Margherita Alpe) e la zia (Maria Bonvini Andreoli).

*Maria Bonvini Andreoli
e Margherita Alpe con
Johnny Andreoli.*

Nell'ottobre 1917, Bob e sua moglie Ann Marie Bonvini vennero a Lake Village dal Connecticut per vedere dove avevano vissuto i nonni a Sunnyside. Quando visitarono l'Italians of Sunnyside Museum, indicarono sulla piantina della piantagione la terra comprata dalla famiglia. Corrispondeva ai lotti 31 e 32.

Borgognoni

Giuseppe Borgognoni nacque a Montemarciano, un *comune* confinante con Senigallia, Ancona. All'età di 15 anni, salutò i genitori, due fratelli e una sorella e salpò da Napoli per New York a bordo della nave *Massilia* che attraccò al porto di New York il 5 settembre 1902. Fece la traversata con la zia Elvira (Camilla) Borgognoni Cingolani fino a Sunnyside. In seguito Giuseppe visse con un'altra zia e con i cugini (famiglia Spaccarelli) che erano arrivati con il primo gruppo di italiani nel 1895. Più tardi, gli Spaccarelli si trasferirono a Cincinnati, Ohio. Giuseppe rimase a Sunnyside dove Padre F. J. Galloni celebrò le sue nozze con Marcellina Alpe. La coppia si spostò a Long Switch, Mississippi dove nacque la loro primogenita Dell. Indi se ne andarono a Brownsville, Texas per un anno, ritornando poi a Long Switch dove nacquero Mary, Corinne e Rose. Poi, tornarono a Sunnyside. Comprarono dei terreni dall'altra parte del lago Chicot, dove nacquero Ida, Gelia, Alex, Mack, Ann e Joe. che successivamente barattarono con la fattoria situata un paio di chilometri a sud di Lake Village dove nacque Tony, il loro 11° figlio.

*Giuseppe e Marcellina Alpe Borgognoni
– Fotografia del matrimonio 19 gennaio
1911 Chiesa di St. Anthony – Sunnyside*

In piedi: Marcella, Anne, Ida, Gelia, Rose, Corinne, Mary, Dell, Giuseppe
Davanti: Tony, Joe, Mack e Sonny.

Busti - Scucchi

La famiglia di Giovanni e Pauline Maggiori Busti e quella di Frank e Maria Morganti Scucchi si imparentarono attraverso il matrimonio di Johnny Scucchi e Zelmira Busti. Entrambe le famiglie vissero poi sulla 16th Section Road di Lake Village, Arkansas, lavorando la terra salvo Johnny Scucchi che divenne falegname. Nel 1898 i Busti andarono a Tontitown con un gruppo di Sunnyside ma in seguito ritornarono a Lake Village.

Johnnie Scucchi

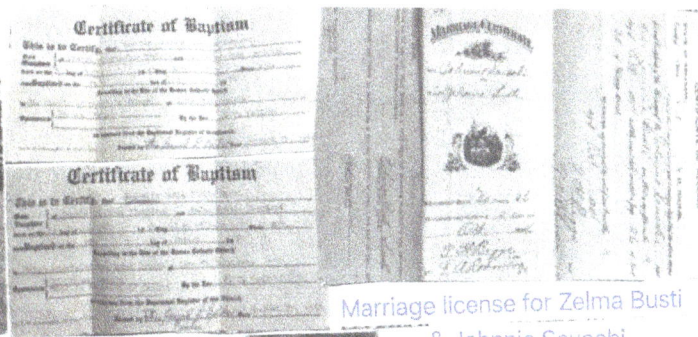

Licenza di matrimonio di Zelma Busti

Pauline Busti Maggiori e John Busti – genitori

Frank e Maria Morganti Busti

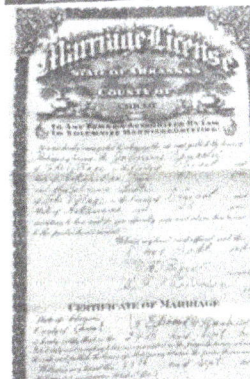

Infine, la famiglia di Giovanni e Pauline Maggiori Busti si stabilì sulla 16th Section Road di Lake Village accanto alla famiglia di Frank e Maria Morganti Scucchi. Una figlia dei Busti, Zelmira Busti sposò un figlio degli Scucchi, Johnny Scucchi. Con il matrimonio tra Johnny Scucchi e Zelmira Busti, i vicini Busti e Scucchi si legarono ancor più.

Catalani

Giuseppe Augusto (18) e suo fratello Nazzareno Catalani (10) arrivarono a Sunnyside nel 1896 da Senigallia, Ancona a bordo del *Kaiser Wilhelm II* attraverso Ellis Island. Sposarono due sorelle Alpe che abitavano a Sunnyside. Augusto sposò Rosa Alpe il 28 dicembre 1905 nella chiesa cattolica di St. Joseph a Greenville, Mississippi. Le nozze furono celebrate da Padre P. J. Korstenbrock. Nazzareno sposò Giuseppina Alpe il 3 febbraio 1908 nella contea di Shelby, Tennessee.

Per un periodo, i fratelli Catalani e le loro famiglie vissero a Jonesboro, spostandosi poi a Memphis, Tennessee dove aprirono il Catalani Brothers Grocery, (negozio di generi alimentari, dove si vocifera lavorasse Fred Montesi). In seguito ritornarono e comprarono dei terreni dall'altra parte del lago. Costruirono una casa a due piani con dieci stanze e un seminterrato, dove a un certo punto abitavano 22 persone. Per la coltivazione di 360 acri (oltre 145 ettari) utilizzavano tredici muli. Tra i vari prodotti coltivati c'erano cotone, granturco, soia, frumento e avena. Nel 1941 l'acquisto del loro primo trattore segnò la transizione dai muli.

Mary Lillian (suor Josetta), Ned, Adolf, Giuseppina, e Pierina Catalani

Casagrande

Luigi e Giselda Casagrande salparono da Genova il 14 dicembre 1905 a bordo della nave *Sicilia*. Arrivati al porto di New York proseguirono per la piantagione di Sunnyside. La loro primogenita, Enis Casagrande, nacque nella piantagione di Sunnyside nel 1907 mentre la seconda figlia, Clara Casagrande, vi nacque nel 1908.

Luigi e Giselda Casagrande. Fotografia scattata nel 1904 prima di immigrare a Sunnyside.

Il manifesto della nave Sicilia che mostra il passeggero Luigi Casagrande al N. 5

Cingolani

Giovanni e la moglie Rosa Belvedresi Cingolani, (vivevano a Marina di Montemarciano, Ancona) vennero in America, dopo un raccolto fecero ritorno in Italia, ma nel 1920 ripartirono per gli Stati Uniti. Tuttavia, dopo le esondazioni del 1927 ritornarono in Italia ma i loro figli, Mariano, Florio, Albina, Leopoldo e Ottavia Cingolani rimasero in America.

Le famiglie di Mariano e Florio Cingolani con la famiglia di Augusto Banchetti

I Cingolani e afro americani – raccolta e sollevamento dei sacchi di cotone.

La famiglia di Mario Cingolani mostra la tradizione italiana di raccolta del cotone.

D'Angeli

Nel 1904 Rosa Pagnini, la moglie di Cesare D'Angeli diede alla luce un figlio, Angelo a Pesaro, Italia; Rosa morì sei mesi dopo. In seguito Cesare si risposò con Alvida Giorgi.

Quando decisero di emigrare in America, a Sunnyside, Cesare aveva 32 anni, Alvida 23. A bordo della nave Angelo che aveva 18 mesi si ammalò gravemente. I medici della nave consigliarono al padre e alla matrigna di gettare il figlio Angelo in mare. Alvida si aggrappò al bambino e gli risparmiò la vita, evitandogli di finire nelle profonde acque dell'Atlantico. Angelo visse fino a 94 anni, morì a Lake Village. Ad un certo punto il cognome D'Angeli fu cambiato in De Angelo dal proprietario della terra, Sam Epstein, perché più facile da scrivere.

Cesare ed Alvida ebbero altri sei figli: Sara, Mary (Maria), Rosie (Rosa), Tina (Settima), Cesare (Chili) e Josie (Giuseppina).

Da sinistra a destra: Mary, Rosie, Angelo, Josie, Tina, Cesare (Chili), Ceja (Sara) e Angelo

Quando suo padre Cesare morì, Angelo aveva solo 15 anni; e Angelo dovette provvedere alla matrigna e ai suoi sei fratelli. Con solo un anno di istruzione formale, riuscì a completare quattro classi in un anno solo e a imparare a leggere e scrivere. Angelo sposò Lois Sims, che non era italiana. Lei, comunque, imparò a parlare italiano e cucinare benissimo all'italiana. Ebbero sette figli. Mary Elizabeth (Suor Maria Goretti) fu badessa del convento di St. Scholastica di Fort Smith per molti anni. Gli altri erano Santo, Paul e Andy; il figlio minore John David gestì il negozio "Sunflower Store" di Lake Village dall'età di 15 anni fino alla pensione. Ebbero un'altra figlia, Diana. La figlia più giovane, Regina D'Angeli Moyer dopo aver lavorato per lo stato dell'Arkansas aprì il Regina's Pasta Shop di Lake Village dove preparava la migliore pasta italiana e ogni piatto italiano immaginabile.

Jeremy Moyer (il figlio di Regina), Regina D'Angelo Moyer, Angelo e suor Maria Goretti.

Dolci

Serafino e Maria Dolci arrivarono a Sunnyside nel 1905 con il loro unico figlio vivente, Vincenzo, dopo aver perso in Italia 3 figlie, morte di difterite. Tragicamente, un altro figlio morì prima della loro partenza. Qualche anno dopo, Maria perse la vista, e Serafino la riportò in Italia per essere curata, lasciando il figlio Vincenzo in America. Siccome non parlava inglese, Vincenzo andava al ristorante e osservava ciò che la gente mangiava. Se sembrava appetitoso, si ricordava di quello che dicevano e lo ordinava allo stesso modo. Mangiava continuamente lo stesso piatto finchè si stancava, e a quel punto ne imparava un altro.

Domenichini

Genuino e Rita Sabbatini Domenichini arrivarono in America da Montese, provincia di Modena, con i figli (Primo, Attilio, Licinia, Lodovico e Beniamino), a cercare lavoro, con il primo gruppo di italiani a bordo dello *Chateau Yquem* nel 1895. Se ne andarono da Sunnyside nel 1896, stabilendosi prima a St. Louis, Missouri, e poi a Streator, Illinois.

Ferri

Nel 1895, Biagio e Maria Gabucci Ferri partirono da Pesaro per emigrare in America. Dopo aver lasciato Greenville, Mississippi diretti a Longwood, attraversarono una palude e udirono il gracidio di centinaia di rane. Non capendo che rumore fosse, tornarono spaventati a Greenville. Vissero per un po' a Longwood, poi si trasferirono ad Arcola, per essere vicini ad altre famiglie italiane, per poi procedere alla volta di Tribbett, Mississippi. Andarono quindi a Lake Village dove comprarono 200 acri (81 ettari) di terra sulla 16th Section. I loro figli si chiamavano, Joe, Ben, Albert, Victor, e Rosie. Biagio e Maria si spostarono prima a Boyle, e poi a Renola, Mississippi, proprietari di negozi in ambedue le località. Joe rimase a nord di Lake Village e lavorò per il dr. Henry (il sindaco) e per H. L. Hunt. (NdT: H. L. Hunt (1889-1974) fondò un impero miliardario partendo dalla speculazione sul cotone e poi sul petrolio. Sua la Hunt Oil Company).

I legami delle famiglie Floriani, Fedrizzi, Alpe, Tarsi e Piersantelli

Giovanni Battista Floriani nacque a Recoaro Terme il 23 settembre 1868 e morì nel 1937. Emma Rosa Fedrizzi nacque il 22 settembre 1877 e morì nel 1967. Giovanni prestò servizio militare in Italia. Emma Rosa faceva la cameriera ma mentre allattava il suo primogenito fece la balia per una principessa italiana. Mentre era a servizio dalla principessa, Rosa ebbe il privilegio di vestire come l'élite, di andare all'opera e a manifestazioni culturali. Il matrimonio di Giovanni ed Emma Rosa fu combinato dalle famiglie. Ebbero i seguenti figli: Benvenuto, Vincenzo, Mario, Cecilia (zia Chi Chi), Giovanni (Johnnie), Ida e Felice. Al loro arrivo in America, il 3 settembre 1904 a New York da Genova, Giovanni aveva 36 anni ed Emma Rosa 28; erano diretti a Sunnyside, dove la famiglia arrivò in treno.

Giovanni (John) Floriani)

1. Benvenuto sposò Cecilia Julia Scucchi il 16 ottobre 1920. Ebbero i seguenti figli: Lena che sposò Sam Sampoalesi, Herbert che sposò Mary Ellen Burnham, Joe che sposò Cecilia (Elda) Fratesi, Rosemary che sposò Delmar Jenkins, Katherine che sposò Tommy Rowe (morto nel 1970), e si risposò con Frank Casali, e Ben Jr che sposò Ann Cantrell.

2. Mario sposò Myrtle Hopper.

3. Cecilia sposò Serafino Santini.

4. Giovanni (Johnnie) non si sposò.

5. Ida sposò Tony Catalani.

6. Felice non si sposò e si traferì a Tontitown.

Carola Piersantelli

Carola Piersantelli venne in America nel 1905. Arrivò a Sunnyside con il marito Frank e il figlio John. Correva voce che Carola avesse perso la famiglia a causa di un incendio. Una volta vedova, Carola accettò di condividere casa sua con Giovanni ed Emma Rosa Fedrizzi Floriani e la loro famiglia, se l'avessero aiutata con la sua fattoria. La proprietà era situata all'incrocio della Highway 65 e 62 a Lake Village, Arkansas.

Il 4 aprile 1944, Benvenuto Floriani divenne cittadino americano. Benvenuto e il figlio Joe Floriani gestirono per molti anni una stazione di servizio, la Gulf Service Station.

Emma Rosa Fedrizzi Floriani nel suo ristorante situato sulla
Main Street di Lake Village, Arkansas. Anni Trenta.

Josephine Fedrizzi, sorella di Emma
Rosa Fedrizzi Floriani. Arrivò in
America nel 1906 e sposò Silvio Alpe.

Filippo Tarsi nacque nel 1859 e morì nel 1910. Rosa Marchetti nacque nel 1865 e morì nel 1958. Filippo e Rosa Marchetti si sposarono in Italia prima del 1902, e in quell'anno vennero in America con i seguenti figli: Emilia Tarsi (sposò Pacifico Fratesi), Luigi "Louis" Tarsi (sposò Mary Stignani), Ersilia "Celia" Tarsi (sposò Giovanni Balducci), Nazzareno "Ned" Tarsi (sposò Theresa Banchetti), Mary Tarsi (sposò Federico Taveletti) e Albina Tarsi (sposò Fred Sabbatini).

La famiglia visse dapprima a Sunnyside, poi si spostò in diverse fattorie del Mississippi. Filippo morì nel 1910 a 51 anni mentre sua moglie Rosa visse fino a 95 anni, e morì nel 1958. La figlia Emilia raccontava spesso storie riguardo alla traversata oceanica. La famiglia Tarsi era stipata sul fondo della nave assieme a molte altre famiglie mentre il bestiame occupava il livello più alto della nave. Da mangiare gli davano solo mele e banane.

A sinistra: la madre di Rosa
Marchetti a Senigallia.

Franceschini

Girolamo Franceschini e Maria Mandolini partirono per Sunnyside intorno al 1903 con i figli Augusta, Celesta e Louis (nato nel 1899). Augusta sposò Fred Fratini mentre Celesta morì nel 1915 di polmonite e (forse) di appendicite.

La famiglia Franceschini abbandonò l'agricoltura nel Delta, e intorno al 1917 si trasferì a Memphis. Louis entrò nel settore ortofrutticolo e dei generi alimentari con il cognato Fred Fratini mentre il resto della famiglia traslocò in una casetta in legno sulla Taylor Street, vicino a South Parkway e Kerr Avenue. A Memphis, Girolamo lavorò per la ferrovia, a spazzare vagoni merci fino al 1933, quando morì per una infezione da streptococco (non esistevano ancora gli antibiotici). Maria morì nel 1949.

Louis sposò Ida Pieroni nel 1921. La famiglia di lei comprendeva Giuseppe Pieroni, nato nel maggio 1861 a Montignano, alcuni chilometri a sud di Senigallia, vicino alle spiagge del mare Adriatico. Anche Louis e Ida, dopo aver vissuto a Sunnyside, si trasferirono a Memphis dove operarono nel settore dei generi alimentari. Louis morì nel 1981 e Ida nel 1996.

Il figlio, Louis Franceschini junior sposò Elizabeth Giannini nel 1949. Ida aveva due fratelli. Mario visse a Chicago, a Memphis lavorava come barista e in un negozio di generi alimentari. Humbert scoprì di avere la tubercolosi nel corso della visita medica per arruolarsi nell'esercito durante la seconda Guerra Mondiale, Gli consigliarono di andare in un clima secco e così si trasferì a Albuquerque, dove tuttora vivono i suoi discendenti.

Famiglie Pieroni e Franceschini – Fotografie e documenti vari

Fratini

Nazzareno e Maddalena Spaccarelli Fratini arrivarono nel 1903 con i figli Pasquina, Marietta, Giselda e Guerrino. Giselda sposò Alfonso Nodini e si trasferì a Crawfordsville, Arkansas dove si erano stabiliti Marco e Antonia Alpe, e molti altri. Intorno al 1910, Pasquina e altri Fratini rientrarono in Italia dall'Arkansas. Siccome il padre faceva il pescatore, si stabilirono tra Marzocca e Montignano, vicino al mare Adriatico. Nel 1912, Pasquina (che aveva sposato Romolo Galavotti) tornò negli USA. La nipote di Pasquina, Mary E. Bush è l'autrice di *Drowning and Planting*, parte di un romanzo su Sunnyside.

Fratini – Franceschini – Reginelli

Il pezzo seguente scritto da Steve Frattini riguarda i suoi bisnonni a Sunnyside:

Serafino Fratini e Speranza Reginelli emigrarono da Montignano con tre figli: Umberto (Bob) che aveva 10 anni, Alfredo (Fred) di 8 e Armando (Ollie) di 2. Arrivarono a Sunnyside nel 1895 con il primo gruppo di immigranti italiani. Nel Delta, ebbero poi altri cinque figli: Olinto (Linto), Egisto, Erma (Emma), Altesina (Rosie), e Lena.

Seguendo le tracce di altri italiani, andati via dopo la morte di Austin Corbin in un incidente stradale, Serafino cominciò a cercare un posto più vivibile. Portò la famiglia lungo il fiume Mississippi, a Friars Point. Fu qui che Speranza morì all'età di 47 anni. Era figlia di Antonio Reginelli, residente e Sunnyside dove fu riportata per essere sepolta con altri italiani nel

Serafino Fratini e sua moglie Speranza Reginelli

cimitero di Hyner. Rattristato dalla perdita della moglie, Serafino e figli si spostarono a Memphis, pochi chilometri a monte del fiume. Serafino trovò lavoro in ferrovia, dove lavorava sì duramente, ma la vita sulla Trigg Avenue era più sopportabile perché poteva contare sulla compagnia di altri immigranti italiani. Scavò una cantina nel cortile sul retro della casa, e faceva il vino. Nel tempo libero (soprattutto quando andò in pensione) si divertiva a dar da mangiare ai piccioni della Court Square di Memphis.

Girolamo Franceschini e Filomena (Maria) Mandolini emigrarono da Vallone di Senigallia con i loro tre figli: Luigi (Louis), Augusta e Celeste.

Arrivarono a Ellis Island nella primavera del 1905. Erano stati ingaggiati per la piantagione di Sunnyside. Dopo cinque anni, Girolamo e Maria si trasferirono a Memphis. Girolamo trovò

La famiglia Franceschini: Girolamo Franceschini, sua moglie Filomena (Maria) Mandolini con i figli Louis, Augusta e Celeste

lavoro allo scalo ferroviario di Memphis a spazzare i vagoni merci. Girolamo era una persona gentile di natura.

Il figlio Fred e Augusta Franceschini si sposarono a Lake Village nel 1910 per poi trasferirsi a Memphis per essere vicini ai loro genitori. La prima occupazione di Fred fu il trasporto di blocchi di ghiaccio su un carro trainato da un mulo. Inizialmente, Fred si sentiva angosciato perché non era in grado di chiedere indicazioni stradali ma il primo giorno di lavoro scoprì che il mulo conosceva ogni tappa del percorso. In seguito Fred trovò lavoro in ferrovia, ed infine avviò il Trigg Avenue Market. Durante la Depressione, Fred ed Augusta riuscirono a risparmiare $7000 e costruire la loro casa nel 1929. Ebbero sette figli: Romolo (morto alla nascita), Amelia (Mary), Adolfo, Adelio, Gloria, Margarite, e Fred. Nella zona di Trigg Avenue c'era una forte presenza italiana e il Trigg Avenue Market era un ritrovo popolare. In certi giorni si annusava il vino in fermentazione o la piacevole aroma del rosmarino, dell'origano, e la cucina del vecchio mondo delle case degli italiani. La casa dei Fratini era un ritrovo popolare mentre la bella chiesa di St. Thomas era l'orgoglio e la gioia dell'intera comunità. Gli artigiani che venivano dall'Italia stavano a casa dei Fratini e molti reduci della seconda Guerra Mondiale si fermavano prima a mangiare da Augusta.

Fred Fratini con la moglie Augusta Franceschini, Lake Village, Arkansas, 1912.

Trigg Avenue Market, Memphis, 1936. (Da sinistra a destra): Alfredo (Fred) Fratini e figli, Linto (macellaio), Adelio e Mario.

Antonio Reginelli e la moglie Rosa Guidicini arrivarono in America, a Sunnyside, nel 1902 con i loro quattro figli, tutti nati a Montignano. Silvano Aristide Reginelli era il primogenito; Edward Reginelli, nato il 14 febbraio 1887, morì a Pine Bluff, Arkansas il 26 settembre 1959; Enrico "Henry" Reginelli, nato il 9 marzo 1891, morì a Marion; Vincenzo "Vincent" Reginelli, nato il 4 marzo 1894, morì il 10 settembre 1986 a Lake Village, Arkansas.

Edward sposò Amalia Ruggeri. Lei era arrivata in America il 12 dicembre 1906 a bordo della *Montserrat* da Genova a New York, per poi proseguire per Sunnyside. La figlia Irma conobbe e sposò Julius Fratesi. I Fratesi erano venuti dall'Italia e si erano stabiliti a New Gascony, vicino Pine Bluff. Edward ed Amalia si trasferirono a Pine Bluff, sulla Commerce Road, una zona abitata da altri italiani. In seguito, tutti i Fratesi si trasferirono sulla Commerce Road di Pine Bluff.

Edward, Mary, Gus, la moglie Amalia, e Irma Julius Fratesi

Edward con la figlia Irma

Irma e Julius Fratesi

*1a fila: Eddie, Lorraine (Baby), Julia (Judy), Florence, Jean (Jeannie, Elizabeth Jane (Betsy).
2a fila: Gloria, James Edward, Amalia, Edward, Irma, Altesina (Mary), Mary Ann.
3a fila: Cecil, Rose, Julius, Carl, Cerda, Gus, Golena, Guido (Doc), James (Jimmy).*

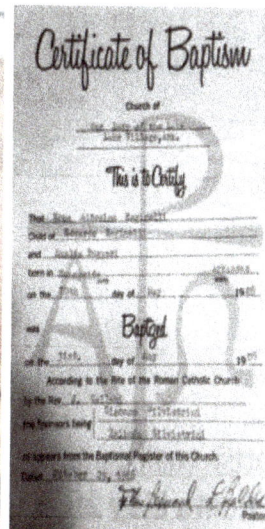

Edward Reginelli, Amalia (Rosa) Reginelli; certificato di battesimo di Irma

Antonio, il padre di Edward, morì a Sunnyside di cancrena causata da ustioni, e fu sepolto nel cimitero di Hyner. Nel settembre 2021 la sua lapide era una delle poche rimaste intatte.

Iedela (Adele) Carmalucci (?) Reginelli (moglie del fratello Silvano) morì nel 1902 di febbre gialla, e fu sepolta nel cimitero di Hyner; ci sono ancora frammenti della sua tomba. Successivamente, Silvano sposò Rosa Marcellini il 4 maggio 1904.

Silvano e Rosa Marcellini il giorno del loro matrimonio, 4 maggio 1904. Ebbero nove figli: Marie, Louis, Josephine, Theresa, James. Della, Melinda, Lena e Phillip.

Primo, il figlio di Enrico Reginelli con Filomena Biondini (madre di Rosa Marcellini).

Galassi · Biondini

La famiglia Galassi arrivò a Sunnyside nel 1896 con il secondo carico di immigranti italiani. Lì, trovarono un amico e consigliere in Giovanni Biondini. Nel 1897 i Bompressi partirono dalle Marche per unirsi a loro. I Biondini, Aguzzi, Micci, Checcacci, Busti, Mazzanti e la famiglia di Antonio Galassi, sopportarono tutti le difficoltà di Sunnyside e partirono nel 1898 con Padre Bandini per quella che sarebbe diventata Tontitown. Ma gli immigranti furono nuovamente sottoposti a condizioni di vita terribili. Non c'era la paura dei supervisori della piantagione che imbracciavano il fucile e minacciavano l'arresto ma la vita era primitiva. Durante il primo inverno, non c'erano case a sufficienza, e così due o tre famiglie dovettero stringersi tra di loro in una casupola, con le provviste introdotte dall'esterno.

Giovanni e Anna Aguzzi Biondini

Biondini conosceva Tony e Nick Curcio che avevano ottenuto buoni risultati nella piantagione di Charles Sessions a Friars Point, Mississippi, avevano imparato l'inglese e risparmiato abbastanza soldi per comprare un grande appezzamento di terra a Shelby, Mississippi. Ai primi del 1899, le loro famiglie si trasferirono a Shelby. Dopo diversi trasferimenti in cerca di migliori opportunità, gli Aguzzi, Micci e Checcacci comprarono terreni e si stabilirono a Cleveland, Mississippi. Le famiglie Mazzanti e Busti tornarono a Sunnyside mentre la famiglia Galassi risparmiò abbastanza soldi, e tornò in Italia dove comprò una casa e un pezzo di terra. Anche Giovanni Biondini e la moglie Anna Aguzzi ritornarono in Italia. Anna morì nel 1917, e Giovanni si risposò con Anna Ciarmatori. Nazzareno (Nad) Biondini, figlio di Giovanni sposò Maria (Mary), figlia di Antonio Galassi. I due andarono a Memphis dove Nad e i suoi fratelli aprirono il Biondini Brothers Grocery, negozio di generi alimentari: Nad, si ammalò di tubercolosi e si trasferì a Colorado Springs per farsi curare dove fu poi raggiunto da moglie e figli. A Colorado Springs si trasferirono pure le sue sorelle, Rosa Biondini Micci, Adele Biondini Pettinari e le loro famiglie.

Cesare Galassi con Adele Bompressi e i figli Cesina e Serio

Da sinistra:
Luigi Bompressi,
Giovanna,
Marino, Orazio
e Arduino

Da destra:
Giuseppe, Rosa,
Quintilio,
Leonello, e
Vincenzo Galassi

Nad Biondini, sua moglie Maria Galassi e famiglia. (In alto da sinistra a destra): William, Nazzareno (Nad), Maria, Henry. (In basso da sinistra a destra), Tony, Rose, Erman ed Elizabeth.

Grassi

Carlo Giuseppe Grassi nacque a Roma. Prestò servizio militare nell'esercito italiano per tre anni. Venne in America nel 1895 all'età di 23 anni, lasciando in Italia la madre, quattro fratelli e una sorella. Lavorò in segheria e costruì case a Sunnyside e Lakeport, Faceva pure il fabbro, operava le sgranatrici, faceva aratri e ruote per i carri. Sposò Katherine Silvestrini e si trasferirono a Merigold, Mississippi, dove nacque il figlio Victor. Indi, tornarono a Sunnyside dove nacquero Mary, Linda, Julia, Ella e Mario. In seguito, ritornarono in Italia dove vissero per un anno a Senigallia, provincia di Ancona. Qui ebbe i natali Geno. Da lì, ripartirono poi per New York dove nacque un altro figlio, Wille, prima di tornare nuovamente a Sunnyside, dove nacquero Clara e Melio. Clara morì di febbre gialla e fu sepolta nel cimitero di Hyner. Dopo la morte di Katherine, nel 1922, Carlo "Charlie" si trasferì a Lakeport.

Guidicini

Nel 1898, Giacomo e Maddalena Guidicini lasciarono Sunnyside con i loro figli. Louis aveva 14 anni e Maria 6. Fecero il viaggio fino a Knobview (Rosati dal 1930) con altre famiglie che se n'erano andate alla ricerca di un clima e di un suolo simile a quello italiano per poter coltivare uva.

Landi

Quando Cesare Landi arrivò dall'Italia via New York, New Orleans, la sola parola inglese che conosceva era "Coke", Coca Cola. In tasca aveva soltanto un quarto di dollaro e spese cinque centesimi per una "Coke." Landi, assieme ad altre tre persone, investì in un negozio di generi alimentari intorno a Holly Ridge, Mississippi. Malauguratamente faceva credito a tutti. Il che raggiunse $300.00 e perse tutto.

Malatesta

Giovanni Malatesta arrivò a Sunnyside nel 1895 con il padre (Mariano), la madre (Celeste) e i loro figli Nazzareno, Pietro, Virginia, Guerrino, e Giovanni. Celeste e un figlio morirono nel 1897 e furono sepolti nel cimitero di Hyner. Le condizioni di vita e le malattie erano così cattive che si spostarono al di là del Mississippi, sulla parte occidentale del lago Washington vicino Glen Allan dove si erano insediati altri immigranti italiani. Mariano e la figlia Virginia (maritata con Nazzareno Greganti) e i loro figli, ritornarono a Montemarciano, Marzocca, provincia di Ancona sul mare Adriatico. Giovanni sposò Maria Mangialardi nel 1913. Nel 1917, affittarono un appezzamento di terra a Shelby, Mississippi. In seguito, comprarono terra e per un periodo di tempo furono proprietari di una sgranatrice di cotone.

Mancini

Alfonso e Maria Mancini si erano stabiliti in California ma vennero a Lakeport dove costruirono un negozio vicino all'argine. Mentre Maria gestiva il negozio, Alfonso faceva l'agricoltore e allevava api, spediva poi miele e cera al nord.

Mascagni

Enrico Mascagni, vedovo, viveva con i quattro figli: Francesco (10), Timocenzo (9), Alba (7) e Giulio (4) a Medicina, provincia di Bologna. All'età di 40 anni prese la decisione di lasciare l'Italia e portare con sé la famiglia in America. Diede ascolto alle promesse di una bella casa, comodità, lavoro solo per pochi mesi, clima piacevole, opportunità di un'istruzione migliore ai figli, e alla promessa di poter possedere terra e di fare molti soldi in America. Nel 1896, in Italia c'era scarsità di lavoro, le tasse erano alte, le case di famiglia sovraffollate con poche possibilità di comprare terra. Percorse 215 chilometri da Medicina al porto di Genova per unirsi al secondo gruppo di famiglie che salpò il 14 dicembre 1896 a bordo del *Kaiser Wilhelm II.* Arrivarono al porto di New York il 29 dicembre 1896. Passarono la visita medica e l'ispezione legale nel Registry Room, Sala dei Registri, di Ellis Island. Viaggiarono poi in treno ed arrivarono a Sunnyside, contea di Chicot, Arkansas, il 2 gennaio 1897. Sia loro sia il gruppo di 100 famiglie giunte l'anno precedente, 1895, a bordo dello *Chateau Yquem,* avevano firmato un contratto con la Sunnyside Corporation per coltivare cotone per 22 anni. Dopo, sarebbero diventati proprietari della terra che coltivavano. La terra costava $160.00 all'acro (0,405 ettari), (allora un 50% più cara del prezzo corrente per la terra migliore della zona) con un interesse annuo del 5%. Questa terra era valutata $40.00 - $50.00 per acro ma appena $3.00 per terra incolta. Si poteva affittare la terra a $5.00 - $7.00 per acro. La vita era dura, lavoravano dall'alba al tramonto. Non conoscevano né la lingua né le abitudini di questo Paese, non avevano soldi e nessun potere per contestare le ingiustizie che erano costretti a subire. Dopo diversi anni, Enrico e i suoi quattro figli se ne andarono da Sunnyside in Mississippi. Tre figli morirono di malattia nel 1904 e 1905. Nel 1905, Enrico e il figlio Francesco (Frank) si ritrovarono soli.

La famiglia Gentilini arrivò in America nel 1907 e si trasferì a Sunnyside. Frank Mascagni cominciò a corteggiare la loro figlia Ida, e la sposò a Greenville, Mississippi. Lui aveva 21 anni, lei 16. Enrico, il padre di Frank, morì nel 1911. Allora, Frank aveva 25 anni. I Gentilini, i familiari di Ida, lasciarono Sunnyside per trasferirsi a Longwood, Mississippi. Da lì, si spostarono a Knobview (Rosati), Missouri, dove nel 1898 era emigrato un gruppo di italiani provenienti da Sunnyside. Frank e Ida Gentilini Mascagni ebbero sette figli. Si chiamavano Alma, Lena, Josephine, Henry (Buster), Mary, Sophie e Frank Jr.

Frank e Ida Gentilini Mascagni

Mazzanti

Nazzareno Mazzanti era persona agiata, impiegato in una amministrazione comunale nella provincia di Ancona, dove aveva delle proprietà. Venne in America, nel 1895, con la moglie Vittoria e i figli (Enrico, Charlie, Luigi, Giuseppe, e le figlie Augusta e Virginia). Comprò terra a Red Leaf e Ditch Bayou che fece coltivare a mezzadria da altri italiani.

Nel 1905, un agente che abitava ad Ostra, consigliò ad Antonio e Palmina Giombini Mazzanti di partire per i campi di cotone. Nel 1906 raggiunsero un amico che aveva della terra circa tre chilometri a sud della piantagione di Sunnyside. Un membro della famiglia racconta che da Sunnyside andarono a Isola, Mississippi dove una figlia, Isola (che vi era nata) prese il nome della località. Nel 1908 si spostarono per lavorare in una piantagione vicino Red Leaf di proprietà di Nazzareno Mazzanti (nessuna parentela). Fu qui che un'altra figlia, conobbe Enrico, figlio di Nazzareno. I due si sposarono ed ebbero 14 figli. Il figlio Egino e la moglie Franca raccontavano che nel 1917, quando abitavano a Lakeport, c'era stata una nevicata primaverile. Quella mattina, trovarono il loro baby, Vincent, rannicchiato nel suo lettino, con le mani piene di neve che il vento aveva spinto attraverso le pareti durante la notte. Egino fece poi l'ultimo trasloco nel 1920 nella fattoria, tuttora visibile, a Fairview.

Mazzanti

Giuseppe Mazzanti, venne in America, lavorò per sei anni in Connecticut, e tornò in Italia a 31 anni per sposare Anna Micci che ne aveva 20. Partirono per l'America durante la loro luna di miele, una settimana dopo la celebrazione del loro matrimonio, accompagnati dal fratello di lei, Massimo che aveva 18 anni. Arrivarono a Ellis Island il 25 settembre 1913, proseguirono via nave per Norfolk, Virginia, presero poi il treno, Old Dominion Train Line, per Cincinnati, Louisville e Memphis. Quindi Greenville, dove si imbarcarono sul traghetto per Sunnyside Landing. Un negro caricò i loro bagagli

Giuseppe Mazzanti, la moglie Adele Micci e i loro figli (da sinistra a destra): Italo, Delgizia (Dell) (Mazzanti), Valentino, Joseph Jr, Lena, Margaret, Marino (Mike), Peter, Victoria (Suor Concetta, O.S.B. – Ordine di San Benedetto), ed Edwin. Catherine nacque dopo lo scatto di questa fotografia.

su un carro per pochi spiccioli, e li portò a casa di Nazzareno Mazzanti a Red Leaf, dove rimasero per un po' ad aiutare a raccogliere il cotone.

Mazzanti-Rocconi

Amalite Rocconi Fratesi così descrisse la storia di questa famiglia: Pietro e Julia Mazzanti Rocconi abitavano a Ostra, e si fecero prestare 200 lire dal signor Achille Cuicchi per partire dall'Italia. Arrivarono in America durante la loro luna di miele a bordo del *Nordamerica*, nel 1904. Il viaggio durò 16 giorni, i biglietti costavano $54.00 l'uno, i bambini a metà presso. Pietro e Julia Mazzanti Rocconi trovarono dimora nella piantagione di Red Leaf, 2.000 acri (809 ettari) appartenente al signor Tony. Il signor Tony preferiva gli italiani, affidabili e grandi lavoratori. A Red Leaf aveva fatto immigrare 50 famiglie. Sunnyside (collegata con la piantagione di Red Leaf) impiegava 200 famiglie italiane. A mio padre furono dati 30 acri di bosco (poco più di 12 ettari) attraverso lo zio di mia madre, Nazzareno Mazzanti e sua moglie Vittoria, arrivati in America anni prima dei miei genitori. Nazzareno Mazzanti aveva un figlio di nome Luigi che aveva imparato a parlare inglese. Era lui l'interprete del signor Tony. Mio padre ripulì l'area boschiva e costruì una casa di quattro stanze con l'aiuto dei vicini e dei suoi due fratelli, Paolo (Paul) e Giuseppe (Joe).

Mio padre, che aveva prestato servizio nell'esercito italiano, era una persona intelligente. Sapeva fare molti mestieri, e costruì un'officina vicino casa. Riparava carri e aratri, affilava le punte del vomere, e costruì case per tutte le 50 famiglie italiane. Faceva pure le bare e le lapidi per chi moriva. La zia Vittoria faceva la levatrice, e fece nascere i loro figli. Mio padre fece il suo primo raccolto di cotone due anni dopo aver ripulito il terreno ma non seppe mai quante balle aveva prodotto o il prezzo ricevuto perché il signor Tony custodiva i libri contabili. Dovevano farsi prestare ogni centesimo necessario per poter vivere di anno in anno, sapendo di dover ripagare un grosso debito. Compravano muli, carri, e il seme necessario, tutto sul debito.

Mio padre, Pietro, lasciò la terra ai suoi fratelli che si accollarono il suo debito. Il signor Tony lo spostò al quartiere generale dove fu costruita un'officina. Assunse mio padre per fare il fabbro e il falegname per la piantagione di Red Leaf (2.000 acri – 809 ettari). Il quartiere generale era composto da un negozio di generi alimentari e vari, una sgranatrice, la bottega del fabbro, e dalle abitazioni dei manager. C'era un piccolo ufficio postale e un grande pascolo dove si tenevano centinaia di muli. C'erano fienili, stalle e la casa degli stallieri che accudivano muli e vacche.

L'anno 1912 fu chiamato "l'anno dell'acqua" poiché un'esondazione causò la rottura degli argini ad Arkansas City lungo il fiume Mississippi. Tutto questo indusse tutte le famiglie italiane ad andarsene, alcune si trasferirono in Mississippi, Chicago, Memphis, persino in Sudamerica.

Alcune si spostarono a Pine Bluff e New Gascony, Arkansas. Pietro e Julia Mazzanti Rocconi, con i suoi due fratelli Paul e Joe coltivavano a Red Leaf ma nel 1913 dopo un'esondazione se ne andarono prima a Memphis e poi a Ensley, Alabama. I suoi fratelli vendettero tutti i loro averi per $225, tra cui due muli, fieno, granturco e attrezzi agricoli. Nelle officine ferroviarie in Alabama, la paga era di $1.50 - $1.90 al giorno. Pietro guadagnava bene ed era contento. Comprarono 10 acri (4 ettari) di terra ad

Orlando, Florida, ma insoddisfatti si trasferirono a Sanford, Mississippi, per poi tornare a Red Leaf dove si stabilirono a Yellow Bayou.

Mio padre diceva che nel 1914 una famiglia campava con $7.00 al mese ma il costo di una pariglia di muli era $200 - $300. La terra era in vendita a $200-$300 l'acro (0.4 ettari). Poi, su tutto il denaro prestato, caricavano un interesse che variava dal 10% al 25%.

Nel 1920, dopo la prima Guerra Mondiale, molti agricoltori andarono in bancarotta perché trattennero il loro cotone per venderlo a $1.00 alla libbra (1 libbra pari a Kg. 0.453) ma il prezzo crollò di botto a cinque – dieci centesimi alla libbra. La Depressione arrivò nel 1929 – 1930. Il presidente Roosevelt fu eletto nel 1932. Fu lui che alleviò la crisi con la creazione di posti di lavoro e l'indennizzo agli agricoltori per non produrre. Il prezzo dei terreni si attestò sui $125 per acro.

Amalite Rocconi Fratesi con i suoi sette fratelli/sorelle (Da sinistra a destra): Amalite, Augusto, Angelina (al centro, dietro), Aldivio, Americo (accanto ad Aldivio), Arcangelo, Amalia e Angelo.

Pietro si guadagnava da vivere facendo il fabbro, il meccanico, e il falegname. Trebbiava il frumento e riparava attrezzi agricoli. Era anche considerato un mago nel progettare e costruire pezzi di arredamento, tagliava piccoli quadrati o rettangoli di legno che poi incollava per farne cornici, tavoli, cassapanche, armadi, letti, e così

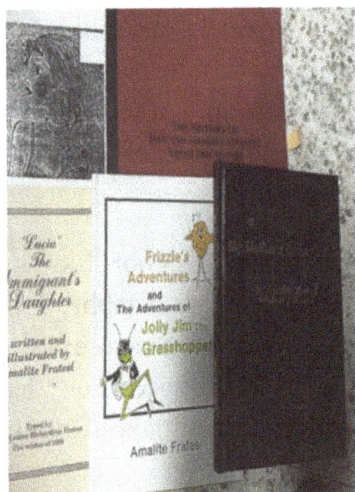

Libri di Amalite Fratesi

via. Questo era il suo passatempo dopo il lavoro quotidiano. Il prete che serviva Sunnyside e Red Leaf era allora Padre Galloni che suggerì di dare un nome a ciascuno dei loro otto figli che cominciasse con la lettera "A." Si chiamavano Angelo, Arcangelo, Aldivio, Americo, Augusto, Amalite, Angelina e Amalia. Tutti i ragazzi lavoravano in fattoria a Red Leaf, ed avevano pure un negozio di attrezzature agricole sulla Main Street (Strada principale) di Lake Village. Le ragazze erano bravissime in molte attività, e molto devote alla loro fede, case e famiglia. Amalite era talentuosa nell'illustrare e scrivere libri. Raccontava la storia della sua famiglia e scriveva storie riguardo gli immigranti, la loro fede, e le tradizioni italiane. Scriveva pure libri per bambini che trattavano di animali, e adorava scrivere commedie che poi metteva in scena per i vicini e in occasione di riunioni ed eventi della comunità.

Montiguti

A cavallo del secolo (1900-1911), Eli e Josephine Montiguti risiedevano a Sunnyside, in servitù debitoria. Avevano diversi figli: Teddy, Olive, Will, Mary e Jenny. Quando si trasferirono da Sunnyside in Mississippi accorciarono il cognome in Monty.

Nodini

Mary Bucci Bush partecipò alla celebrazione del Centenario che si tenne a Lake Village, 1-3 settembre 1995. È una scrittrice che ha pubblicato due articoli "Drowning and Planting" e "Planting," parte di un romanzo riguardante Sunnyside, dato alle stampe successivamente. Raccontava che i suoi bisnonni, Nazzareno e Maddalena Fratini arrivarono a Sunnyside nel 1904 con i figli: Giselda, Maria (Marietta), Pasquina, e Guerrino ma ritornarono in Italia nel 1910. La figlia Giselda sposò Alfonso Nodini (conosciuto anche come Cassi o Fracassi) nel 1907. Il registro della chiesa indica Fracassi o Cassi. Una nota scritta aggiunta nel 1917 dichiarò che il cognome esatto era Nodini. A Mary Bush fu riferito che in quella cerimonia si sposarono assieme tre coppie. E aggiunse: "Mia zia si sposò quando aveva davvero 14 anni ma sul registro c'è scritto 18. Questa zia e il Nodini rimasero intorno a Lake Village fin dopo il 1920, poi si trasferirono vicino a West Memphis. Il resto della famiglia Fratini se ne andò da Sunnyside nel 1910 dopo essere stata enumerata nel censimento di quell'anno. Mi hanno raccontato che Nodini fu adottato dai Fracassi e che lui aveva sempre cercato di trovare la vera madre; ecco perché l'hanno sempre scambiato per un Fracassi."

Tre figli dei Nodini appaiono in questo gruppo scolastico del 1921-1922

SCHOOL GROUP 1921-1922

1. La sesta bambina è Ermelinda Nodini

2. Il 15° bambino (il penultimo) è Jetulio Nodini

3. La quinta bambina è Marcella Nodini

Gruppo Scolastico 1921 - 1922

Prima fila, da sinistra a destra: Constance Avery, Bonina Alpe, Bobby Wilson, Katie Wilkerson, Maydell Wages, Ermelinda Nodini, Ellena Sartini, Anna Scucchi, Margaret Karam, Katherine Forte, Marie Carletti, Onelia Catalani, Travis Hicks, Jewel Mansour, Ermelinda Reginelli, Constance Cingolani, Ermelinda Mengucci. Seconda fila: Jimmy Karam, Joe Mazzanti, Mack Alpe, Tony Forte, Domenico Mengucci, Joe Baby Forte, John Mulligan, Ezio Nicolini, Duilio Cingolani, Bo Busti, Buster Ferri, Louis Alpe, Scott Dabney, Johnny Scucchi, Jetulio Nodini, James Arten. Terza fila: Ida Floriani, Zelmira Nicolini, Theresa Mengucci, Margaret Scucchi, Marcella Nodini, Rosa Reginelli, Little Theresa Reginelli, Victoria Cingolani, Valentine Banchetti, Mario Baratti, James Perry, Natale Carnevaletti, Flagett Elder, Quinto Nicolini, Mario Carletti, Big Theresa Reginelli. Quarta fila: Berto (Piasti) Ferri, Robie Scucchi, Settimo Reginelli, Augusto Reginelli, Pasquale Reginelli, Sammie Forte, Fiore Rossini, Mike Piersantelli, Victor Mazzanti, Olen Scott, Robert Forte, Gino Olivi. Quinta file: Suor Bridget, Lena Reginelli, Cesira Zucconi, Rosie Scucchi, Stella Alpe, Pasquina Nicolini, Vincenza Olivi, Suor Liguori, Suor Patricia, Rosie Forte, Rosie Ferri, Mary Busti, Nadina Sampolesi, Rosie Alpe, Camille Forte, Etherl Elder, Eliza Cingolani, Suor Magdalen.

Olivi

Avendo tirato a sorte chi dovesse partire per l'America, Sante e Adelina Pianelli Olivi e i loro cinque figli: Olga, Ersilia, Vincenza, Gino ed Elena lasciarono l'Italia il 12 ottobre 1913. Traversata a bordo della nave *Stampalia*. Rimasero a Red Leaf da amici per un po' di tempo. Qui Elena morì di febbre gialla. Poi, comprarono una fattoria cinque chilometri a nord di Lake Village, più o meno dove i figli e le loro spose si sarebbero stabiliti in seguito. Sante soffriva la lontananza dalla famiglia che aveva lasciato in Italia e nel 1930 morì di crepacuore. Adelina (chiamata pure Adele o Dell) divenne la matriarca Olivi, ricordata da tutti soprattutto perché portava ceste di verdura sulla testa.

Gino e Teresa Pettinari Olivi

Pettinari

Giuseppe Pettinari arrivò in America, a Ellis Island, il 13 aprile 1906 a bordo della *Manuel Calvo* all'età di 19 anni. La sua venuta in seguito al matrimonio combinato con Adele Aguzzi, a sua volta giunta a Sunnyside nel 1895, e trasferitasi poi con la famiglia a Cleveland, Mississippi.

Suo fratello, Raffaele Pettinari, che abitava a Cleveland, Mississippi pagò a Giuseppe il biglietto e le spese di viaggio. Al suo arrivo a Cleveland, Giuseppe incontrò il fratello Raffaele (Ralph) Pettinari e sposò Adele Aguzzi come concordato. Giuseppe ed Adele Aguzzi Pettinari ebbero poi sei figli. Suo fratello Raffaele sposò una prima cugina, Adele Biondini, e si trasferì in seguito a Colorado Springs, Colorado.

Giuseppe ed Adele morirono nel 1918, vittime dell'epidemia di influenza. Avevano solo 32 anni e morirono a distanza di sei mesi l'uno dall'altra. I loro figli, ancora piccoli, furono divisi tra due famiglie. Ida, Teresa, John e Angelo furono allevati dai nonni Aguzzi a Cleveland, Mississippi. Anne e Rose andarono a Colorado Springs dove furono cresciute dallo zio Ralph e dalla zia Adele Biondini Pettinari. Dopo la separazione, i fratelli non si videro più per 18 anni.

Joseph (Giuseppe) Pettinari 1905

Angela, Rose, Adele, Ida, Teresa. Giuseppe, Anne, e John

Petrolati

Prima di arrivare a Sunnyside nel 1903, Attilio Petrolati aveva lavorato in un teatro in Sudamerica. Nel 1906 sposò Matilda Mengarelli, e vissero nella piantagione fino al 1910, trasferendosi poi a Clarksdale, Mississippi fino al 1922.

Piazza

I Piazza lasciarono l'Italia l'8 novembre 1895 e sbarcarono a New Orleans il 30 novembre 1895, arrivando a Sunnyside il 4 dicembre 1895. La malaria devastò gli immigranti di questa piantagione. I sopravvissuti andarono alla ricerca di località migliori. I veneti si stabilirono a Tontitown, Arkansas, e gli emiliani a Knobview (Rosati), Missouri. I marchigiani rimasero a Sunnyside. Il nonno Gentilini andò a Longwood mentre il resto della famiglia lo seguì solo sei anni dopo, la vigilia di Natale del 1902.

Pierini

Umberto Pierini, uno dei primi coloni, fece affari reclutando italiani per la piantagione di Sunnyside. Lui e suo padre, Alessandro, residente a Montignano. provincia di Ancona, si diedero da fare per importare famiglie italiane. Assieme, furono responsabili per averne fatte venire qui molte.

Pirani

Antonio Pirani emigrò dalla zona di Senigallia, provincia di Ancona, a Sunnyside dove si unì ad altri immigranti della medesima provincia. In seguito fu raggiunto dalla fidanzata Ersilia Francescangeli che viaggiò accompagnata da Giuseppe, il padre di Antonio. I due arrivarono a New York il 24 dicembre 1919, e furono trattenuti a Ellis Island per alcuni giorni poiché Giuseppe fu posto in quarantena. Antonio ed Ersilia si sposarono in Arkansas.

Antonio Pirani e Ersilia Francescangeli

Nel gennaio del 1924, Antonio ed Ersilia si trasferirono a Marion, Arkansas per fare gli agricoltori e metter su famiglia. Ebbero sette figli (Lena, Adolf, Linda, Paul, Mary, Dino e Joe), tutti impegnati in agricoltura.

I figli Pirani: in alto, Lena. Fila centrale, da sinistra a destra: Ralph, Lina e Paul. Fila in basso, da sinistra a destra: Dino, Mary e Joe.

È interessante notare che nel 1995 *The Arkansas Cotton Farming Magazine* nominò i Pirani, la famiglia produttrice di cotone dell'anno. In quel momento la famiglia Pirani coltivava complessivamente oltre 25.000 acri (oltre 8.000 ettari) a cotone, soia, riso, frumento e sorgo. La rivista diceva: "La famiglia Pirani incarna l'etica americana del lavoro e riflette la fede, speranza, e amore della loro origine italiana. È gente di successo. Sono ottimi agricoltori e uomini d'affari."

Reginelli

Alessandro Reginelli era un cuoco del re (Umberto I, re d'Italia). Era sposato con Anna Polodori (Polidori), avevano dieci figli: Nanno, Pasquale, Settimo, Augustine, Americo, Settimia, Teresa, Philomina (Filomena), Mary e Rosa.

Rocconi - Fratesi

Amalite Rocconi Fratesi descrisse così la storia della famiglia:

Dopo il congedo dal servizio militare nell'esercito italiano, nel novembre 1905, all'età di 22 anni, Pacifico "Paciano" Fratesi partì da Napoli a bordo della nave *Città di Napoli* per raggiungere i genitori Elardio e Maria Fratesi a Sunnyside. Sbarcò a New York e proseguì in treno fino a Greenville, attraversò con il traghetto il Mississippi e camminò finché vide il forno esterno di una casa. Intuendo fosse di italiani, si fermò a casa di John Bariola che lo ospitò per la notte. Il mattino seguente agganciarono i muli al carro e andarono a casa dei suoi genitori.

Ercole e suo fratello Giuseppe Fratesi vennero in America con le loro famiglie nel novembre 1906. Fecero il viaggio in mare sulla *Queen Mary*, una nave vecchissima, al suo ultimo viaggio, ci volle un mese per la traversata atlantica fino a New York. A bordo c'erano 3.500 passeggeri di cui oltre 300 immigranti italiani. Alcune famiglie si sistemarono a New Gascony, altre a Sunnyside, Red Leaf, Eminence, Lake Village, Hyner, tutte in Arkansas. (*Nota dell'autrice riguardo a questo racconto – Secondo il manifesto della nave, Ercole e sua moglie Augusta Baiocchi arrivarono con i loro sei figli a bordo della "Perugia" il 5 novembre 1906*).

Ercole era sposato con Augusta Baiocchi, avevano sei figli, Nicola (Nick), Gaetano (Guy), Guerrino (Wine), Danelmo (Dan), Stellinda (Stella), e Teresa. Si stabilirono a New Gascony con 50 o 60 o più famiglie italiane per coltivare la terra del signor Gracie che possedeva 2.000 acri (809 ettari) di questa terra fertile del Delta. Il signor Gracie abitava a New York e la fattoria era gestita ed amministrata da diversi manager; uno di questi era il signor French.

Il signor Gracie, come da accordi, dava agli immigranti una casa dotata di letti, materassi, stufe, tavoli, e un mulo. A ogni famiglia venivano assegnati 20 o 30 acri di terra (8-12 ettari) secondo la dimensione della famiglia. Queste famiglie erano tenute a saldare il loro debito con i raccolti, con un interesse del 20% - 25%. La terra era ricca ed era normale ottenere due balle di cotone per acro senza alcun fertilizzante. Le porte e le finestre delle case erano prive di zanzariere.

Due dei loro figli, Gaetano (17) e la figlia Teresa (7) morirono di malaria pochi giorni dopo il loro arrivo. La terra non era drenata, le paludi e gli acquitrini erano infestati da zanzare. L'acqua cattiva causava febbri palustri.

Dopo aver vissuto a New Gascony per qualche anno senza essere riusciti a ripagare alcun debito, ci siamo stabiliti a Sunnyside, oltre un centinaio di chilometri a sud di New Gascony, vicino al Mississippi, dove si trovavano 200 o più famiglie italiane.

Altri italiani si stabilirono a Hyner dove c'era una scuola per i bambini e una maestra italiana che insegnava in inglese. Si chiamava Rosa Bastianelli ed era di Tontitown, Arkansas. Vicino al quartiere generale di Sunnyside c'era una chiesa con un prete italiano, Padre J. F. Galloni che aiutava le famiglie spiritualmente e assistendole quando erano in caso di difficoltà o problemi. Era una grande consolazione!

Un terzo della popolazione di Sunnyside morì di malaria o febbre palustre, e fu sepolta nel cimitero che allora veniva chiamato Black Hyner.

Augusta Fratesi faceva la levatrice e aiutò a nascere la maggior parte dei bambini italiani di New Gascony e Sunnyside. In seguito diventò la levatrice di tutti i bambini italiani di Pine Bluff, Arkansas. Era nota per non aver mai perso né un bambino né una madre. Le famiglie la pagavano con un paio di polli o con la stoffa per fare un vestito ma talvolta niente di niente. Era una gran signora, un muro di pietra. *(NdT: Stonewall Jackson nell'originale. Il generale confederato Thomas Jackson fu soprannominato "Muro di Pietra" per la sua eroica resistenza il 2 luglio 1861 contro l'avanzata unionista).* Augusta preparava un unguento mescolando zolfo e sego, ricavato dalla macellazione dei maiali, per curare le irritazioni cutanee tipo sfregamenti e scottature.

In Italia, Ercole (il marito di Augusta) faceva lo stalliere addetto ai buoi, in America ai muli. La loro permanenza a Sunnyside fu un fallimento anno dopo anno. Distrutti, nel 1913, si trasferirono a Pine Bluff. Là gli italiani stavano bene perché la terra era fertile, i prezzi buoni. Ercole ed Augusta riuscirono a dare un acconto per comprare 140 acri (48 ettari) di terra per $14.000

Amalite Fratesi (1973).

Dan Fratesi (1973).

Tra le altre famiglie italiane stabilitesi nella zona figuravano i Menotti, Belvedresi, Valerio, Tamboli, Eusepi, Ruggeri, Reginelli, Maiani e Silvestrini. Avevano tutti famiglie numerose, sopravvissute all'esondazione del 1927 e alla grande depressione del 1929-1930. Ercole si dedicò all'agricoltura assieme ai tre figli, Nick, Dan e Guerrino (soprannominato Wine).

Le famiglie Fratesi e Rocconi si imparentarono verso la fine degli anni Venti quando Angelina Rocconi sposò Wine Fratesi. In seguito, Amalite Rocconi sposò Dan Fratesi. Le due giovani sorelle Rocconi andarono ad abitare con i genitori dei mariti nella loro fattoria di 120 acri (oltre 48 ettari) a Pine Bluff.

Rossini

Gisleno e Angelina Alessandroni Rossini immigrarono in America nel 1900 con il figlio Santo di un anno, lasciando in Italia un vigneto di 60 acri (24 ettari) di proprietà della famiglia. Ebbero altri due figli, Edward e Fiore, e una figlia, Ida. Edward e Ida morirono di influenza all'età di 22 e 25 anni rispettivamente, a 12 giorni di distanza l'uno dall'altra. Dopo diversi trasferimenti, i Rossini si stabilirono nella presente fattoria fronte lago, e sono conosciuti per i loro vini e salumi italiani che condividono.

Primo e Maria Eusepi Ruggeri

Maria e Primo vennero in America attorno al 1908 a bordo della nave *Cecelia*. Il biglietto per New York costava $35.00, la traversata oceanica durò 22 giorni *(Nota dell'autrice: Secondo il censimento del 1920, Primo arrivò in America nel 1905 e sua moglie Maria Eusepi nel 1906. Una ricerca ulteriore indica che Maria arrivò dodicenne il 2 dicembre 1906 a bordo della nave Algeria. La nave su cui arrivò Primo non è stata confermata perché la nave sopracitata (Cecelia) non sembra sia mai esistita)*. The Arkansas County Marriages Index (Il registro dei matrimoni delle contee dell'Arkansas) annota il loro matrimonio in data 8 febbraio 1912 nella piantagione di Red Leaf, Arkansas. Dopo le nozze si stabilirono per qualche anno a New Gascony, Arkansas per poi traslocare a Sunnyside. A Sunnyside il trattamento era simile a quello di New Gascony. La malaria e le febbri palustri uccisero un terzo degli italiani. I dottori andavano di casa in casa, a cavallo, con queste medicine: calmarx *(NdT: per calmare i dolori)*, chinino, e castol (olio di ricino).

Primo raccontava: "Non tenevamo la contabilità, non sapevamo né leggere né scrivere, e il signor Gracie e Austin Corbin se ne approfittarono. *(Nota dell'autrice: Austin Corbin morì nel 1896; il riferimento è probabilmente rivolto al suo erede George S. Edgell o successori)*. Si lavorava sodo, dall'alba al tramonto in mezzo a zanzare, acqua cattiva, sudore e lacrime. Anno dopo anno non si guadagnava abbastanza per pagare i debiti. Padre Galloni, il nostro prete, ci incoraggiava a comprare la terra a credito. "Forse, in questo modo, diceva, non potranno portarvi via tutto."

Primo rievocava: "Dopo il raccolto, mio papà tentò di affittare la terra. Caricammo le nostre balle di cotone sul carro e tentammo di vendere il cotone per conto nostro a Greenville, Mississippi. Sapevamo che al di là del fiume pagavano due o tre centesimi in più alla libbra. Il manager della fattoria di Austin Corbin *(Vedi la nota dell'autrice, sopra)* ci fermò bloccando la strada e puntandoci il fucile. Tutte le famiglie italiane si scoraggiarono e abbandonarono Sunnyside. Sono venuto a Pine Bluff quando le cose cominciavano a cambiare. In quel momento Roosevelt diventò presidente del nostro Paese. Mary ed io abbia o lavorato e faticato per crescere i nostri tre figli e per quanto abbiamo ottenuto. Grazie a Dio, non soffro di niente."

Sampaolesi (vedi sotto la nota sulla grafia)

Nel 1911, causa le pessime condizioni economiche, Nanno e Annunciata Sampaolesi mandarono la figlia Gigia di tre anni in Italia per esservi cresciuta. Nel 1921 a Gigia fu chiesto di tornare in America, la sua esperienza fu traumatica. A Ellis Island, ebbe dei dubbi quando le indicarono l'uomo che le dissero essere suo padre. Non se lo ricordava; non fu molto felice di andare con lui a Lake Village. In Italia aveva vissuto in un bel posto mentre era tornata in mezzo a fango e polvere e tempi duri.

Nota dell'autrice: Sampaolesi è la corretta grafia italiana confermata dai documenti ecclesiastici. Tuttavia, la grafia è cambiata in seno alle varie famiglie: Sampolesi, Sampoalesi, e Sampaoloesi.

Siena

La famiglia Siena ha un mistero irrisolto. Nel 1903, la famiglia di Alessandro Siena viveva a Sunnyside. Nel 1906, Nazzareno Siena era a Sunnyside da sette anni ovvero dal 1899. Lui e la moglie Flavia avevano due figlie (Leontine e Mollie) e un figlio (Sergio). Quando lui e la sua famiglia si trasferirono da Sunnyside a Lake Village, presero in affitto una casa a due piani a circa tre chilometri dalla città sulla vecchia Highway 65. Il signor Bunker (che aveva costruito la casa) diceva di averla fatta di legno perché la lamiera costava troppo.

Un giorno che il signor Siena era andato nei campi, fu trovato morto con la gola squarciata. Non fu mai trovata l'arma del delitto e nessuno seppe mai che cosa fosse successo. Alcuni sostenevano che si era suicidato. Tuttavia, setacciando la zona, non trovarono nessun coltello o un'altra arma. Si concluse che era stato ucciso ma l'assassino e l'arma del delitto non furono mai trovati. Dopo la morte del padre, Mollie se ne andò a Chicago dove fece la modella. In seguito lavorò come segretaria in diverse grandi compagnie come la IBM. Si sposò poi con un certo Walsh, divorziò ed ebbe una bambina, Sheila Ann.

1940. Mollie Siena il giorno del conferimento del diploma di scuola media superiore.

Siena – Tamboli

Heather Barella che vive a Wheaton, Illinois vicino Chicago ha trovato l'album e le foto di famiglia del bisnonno; eccone la storia:

Abbiamo sempre sentito parlare di Sunnyside, Arkansas dove i miei bisnonni si erano conosciuti ed avevano vissuto prima di stabilirsi a Chicago. I miei bisnonni si chiamavano Giovanni e Rosmunda (Tamboli) Siena.

Sunnyside, 27 aprile 1905. Matrimonio di Giovanni Siena e Rosmunda Tamboli. In mezzo la sorella di Rosmunda, Maria.

Secondo la documentazione in suo possesso, Giovanni Siena arrivò in America da Senigallia, da adolescente, nel 1899. Rosmunda Tamboli arrivò in America da Senigallia nel 1904, con i genitori Nazzareno e Sperandia Pieroni Tamboli e i suoi fratelli Gismondo (18) Ruggero (12) e Maria (5).

Sia Rosmunda sia la figlia Mary Siena (mia nonna) amavano raccontare la storia dell'incontro tra Giovanni e Rosmunda (i genitori di Mary) in Arkansas. Si era nel mezzo della notte, fuori c'era un temporale tremendo. Un vicino bussò alla porta della casa dei Siena, supplicando che qualcuno lo aiutasse ad andare a prendere la levatrice del posto. Giovanni (allora adolescente) partì subito a cavallo in mezzo alla furiosa tempesta fino alla casa della levatrice. La levatrice era Sperandia Tamboli. Appena entrato in

casa di Sperandia, notò sua figlia che dormiva in una stanza sul retro. Giovanni, bagnato fradicio, scrutò quella bellissima ragazza e pensò immediatamente: "Questa è la ragazza che voglio sposare:"Quella ragazza era Rosmunda. Lei e Giovanni si sposarono felicemente il 27 aprile 1905. La cerimonia fu officiata a Sunnyside da Padre Joachim Galloni. Padre Galloni sposò pure i fratelli di Rosmunda: Gismondo con Maria Magnini nel 1907, e Ruggero Tamboli con Gismonda Greganti nel 1913.

Secondo il censimento federale del 1910, Giovanni e Rosmunda abitavano a Sunnyside con il primogenito Nazzareno. Dividevano la casa con il fratello di Rosmunda, Gismondo Tamboli, sua moglie Maria e il loro primogenito, Gino. Poco tempo dopo, si trasferirono a Chicago dove nacque il secondo figlio, Secondo, nel 1915.

Questa copia del certificato di matrimonio di Giovanni Siena e Rosmunda Tamboli indica che lui aveva 19 anni, lei 20.

Sinistra: Matrimonio di Giovanni e Rosmunda Tamboli Siena, officiato a Sunnyside da Padre Joachim Galloni il 27 aprile 1905.

1911. Rosmunda con il primogenito Nazzareno.

La famiglia di Rosmunda: Nazzareno e Sperandia Tamboli con i figli Ruggero e Maria. Sunnyside e Lake Village Public Road.

Le famiglie Siena e Tamboli: da sinistra a destra, prima fila: Maria Siena (matrigna), Nazzareno Siena (padre dello sposo), Serafino Siena (fratellastro), Nazzareno Tamboli (seduto con il cappello, padre della sposa), Maria Tamboli (sorella della sposa). Seconda fila: Giovanni Siena (sposo), Rosmunda (Tamboli (Siena) (sposa), Maria Magnini (?), Sperandia Pieroni Tamboli (madre della sposa). Ultima fila: Ruggero Tamboli (fratello della sposa), Sconosciuto (forse Francesco Zoppini (?), Gismondo Tamboli (?) (col cappello, fratello della sposa).

La famiglia Siena: da sinistra a destra: Giovanni, Mary, (mia nonna, in braccio), Nazzareno, Rose, Secondo, e Rosmunda

Tamboli – Siena

Nazzareno Tamboli sposò Sperandia (Pieroni) Tamboli. I loro figli:

1. Geltrude sposò Francesco Zoppini in Italia.
2. Rosmunda sposò Giovanni Siena nel 1905 in Arkansas.
3. Gismondo sposò Maria (Magnini) nel 1907 in Arkansas.
4. Ruggero sposò Gismonda Greganti nel 1913 in Arkansas.
5. Maria si sposò e visse in Italia.

Giovanni Siena sposò Rosmunda (Tamboli) Siena. I loro figli:

1. Nazzareno
2. Secondo
3. Rose
4. Mary (Siena)

Mary Siena sposò Charles Daly ed ebbe due figli. Barbara (la figlia) sposò Stan Rachowicz ed ebbe quattro figli tra cui Heather Rachowicz Barella (io). Il figlio (anche lui di nome Charles) sposò Lynn e ebbe tre figli.

Spaccarelli – Candelaresi e l'Emigrazione a Cincinnati, Ohio

Pietro Spaccarelli nacque il 24 febbraio 1856 a Senigallia, provincia di Ancona. Il 3 giugno 1882 sposò Maddalena Rocchetti (nata il 20 luglio 1863). Nel 1895 vennero a Sunnyside con i figli Alfredo, Nazzareno e Filomena Chiara. Meno di un anno dal loro arrivo, ebbero un altro figlio, Giovanni, nato il 18 ottobre 1896. Anche se molte famiglie abbandonarono Sunnyside, gli Spaccarelli decisero di restare con i compaesani marchigiani. Nell'agosto 1898 mamma Maddalena rimase nuovamente incinta ma la felicità si tramutò in fretta in grande tristezza. Poco più di due mesi dopo, il 4 ottobre 1898, morì il marito Pietro. Mentre Maddalena era incinta, il 20 marzo 1899 morì la figlia Filomena Chiara di 5 anni. Poco dopo, il 15 maggio 1899, Maddalena diede alla luce un figlio che chiamò Pietro in onore del marito. Il piccolo Pietro morì tragicamente il 20 agosto 1900. Il marito e i due bambini furono sepolti nel cimitero di Hyner.

Maddalena Spaccarelli, circa 1920

Maddalena Spaccarelli con il bisnipote Steve Botuchis, 1949

Nel settembre 1902 Maddalena e i tre figli che le erano rimasti (Alfredo, Nazzareno e Giovanni) accolsero a casa loro il nipote di lei, Giuseppe Borgognoni. Era appena arrivato a Sunnyside, aveva 15 anni. Attorno al 1908 Alfredo sposò Marietta Candelaresi, e di lì a poco Giovanni sposò Marina Candelaresi (Due fratelli Spaccarelli si accasarono con due sorelle Candelaresi).

All'incirca nel 1911 gli Spaccarelli, i Candelaresi, e Giuseppe Borgognoni con la novella sposa Marcellina Alpe, si trasferirono a Leland (Long Switch), Mississippi.

Dai documenti di famiglia emerge che un anno dopo si trasferirono a Bryan, Texas, quindi a Brownsville, Texas in cerca di lavoro. Nel 1914, insoddisfatti di questi due posti, ritornarono in Mississippi.

Da sinistra a destra: Giuseppe Borgognoni, Alfredo Spaccarelli, Maddalena, Marina Candelaresi, Marcella Alpe, Marietta Candelaresi. Giovanni Spaccarelli (tagliato fuori).

Intorno al 1917 le famiglie Spaccarelli e Candelaresi decisero di andare a vivere a Chicago vicino al primo cugino paterno, Sante Spaccarelli. (In seguito alcuni Spaccarelli cambiarono il cognome in *Relli*). Mentre si dirigevano verso Chicago, gli Spaccarelli e i Candelaresi sostarono a Cincinnati a far visita al fratello Nazzareno Spaccarelli che vi si era stabilito tempo prima. Non proseguirono mai per Chicago come programmato. Nel 1919 li troviamo nella "Little Italy" di Cincinnati. Alfredo aprì il proprio negozio di generi alimentari. Quasi tutti i suoi familiari lavoravano con lui o in altri esercizi commerciali della zona. Oggi la maggior parte dei discendenti Spaccarelli e Candelaresi vive nell'area di Cincinnati.

Spanevello – Pezzelato · Zulpo

I documenti di famiglia in possesso di Patricia J. Baker, nipote di Gaetano Pezzelato, rivelano quanto segue:

Francesco Spanevello arrivò a Sunnyside nel 1895 con il primo gruppo di italiani a bordo dello *Chateau Yquem*. Aveva 83 anni. Con lui viaggiavano i suoi due figli e i nipoti: il figlio scapolo Stefano (27), il figlio Antonio (44) con la moglie Marianna (40) e i loro quattro figli – Alessandra (15), Martino (13), Domenico (8) e Angelina (4). Antonio e Marianna ebbero un'altra figlia, Ricca, nata a Sunnyside, Arkansas il 1° gennaio 1898.

Pietro Pezzelato nacque a Recoaro Terme, provincia di Vicenza e studiò da prete. In seguito lasciò il seminario e si sposò. Ebbe sei figli. Nel 1895. All'età di 71 anni, arrivò a Sunnyside a bordo dello *Chateau Yquem* con i figli più grandi, Gaetano (20) ed Emilio (14).

A bordo del medesimo piroscafo c'era anche Pietro Zulpo con la moglie Catterina e la figlia Maria. Tutte e tre le famiglie erano di Recoaro Terme, provincia di Vicenza.

Il piroscafo incappò in una violenta tempesta che lo portò fuori rotta e ritardò il loro arrivo a destinazione. Il piroscafo restò senza provviste, e ai passeggeri fu data la razione di una patata al giorno. Fu razionata anche l'acqua con conseguente disagio per tutti. Il 30 novembre 1895 il piroscafo attraccò a New Orleans. Destinazione finale Sunnyside.

La tragedia colpì subito le tre famiglie.

Per primo, Pietro Pezzelato morì di malaria sei mesi dopo, nel maggio 1896 all'età di 71 anni. Fu sepolto nel cimitero di Hyner. Secondo la tradizione familiare fu una delle prime vittime della febbre gialla a Sunnyside. Dei figli Gaetano ed Emilio si occuparono altri italiani.

Successivamente, Francesco Spanevello fece il suo primo raccolto a Sunnyside ma morì poco dopo all'età di 83 anni. Fu sepolto nel cimitero di Hyner nel 1897.

Alessandra Spanevello (17), la figlia di Antonio Spanevello, e Gaetano Pezzelato furono uniti in matrimonio da Padre Bandini nella chiesa di St. Anthony a Sunnyside il 12 ottobre 1896. Alessandra morì dieci mesi dopo dando alla luce due gemelli che morirono con lei. (Una tradizione di famiglia tramanda che Alessandra morì di febbre gialla *dopo* il parto). Tutti e tre furono sepolti nel 1897 nel cimitero di Hyner.

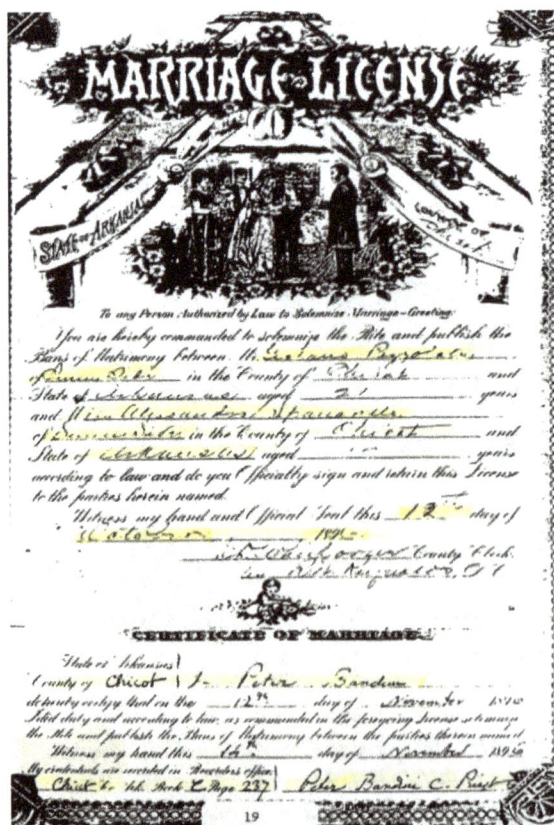

Certificato di matrimonio di Gaetano Pezzelato e Alessandra Spanevello

Poco dopo l'arrivo a Sunnyside di Pietro Zulpo, della moglie Catterina e della figlia Maria, Catterina rimase incinta. Il loro figlio Oreste Zulpo nacque il 17 gennaio 1897. Fu battezzato da Padre Bandini, ma purtroppo morì poco dopo a Sunnyside.

A causa di queste tragedie ed altri motivi descritti in questo libro, le famiglie abbandonarono Sunnyside durante l'esodo del 1898. Gaetano ed Emilio Pezzelato se ne andarono a St. James, Missouri assieme alla famiglia Spanevello, ed altre ancora. Da notare che le famiglie di Pietro e Tommaso Zulpo seguirono Padre Bandini a Tontitown. A Tontitown, Pietro Zulpo morì, e la moglie Catterina si trasferì a St. James, Missouri con la figlia Maria. Il 5 marzo 1900, Caterina Zulpo sposò Gaetano Pezzelato. Nel 1902 si trasferirono a Carondelet (quartiere di St. Louis) dove lui trovò lavoro in ferrovia. Insieme crebbero otto figli. Nel 1905 suo fratello Emilio si sposò con Elvira Baccialli con cui crebbe quattro figli. Negli anni Venti, Emilio aprì una bottega di generi alimentari che si ampliò poi in un supermercato di generi alimentari.

Altre informazioni raccolte e trascritte da un discendente della famiglia:

Martina Spanevello di St. James, Missouri (cugina di Angelina) ha scritto:

"Da New Orleans viaggiarono su un barcone lungo il corso meridionale del Mississippi fino a St. Louis. Da lì proseguirono in treno lungo il Missouri meridionale fino in Arkansas, e poi Sunnyside. (*Nota dell'autrice: La rotta reale fu Genova – New Orleans, quindi battello a vapore fino allo stato del Mississippi (Greenville), e poi Sunnyside, Arkansas*). Il loro compito negli Stati Uniti era raccogliere cotone, cosa che fecero a Sunnyside. La maggior parte degli italiani se ne andò da Sunnyside dopo due anni di lavoro. Le condizioni erano, a dir poco, pessime. Sunnyside era situata in una zona paludosa. La terra non si poteva lavorare. Le famiglie vivevano in tende. Erano troppo poveri per costruire un altro tipo di struttura." Martina ha continuato: "Non avevano soldi, non conoscevano la lingua, e nessuna faceva loro credito. Ma lavoravano sodo. Le condizioni di vita nelle zone paludose erano pericolose per la loro salute; ci furono epidemie di malaria e febbre gialla. Alessandra, la figlia di Antonio, morì di

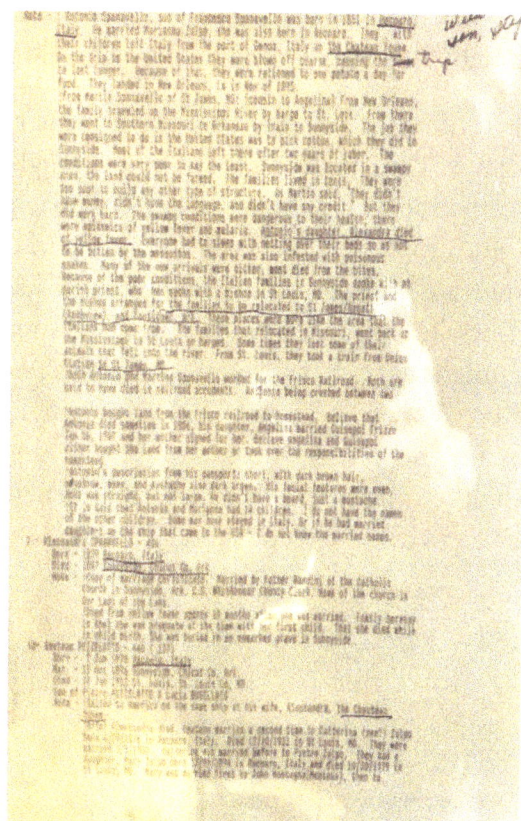

Documento con la storia di famiglia raccontata e trascritta da una discendente.

febbre gialla. Dormivano tutti con la zanzariera sopra il letto per non essere punti dalle zanzare. La zona era pure infestata da serpenti velenosi. Molti dei nuovi arrivati furono morsi; la maggior parte di loro morì per quello. A causa delle pessime condizioni, le famiglie di Sunnyside si confidarono con il prete della parrocchia che a sua volta parlò con il vescovo di St. Louis, Missouri. Il prete e il vescovo cercarono di ricollocare gli italiani a St. James (Knobview/Rosati), Missouri e Tontitown, Arkansas. Queste località erano più simili a quelle italiane da cui erano venuti. Le famiglie che si trasferirono in

Missouri, risalirono il Mississippi fino a St. Louis a bordo di chiatte. A volte persero alcuni dei loro animali, caduti nel fiume. Da St. Louis, presero il treno alla Union Station per St. James, Missouri. Sia Antonio sia Martino Spanevello lavorarono per la compagnia ferroviaria, Frisco Railroad. Si dice che entrambi morirono in incidenti ferroviari, Antonio schiacciato tra due vagoni."

Vitali · Bettocchi

Domenico Vitali (59) e la moglie Matilde Bettocchi (59) partirono con i figli Maria (18), Serafino (16), e Narcisa (20) da Genova il 21 dicembre 1902 a bordo della *S.S. Montevideo* che arrivò il 15 gennaio 1903 al porto di New York.

Zulpo – Bettale

Catherine Bettale fu a Sunnyside con i genitori, i Bettale, e tre fratelli. Il 3 novembre 1896 si sposò a Sunnyside con Attilio Zulpo.

La foto qui sotto in basso: da sinistra a destra: Pete Zulpo, Orazio Piva, Domenico Zulpo, e la moglie Teresa (Frizzo) Zulpo, Catherine Zulpo, Mary (Vitali) Zulpo con il marito Louis Zulpo. Gli Zulpo adulti (salvo Orazio Piva e Mary (Vitali) Zulpo arrivarono a Sunnyside con il primo gruppo. La famiglia di Domenico e Teresa fu una delle prime a stabilirsi a Tontitown. Nel 1900 tutta la famiglia si trasferì a Rosati. Le bambine della foto sono Josephine, Rose, Victoria e Virginia Zulpo, tutte figlie di Louis e Mary. Louis fu uno dei primi viticoltori di Rosati, il primo a possedere un'automobile; aveva un distributore di benzina sulla *Route 66* che si chiamava Grape View Station perché era circondata da molti vigneti.

Catherine Bettale e Attilio Zulpo

La famiglia Zulpo - Bettale

Italiani della Contea di Crittenden, Arkansas: i Radicioni, Baioni, Mengarelli, ed altri

Queste informazioni sono stralciate da: Paul V. Canonici, *The Delta Italians*, 2003, P. 133-138.

Nel 1921 Will Dockery, piantatore di cotone, avvicinò Mentore e Fermina Baratti per discutere del fallimento della sua fattoria nella contea di Crittenden. Anche se i Baratti coltivavano a Lake Village, vicino Sunnyside, andarono a visitare la fattoria di Dockery. In seguito, convinse altre sette famiglie italiane di Lake Village a spostarsi nella fattoria di Dockery. Queste otto famiglie comprendevano: Cesare Baioni, Pio Basilio, Ponzone Basilio, Enrico Marchetti, Alfonso Nodini, Nazzareno Sartini e Umberto Stupenti.

L'anno seguente si sparse la voce di nuove opportunità di lavoro nella contea

Da sinistra a destra: Diana Baioni Thompson, Patricia Baioni Baldi (nipote di Evelina Mengarelli Radicioni, nata a Sunnyside nel 1906). Fotografia scattata nel 1956-1957 a Earle, Arkansas.

di Crittenden, così nel 1922 arrivarono altre famiglie da Lake Village, Sunnyside, Red Leaf, Altheimer (vicino Pine Bluff), e da altre parti del Mississippi. Queste famiglie comprendevano Enrico ed Enrica Reginelli, Fred e Maria Baldi Brunetti, Gaspero e Lisa Baldi Angeletti, Nazzareno Baldi, Celeste Baldi, ed Aristide Marotti.

Continuarono ad arrivare altre famiglie tra cui quelle di Sam Morganti, Natale Francescangeli, Nazzareno Bramucci, Marco Alpe, Cesare Radicioni, Ezio Mengarelli, e John Marconi.

Ancor oggi molti discendenti di queste famiglie abitano nella contea di Crittenden, soprattutto nelle cittadine di Marion, West Memphis e Crawfordsville. Alcune famiglie sono migrate a Helena e West Helena, Arkansas o nella vicina Memphis, Tennessee dove si erano già stabiliti altri italiani provenienti da Sunnyside.

Da sinistra a destra: Evelina Mengarelli, Franchina (Catalina) Mengarelli. Seconda fila: Ezio (Eddie) Mengarelli, Umberto (Albert) Mengarelli, Adelmo (Dan) Mengarelli, nato a Sunnyside. (Umberto nacque in Italia tra il 1924-1925).

Molte altre famiglie hanno storie interessanti da raccontare. Noi speriamo che le tradizioni e le esperienze delle nostre "radici" saranno trasmesse ai figli delle generazioni future. Ringraziamo Dio per i nostri genitori e i nostri nonni che ci hanno dato un'identità – il nostro retaggio e cultura italiana.

La Madonna della Rosa a Ostra, provincia di Ancona, l'amata chiesa che si lasciarono alle spalle.

Viaggiarono dall'Italia verso i campi di cotone di Sunnyside

Albero genealogico

Aguzzi

Seduti, da sinistra a destra: Maria Bastianoni e Alessandro Aguzzi. In piedi, da sinistra a destra, i figli: Adele, Rose, Frank, Ned, Julius e Vincenzo, 1910.

I figli di Adele Aguzzi e Giuseppe Portinari, da sinistra a destra: Rose, Nonno Alessandro Aguzzi, Theresa, Nonna Maria Aguzzi, Johnny, Anne e Ida Pettinari.

Prima famiglia, dall'alto in basso: Ralph Pettinari, figlia, Della e Johnny. Seconda famiglia: Giuseppe e Adele Aguzzi, Anne e Ida.

Emilia Aguzzi, Ida e John Pettinari, 1929.

Ida Pettinari Avoltroni, 1917

Da sinistra a destra: Ida, Rose, Johnny, Theresa, Anne Pettinari, figli di Adele Aguzzi Pettinari.

1a generazione: Maria Bastianoni Aguzzi. Arrivata a bordo dello *Chateau Yquem*.

2a generazione: Adele Aguzzi Pettinari (assente nella fotografia) morì di polmonite a 32 anni.

3a generazione: Theresa Pettinari Olivi (a sinistra) e Albina Aguzzi (a destra)

4a generazione: Elizabeth Olivi (bambina).

Calendario d'amore

Poi ch'ebb'io l'onor sovrano
Di venire in vostra mano,
Breve insiem, succinto e vario
Ecco tutto un calendario:
Questo mese di gennaio
Passerà tranquillo e gaio.
Il febbraio certamente
Sarà dolce e sorridente.
Ed il marzo? il marzo poi
Sarà bello come voi!
Nell'april farfalle e fiori,
Vi diranno i loro amori;
Mille rose nel bel maggio
Vi verranno a fare omaggio.
Giugno e luglio passeranno
Senza noia e senza affanno;
Un amore ad ogni costo
Nasce sempre nell'agosto.
Il settembre à un fió fallace,
E l'amor non ci dà pace,   ᴇ-sᴇQUᴇ.

Nell'ottobre a poco a poco
Languirà d'amore il foco.
Nel novembre, ahimè! l'amore
Finalmente se ne muore.
Ma in dicembre, chi non sà
Che l'amore tornerà?

Pettinari Giuseppe

Questa poesia, "Calendario d'amore", fu scritta da Giuseppe Pettinari.

Alpe

Da sinistra a destra: Alessandro Alpe e Albina (Bruni) Alpe. Intorno al 1880.

Marcellina e Alessandro Alpe, 1910

Mary, Stella, e Bonina Alpe, 1925

Louis Alpe e Ned Mazzanti

Rosie e Mack Alpe

Silvio Alpe, primi anni del 1900

Albina Bruni Alpe

Marco e Antonio Alpe

Josephine Fedrizzi Alpe e Silvio Alpe, febbraio 1906.

Andreoli

Vittorio e Margherita Alpe Andreoli con
due dei loro quattordici figli

Henry Andreoli

Nelo Andreoli

Una coppia di gemelli Andreoli il giorno del battesimo

Prima fila, da sinistra a destra: Augustine Reginelli e Mike Pesaresi. Seconda fila, da sinistra a destra: Americo Reginelli, Nanno Sampoalesi, Ned Reginelli, Baptiste Pieroni, Pasquale Reginelli, e Augustine Pieroni.

Prima fila: Alfonso Nodini, Mario Alpe. Seconda fila: Luigi Zucconi, Silvio Alpe

Aureli

Secondo ed Elvira Massanelli, 1919

Filomena Aureli e Frank Lupo, 1915

Primo Aureli con la sua famosa fisarmonica, 1920

Isola e Lucy Mazzanti, 1922

Primo e Lucy Mazzanti a un matrimonio Aureli, 1922.

Matrimonio di Lena Aureli e Natale Carnevaletti, 1936

Da sinistra a destra: Seduti: Franco Magnini e Barbara Magnini Marconi. In piedi: Herman Marconi, Susie Magnini, e Floyd Marconi, 1936

La famiglia di Antonio e Palmina Giombini Mazzanti e figli, 1924

Le signore Tamboli ed Elvira Massanelli Aureli.

Angelina Romagnoli Carnevaletti

Bass Aureli

Filomena Aureli Lupo

Catherine Pedoni Aureli, Jo Ann Magnini e Gloria Aureli.

Prima fila, da sinistra a destra: Lena, Louis, Matteo, Catherine Pedoni, Joe.

Seconda fila, da sinistra a destra: Cesira, Mary, Bass, Primo, Filomena Aureli.

Da sinistra a destra: Ersilia Mazzanti e Vincent Reginelli, Primo e Lucy M. Aureli, Egino, Regetta e Franca Carnevaletti Mazzanti, Isola M. e Santo Rossini, Henry e Maria M. Mazzanti.

Louis e Stella Pieroni Aureli

Bruno e Rosie Ferri Carnevaletti

Bariola

Giovanni Bariola, Italiano Paolasini, ?,
Santo Rossini, Tony e Julius Bariola.

Margherita (Margaret) Giacomo e Giovanni (John) Bariola

Prima fila, da sinistra a destra: Catherine, Anthony, Maria.
Seconda fila, da sinistra a destra: Julius, John (padre), Margaret
(madre). Terza fila, da sinistra a destra: Louise, Anne.

Caterina Bariola con il marito Albino
Penzo e la figlia Lena, 1929.

Vitaliana (Spaccarelli) e Cesare Borgognoni, genitori di Giuseppe Borgognoni

Borgognoni

Marcellina Alpe e Giuseppe Borgognoni

Delgizia Borgognoni, 1913

Prima fila: Rose, Gelia, Dell, Corinne. Seconda fila: Mary Borgognoni.

Prima Fila: Tony, Pete, Joe, Mack, e Alex. Seconda fila: Mamma Marcella, Anne, Ida, Gelia, Rose, Corinne, Mary, Dell e il Padre Joe (Giuseppe) Borgognoni.

← Corinne Borgognoni

Marcella e Joe Borgognoni

Marcella Borgognoni

Il ristorante di Dell Borgognoni era di fianco al Sun Records Studio di Memphis, TN. Elvis Presley, Jerry Lee Lewis, Carl Perkins e Johnny Cash (noti come il Million Dollar Quartet – quartetto da un milione di dollari), collaboravano abitualmente a comporre canzoni mentre cenavano da Dell.

Il Taylor's Restaurant di Memphis, TN di proprietà di Dell (Borgognoni) e Gene Taylor, fine anni Trenta.

Banchetti

Claridge Banchetti.
Nacque nel 1863. Morì nel 1951
Achille Banchetti. Nacque nel 1858.
Morì nel 1951

Catalani

Nazzareno "Ned" Catalani e Giuseppina
Alpe Catalani, 1913

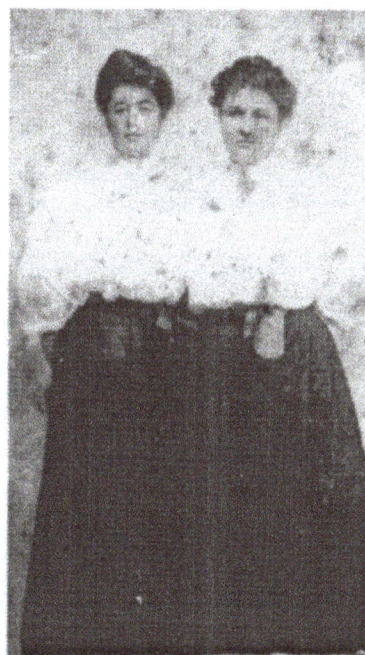

Giuseppina e Rosa Alpe Catalani

Ned Catalani

G.A. Catalani & Co. Negozio
di generi alimentari a
Memphis, TN. Gus, Ned e
Pete Catalani.

Tony Catalani e Adolph
Catalani, 1916

Ida Floriani e Tony
Catalani, 1930

Giuseppina
Alpe Catalani
e Carolina
Piersantelli

Ned e
Giuseppina
Alpe Catalani

Pete Catalani a sinistra e Joe Catalani a destra, figli di Gus e Rosa Catalani. Joe morì per avvelenamento del sangue causato da una spina mentre Joe morì di meningite spinale.

Rosa Alpe Catalani

Quattro figli di Gus e Rosa Catalani. Da sinistra a destra:
August, Tony, Pete e Joe.

Onelia e Giuseppina Catalani

August Catalani, 1877

Onelia Catalani

Joe e Adolph Catalani

Da sinistra a destra: Mary Lillian, il Padre Ned, Adolph, Madre Giuseppina e Pierina.

I figli di Nazzareno e Giuseppina Alpe Catalani. Prima fila: Adolph, Suor Josetta, Rosa, Louise. Seconda fila: Pierina, Agnes, Onelia.

Casali

Olga Olivi e Fermo Casali con i figli
Frank e Santina, 1931

Cingolani

Anna e Florio
Cingolani

Seduti: Stella, la
Madre Anna, il Padre
Florio, e Vittoria. In
piedi: Lisa, Duilio,
Settimo, Suor Patrick,
Orlando, Louis e
Lella.

Da sinistra: **Giovanni e Rosa Belvedresi Cingolani.**
Sopra: Iscrizione al Wall of Honor, Muro d'Onore di Ellis Island, New York.

Sopra: Santo De'Angeli a 84 anni. Nel 1921 spedì questa fotografia al nipote Angelo De Angelo (De'Angeli) da Pesaro, Italia.

A destra: Alvida Giorgi De'Angeli, moglie di Cesare De'Angeli, figlio di Santo De' Angeli.

Oggetti che Alvida e Cesare portarono dall'Italia a Sunnyside nel 1906. Un vassoio, una borsa con chiusura a forma di volpe in avorio, una sciarpa, uno strofinaccio, uno sgrana pannocchie, una spilla per capelli, un cappello e una sciarpa fatti all'uncinetto, e un fazzoletto con una cucitura interna per la custodia dei soldi.

Dolci

A sinistra: Alfonso e Mary Mancini col baby Edwin, novembre 1915.

A destra: Vincent e Adele Mancini Dolci con la figlia Theresa, 1910.

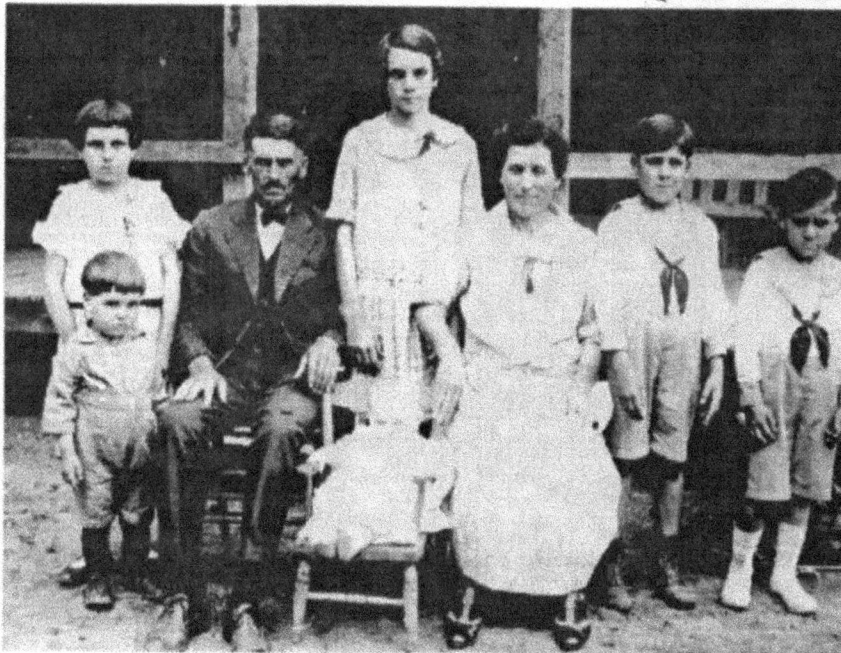

Vincent Dolci e Ned "Flowers" Pierini, anni Trenta.

Da sinistra: Eda, Vincent, Cecilia, Adele, Peter, Paul, Quinto (vicino al padre), e Alfredo Dolci (sulla sedia a dondolo), 1922.

Ferri

George Ferri, il figlio deceduto

I figli di Biagio e Maria
Ferri: Buster, Victor,
Rosie, Ben, Joe e
Albert.

Mary Gabucci e
Biagio Ferri nel loro
negozio, 1936.

Ben Floriani e Julia Scucchi Floriani, fotografia del matrimonio, 1920

Floriani

Da sinistra Julia Scucchi e Cecilia Santini

Prima fila: Rosemary, Mamma, Julia, Joe. Seconda fila: Lena, Nonna Mary Scucchi e Herbert.

Robie, Julia e Ugo Scucchi, Carla, 1915.

Giovanni, Floriani, anni Venti.

Marcella Borgognoni e Serafina Forte

Forte

Joe e Serafina (Giglio) Forte

Francis, Serafina, Santo e Genevieve Shamoun Forte

Russell e Mary Jo Forte Suitt, Catherine Forte e Santo Forte

Serafina Forte

Sam Forte, dott. T.R. Burnham e Joe Forte

Joe "Baby" Forte, la signora Quartararo
e il figlio Steve.

Sam
Forte

Mayme e Mary Forte, 1915

Mayme Forte, 1920

Prima fila: da sinistra a destra:
Mayme, Katie e Santo
In alto: da sinistra: Lilly Dustifano e Sam Forte

Fratesi

Prima fila: Danelmo, Warren,
Seconda fila: Augusta, Ercole
Terza fila: Stellinda, Nicola

Grassi

Charles Joseph
Grassi (col cappello)
con la famiglia a
Roma, fine 1880.

Catherine Silvestrini Grassi

Charles Joseph Grassi

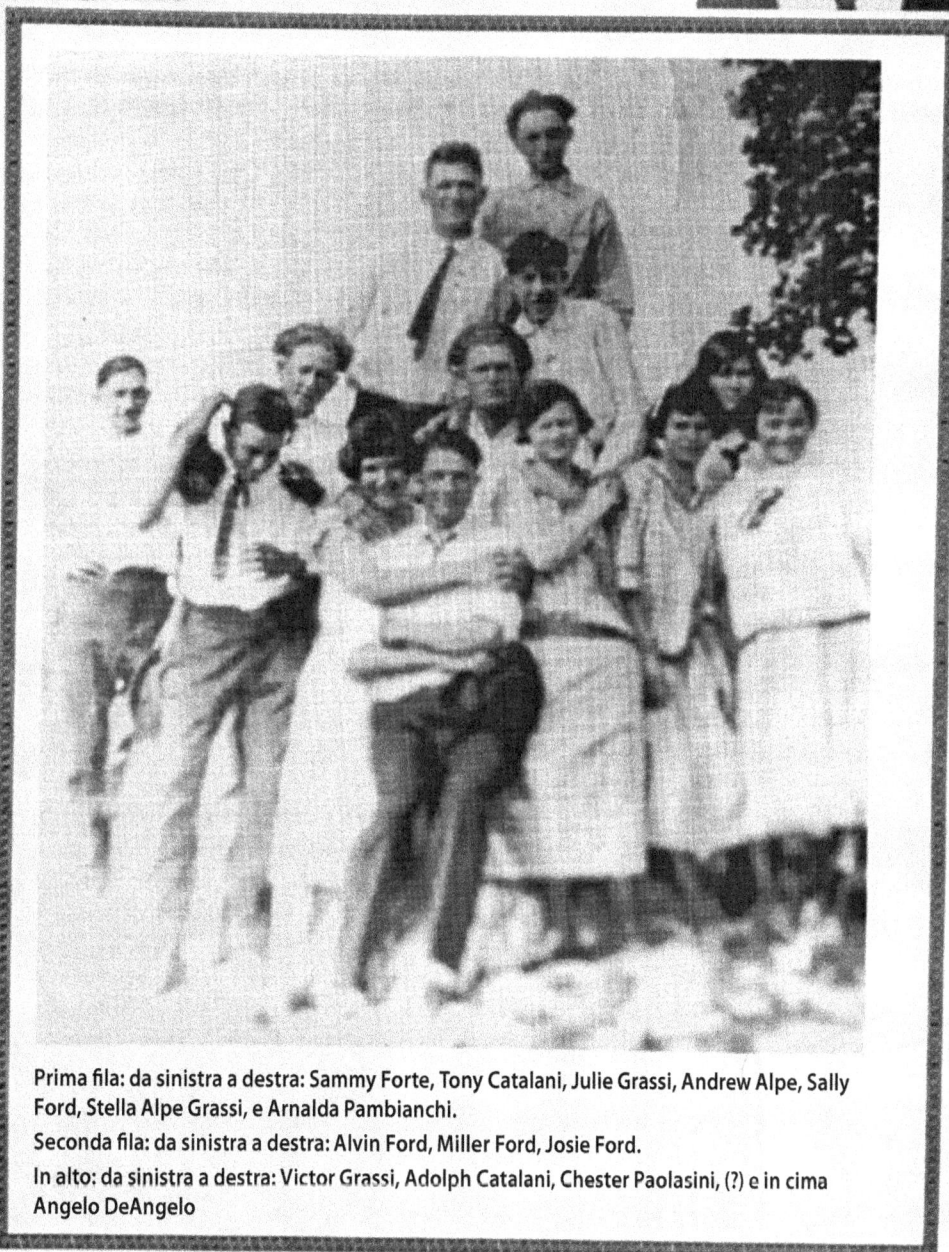

Prima fila: da sinistra a destra: Sammy Forte, Tony Catalani, Julie Grassi, Andrew Alpe, Sally Ford, Stella Alpe Grassi, e Arnalda Pambianchi.

Seconda fila: da sinistra a destra: Alvin Ford, Miller Ford, Josie Ford.

In alto: da sinistra a destra: Victor Grassi, Adolph Catalani, Chester Paolasini, (?) e in cima Angelo DeAngelo

Josephine Dal Fiume Drake e Louis Alpe

Seduti: Humbert Santini, Mario Floriani, Willie Santini, Johnnie Floriani, e Helen Santini. In piedi: ?.?.?.

Francis Mazzanti, Helen e Vera Warfield, e O.B. Mazzanti.

Cesare ed Elisa Landi

W.F. Wesson, amico e Serafino Santini

Nonno Santini

Vincent Mazzanti, padre di
Francis e O. B. Mazzanti

Un ferry-boat,
traghetto, fine 1800.

Elisa Landi, moglie di S.O. Santini
con la figlia.

Emma Santini North

In piedi: Elisa Landi, Mary Santini,
e Emma Santini.
Seduti:?.?.?.

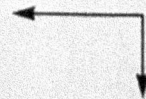

Elisa e Cesare Landi con la nuova automobile

Cesare ed Elisa Landi, Emma Santini e figli

Marchetti

Celesta Marchetti Cortesi

Flowers Pierini nella piantagione Ford, 1933

Sunta (Assunta) Barietti Marchetti col nipote Billy

Guido Marchetti, Joe Lepri, Mario Marchetti

Mascagni

Prima fila: da sinistra a destra: Mary e Josephine Mascagni
Seconda fila: Buster, Frank, Alma, e Ida Mascagni

1. Henry, Alma, e Josephine Mascagni, 1918
2. Eugene e Maria Gentilini
3. Ida Gentilini Mascagni e Frank Mascagni, Senior, 1930

Joe Mazzanti

Fotografia del matrimonio di Adele Micci e Giuseppe Mazzanti. Partirono per l'America durante la luna di miele e arrivarono a New York il 25 settembre 1913 da dove proseguirono per Sunnyside.

Giuseppe e Adele Micci Mazzanti mentre vanno alla Messa officiata da Padre Gioachimo Galloni a casa della famiglia di Pete Rocconi. 1916.

La prima automobile nuova.
Adele, Mike, Dell, Victoria,
Edwin, Giuseppe e Italo
Mazzanti, 1924.

La famiglia di Giuseppe e
Adele Mazzanti, 11 figli.

Antonio
Mazzanti

Antonio Mazzanti

Egino
Mazzanti

Palmina Giombini Mazzanti

Egino
Mazzanti

Franchina
Carnevaletti, 1914

Augusto Giombini,
cugino di Franchina
(Carnevaletti) Mazzanti

Angelina Romagnoli
Carnevaletti

1. Egino e Franchina (Franca) Carnevaletti Mazzanti. Fotografia del matrimonio, 1916.

2. Seduti: Palmina, Antonio, figlio? In piedi: Egino e Isola Mazzanti, 1920.

3. Egino e Franchina Carnevaletti Mazzanti, 1921.

4. Seduti: Egino e Franca Mazzanti con Catherine e Vince. In piedi: Antonio, Isola, Palmina e Lena. Catherine e Lena morirono annegate il 30 giugno 1930. Avevano rispettivamente 12 e 13 anni.

5. Seduti: Catherine e Lena. In piedi: John, Egino, Joe, Rose, Frank, Franca, e Vince.

6. Raccolta dei pomodori: da sinistra a destra: Egino, Rose, Frank, Franca, Jerry, Palmina e Lena.

7. Raccolta delle pesche, 1952. Egino e l'agente della contea.

8. Egino e Franca con i figli, anni Trenta.

Egino e Franchina Carnevaletti Mazzanti. Prima fila: da sinistra a destra: Jerry, Egino, Franchina, Lena, Vincent (Vince). Fila in alto: Francis, Gino junior, Tony, Joe, Rose e John.

Giacinto Mazzanti

In piedi: in alto da sinistra: Ford Mazzanti, Chester Paolasini con bambino, Italiano Paolasini, Italia Mazzanti Paolasini, Anna Rocchetti Mazzanti, e Giacinto Mazzanti. Prima fila:?, Mary Paolasini, ?, Margaret Paolasini, ?

Maria Paolasini, madre di Italiano Paolasini

Anna Rocchetti Mazzanti

Italia Mazzanti Paolasini e Anna Rocchetti Mazzanti

Giacinto Mazzanti

Italiano Paolasini con i figli Mary e Chester

Vince, Johnny, Rose, Joe, Egino, Francis, Franchina, Gino, Lena e Tony Mazzanti. Manca Jerry.

Antonio
Mazzanti
e altre fotografie

Prima fila, 1910: Annunciata, Mamma Palmina (Giombini), Isola, Papà Antonio.

Seconda fila: Ersilia e Maria Mazzanti.

Henry
Mazzanti

Nazzareno e Victoria Mazzanti, fine ottocento.

Sopra in alto: prima fila: da sinistra a destra: Catherine, Gloria, Papà Enrico (figlio di Nazzareno e Victoria), Mamma Maria, Rose, Paul. Seconda fila: Robert, Ned, Victor, Aldo, Fiore, Joseph, Eugene, Henry junior, e Frank (riquadro).

Famiglia, spose e figli di Enrico e Maria Mazzanti.

Seduti: Da sinistra a destra: Evelina (Mengarelli) Radicioni, Papà Giovanni Mengarelli, Mamma Franchina (Catalani) Mengarelli. Seconda fila: Ezio (Eddie), Umberto (Albert), e Adelmo (Dan) Mengarelli.

Morara

Alfredo e Palmina Gardarelli Borgognoni, primi del novecento. Ebbero quattro figli: Serafino, Santo, Franchina e Theresa.

Prima fila: A.B., Bea, Mamma Franchina Borgognoni, Hugo.

Seconda fila: Lena, Papà Lucio, e Lucio junior Morara, anni Venti.

Stella Pianelli Moschini,
1913 riquadro

Stella e Della erano sorelle

Adele "Della" Pianelli Olivi, 1940

Olivi

Gino Olivi, 1924

Gino Olivi
(riquadro), 1931

Fotografia scattata a Ostra,
provincia di Ancona nel 1987
a casa di Sante e Adelina
Olivi, dove erano nate Olga,
Ersilia, Vincenza e Gino.

Riquadro: Il signor Barchiesi,
Johnny Ferri, la signora
Barchiesi, Vittorio Olivi.

Pambianchi

Davanti: da sinistra a destra: Aida, Jim. Fila dietro: Papà Olivo, Arnalda, Mondo, Mamma Anna Barbati, e Stella Pambianchi.

Pesaresi

1. Mike Pesaresi in Italia nel 1958 con la sorella, figlia e un'amica non identificata.
2. Baptiste Pieroni e Mike Pesaresi a bordo della *Queen Elizabeth* in viaggio verso l'Italia, 1958.

Petrolati

1. Attilio, Matilda (Mengarelli) Petrolati con la figlia Maggiora.
2. Prima fila: Alexander, Allegro, Antonio, e in piedi, Renato. Seconda fila: Serafina, Margherita, Maria. Fila in alto: Matilda, Attilio, Palmina e Maggiora Petrolati.

Pieroni

1. Settimia Brunetti, morì nel 1910 a Sunnyside di malaria.

2. Albina Brunetti, Settimia Brunetti, Annunciata Brunetti Sampoalesi

3. Emma Santucci Pieroni con il nipote August junior.

4. August Reginelli

5. I fratelli Santucci: Charlie, Premo (Primo) e Junior.

6. Gigia Sampoalesi Pieroni, la ragazza vestita di bianco, con i parenti in Italia.

7. Augustine Pieroni, 1910

1. Matrimonio di Baptiste Pieroni e Theresa Reginelli, 25 gennaio 1910.

2. Mary Reginelli, Theresa Reginelli, Theresa Pieroni, Filomena Belvedresi, Suor Annella Reginelli, e August Pieroni.

3. Theresa Pieroni, Gigia Pieroni, ?

4. Emma Santucci Pieroni con il nipote Randy.

5. Theresa e Gigia Pieroni

6. Lily Forte, Genevieve Forte, Gigia Pieroni, Raymond Pieroni.

7. Gigia Pieroni, Vincenza Reginelli, Marie Catalani.

Reginelli

1. Alessandro e Anna Polodori (Polidori) Reginelli. Alessandro faceva il cuoco per il re d'Italia.

2. Settimia, Anna Polodori, Teresa, Filomena, Mary e Rosa Reginelli, 1931.

3. Pasquale, Nanno, Settimo, Augustine e Americo Reginelli, 1931.

4. Nanno, Pasquale, Suor Annella, Mike Pesaresi, Anna e Filomena Reginelli, 1932.

5. Settimia e Pasquale Reginelli, 1931

6. "Mack" Americo Reginelli e Vincenza Olivi Reginelli il giorno del matrimonio.

7. Il giorno dell'investitura: Settimia (Suor Annella), 24 giugno 1932.

Prima fila: in alto, da sinistra destra: Herman, Ersilia Mazzanti (madre), Joseph, Vincent (padre) e Rosie. Seconda fila: da sinistra a destra: Mary, Nello, Amelia e Tony.

Antonio di Vincenzo Reginelli sposò Rosa Guidini; arrivarono in America da Montignano, provincia di Ancona, nel 1902 con quattro figli - 1. Silvano Aristide Reginelli e la prima moglie Ledala (Adele), 2. Edward Reginelli (nato il 14 febbraio 1887 a Montignano e morto il 26 settembre 1959 a Pine Bluff, 3. Enrico (Henry) Reginelli (nato il 9 marzo 1891 e morto il 14 febbraio 1974 a Marion, AR e 4. Vincent Reginelli (nato il 4 marzo 1894 e morto il 10 settembre 1896) a Lake Village. Vincent sposò Ersilia Mazzanti il 17 novembre 1916 ed ebbero sette figli.

Fotografia in basso a sinistra: da sinistra a destra: Amelia, Nello, Vincent, Ersilia, Tony, Rosie, Joseph e Herman.

Fotografia in basso a destra: 50° anniversario di matrimonio di Vincent ed Ersilia Reginelli celebrato il 19 novembre 1966 nel salone della chiesa di Our Lady of the Lake di Lake Village.

1. Suor Annella, Settimo, Ned, Mack e figlio Alex Reginelli.

2. Padre Hinckley e Ned Reginelli.

3. Vincenza Reginelli mentre prepara gli spaghetti per il pranzo parrocchiale

Silvano Reginelli

1. I figli di Silvano e Rosa Reginelli, da sinistra a destra: Marie, Louis, Josephine, Theresa, James. Della, Melinda, Lena e Philip.

2. Rosa Marcellini e Silvano Reginelli. Fotografia del matrimonio, 4 maggio 1904.

3. Silvano e Rosa Reginelli.

4. Primo Reginelli, figlio di Henry e Mary Reginelli e Filomena Marcellini, madre di Rosa Reginelli.

Rocconi

1. Prima fila: Aldivio, Americo, Amalia. Seconda fila: Amalite, Augusto, Arcangelo. Terza fila: Angelina e Angelo Rocconi. I nomi dei figli Rocconi iniziano tutti con la lettera "A"

2. Julia e Pietro Rocconi, fotografia del matrimonio

3. Pietro e Julia Rocconi

4. Amalia, Amalite, Angelina, e la madre Julia Mazzanti Rocconi

Da sinistra: Santo ed Elvira Sampoalesi Rossini il giorno del loro matrimonio, 19 febbraio 1922

In basso a destra: Papà Gisleno Rossini, Fiore, Mamma Angelina Alessandroni Rossini, Santo ed Elvira Sampoalesi Rossini, 1923

Rossini

Sampoalesi

1. Nonno, Sam
e Annunciata
Sampoalesi

2. Gigia, Nadina,
Lena, Nonno,
Annunciata,
Settimia e Sam
Sampoalesi

3. Prima fila: ?, Settimio, Lena, Lena Floriani. Seconda fila: Annunciata,
Elvira, Gigia e Nadina.
4. Lena Floriani e Sam Sampoalesi
5. Sam Sampoalesl, Lena Sampoalesi, Virginia Pesaresi, Filomena
Reginelli, Mabel Pesaresi, e Gelio Sampoalesi
6. Nonno e Annunciata Sampoalesi

Santucci

1. Charlie, Claude e Premo (Primo) Santucci - riquadro

2. Alessandro e Albina Cingolani Menotti e Mariano Cingolani

3. Charlie e Premo (Primo) Santucci

4. Eva Toni e Frank Santucci

5. Mariano e Teresa Menotti Santucci

Scucchi

Johnny Scucchi, Maria Morganti Scucchi, Zelmira Busti Scucchi

1. Margaret Scucchi

2. Frank Scucchi, Maria Morganti Scucchi

3. Maria Morganti Scucchi, Frank Scucchi e Annie Scucchi

4. Robie, Margaret, Maria, Julia, Johnnie, Annie e Ugo Scucchi, 1933

5. Maria Morganti Scucchi

Foto sotto: La casa originale della famiglia Busti costruita dal loro bisnonno a Ostra nel 1850

Elvira e Osvaldo Santini

Elvira e Osvaldo (Oswaldo) Santini arrivarono a New York a bordo del *Kaiser Wilhelm II* il 29 dicembre 1896. Si diressero alla piantagione di Sunnyside con il secondo gruppo di immigranti. I loro cinque figli si chiamavano: Elisa, Emma, Serafino, Giuseppina (Josephine) ed Elena (Helen).

Emma sposò un certo North mentre Serafino prese parte alla prima Guerra Mondiale. Elisa sposò Cesare Landi e non ebbe figli. Josephine sposò Ben Warfield ed ebbe quattro figli (Helen Jo, Elvira, Ben e Joan). Helen sposò Vincenzo Mazzanti ed ebbe due figli (Francis e O.B. – Bob).

Helen e Vincenzo morirono poco dopo la nascita dei loro due figli (Francis e Bob), che furono cresciuti dalla zia Josephine e dallo zio Cesare Landi. Bob Mazzanti che ha 94 anni, è uno dei più vecchi discendenti italiani di Lake Village tuttora viventi. Ha sposato Ann Rossini.

Bob Mazzanti, 94 anni, nato il 15 aprile 1927

Ann Rossini Mazzanti, nata il 1° agosto 1926, morta il 3 aprile 2021

Matrimonio di Bob e Ann Mazzanti. Si sposarono il 12 febbraio 1956

Il Vecchio Ferry Boat del Lago Chicot

Dai ricordi di Penny Catalani Winsett

I *l vecchio ferry boat (traghetto) era usato per il trasporto degli italiani da Sunnyside a Lake Village e permettere loro di andare in chiesa, fare provviste, portare i figli a scuola, fare sport e altre attività. Il ferry era diretto e gestito da Bully Gibson, sempre attento e pronto a portare gruppi da una parte all'altra del lago prima della costruzione della strada rialzata.*

Il ferry fece parte dell'infanzia di Penny Catalani Winsett. "Quando eravamo bambini, vivevamo al di là della parte orientale del lago Chicot: per venire a fare la spesa a Lake Village, andare in chiesa e a scuola, si doveva prendere il ferryboat. Il "Capitano" del ferryboat si chiamava Bully Gibson. Ricordo che se avevamo bisogno di attraversare, alzavamo la bandiera che per lui era il segnale di venirci a prelevare. La corsa costava 10 centesimi per i bambini e 25 centesimi per gli adulti, andata e ritorno. Durante l'anno scolastico, dai 15 ai 25 bambini prendevano il "Jon boat". (Il jon boat era sostanzialmente un'imbarcazione a fondo piatto). Ricordo quelle brutte volte quando il lago era agitato, pioveva o c'era vento, o quando era gelato e faceva freddo, e noi ci rannicchiavamo nell'imbarcazione, pigiati come sardine. C'erano solo tre salvagente di cui uno per il signor "Bully" Gibson.

"Le reminiscenze di tutti quei viaggi erano contrastanti, A volte pensavamo di essere in procinto di capovolgerci, ribaltarci o di non farcela ad arrivare dall'altra parte. Ma per grazia di Dio non è mai successo niente. Quando il lago era calmo e il tempo era bello, in primavera, estate e autunno, era così piacevole, era tutto meraviglioso; ci piaceva stare assieme su quel bel lago. Il divertimento che abbiamo avuto rappresenta un ricordo davvero memorabile. Quando il pontile fu spazzato via, Bully spingeva il ferry con un'altra barca per farlo ormeggiare e far scendere tutti. Prendeva prima i bambini più piccoli,

Fotografie di Penny Catalani Winsett da bambina.

237

uno attorno al collo, e uno sotto ciascuna ascella, per portarli sulla terraferma. Il motore di questo ferryboat era al centro.

"La bandiera era fissata su una pedana vicino al ristorante Gaines, davanti al tribunale, sul lato ovest del lago, il punto dove il ferry andava e veniva. Il signor Gibson teneva d'occhio l'innalzamento della bandiera, e poco dopo arrivava per trasportare il suo gruppo da una parte o dall'altra. Il ristorante Gaines era un posto molto popolare, situato sul lago, giù in fondo alla Main Street (strada principale). Sotto c'era un bagno pubblico dove chi era andato a nuotare, in barca o a fare sci d'acqua poteva fare il bagno, cambiarsi d'abito, e poi rilassarsi e cenare al ristorante.

Articolo di giornale: Il vecchio ferry boat

Il Vecchio Ferryboat mentre viene portato via

Il Vecchio Ferry Boat

Il ferry boat usato per il trasporto delle persone da Sunnyside a Lake Village, al di là del lago, in città a Lake Village e a scuola.

Ironicamente, come ricordano alcuni passeggeri abituali, il traghetto era pieno al massimo della capacità, fino a 66 persone che stavano in piedi faccia a faccia, e qualche mattina salpava con la nebbia così fitta che quando il ferry riusciva ad attraversare il lago, la destinazione risultava essere fuori rotta di un chilometro o più, distanza che i bambini dovevano percorrere a piedi per raggiungere la scuola. A volte le onde del lago erano così alte da temere il capovolgersi dell'imbarcazione. Il solo supporto di sicurezza era una "John boat" trascinata dietro con due salvagenti.

Il motore del ferry era situato al centro e i bambini che arrivavano a bordo vi si mettevano attorno. Quasi nessuno riusciva a sedersi.

Si ricordavano di uno dei gestori, Bully Gibson che diceva loro di abbassarsi per poter manovrare correttamente. Lui raccontava che, "I bambini erano sempre educati e disciplinati. Non ho mai avuti problemi con nessuno di loro."

Il distretto scolastico pagava la traversata degli studenti durante l'anno scolastico ma nel fine settimana, e diversamente la tariffa era di 10 centesimi per i bambini e 25 centesimi per gli adulti.

La Storia della Scuola

Sin dagli inizi gli italiani diedero grande importanza all'istruzione. Questo articolo sulla comunità di Sunnyside, pubblicato dal *Greenville Times* (Mississippi), osservava la fine dell'anno scolastico nel giugno 1896. I bambini italiani si segnalavano per la conoscenza della lingua inglese mentre le Sisters of Mercy (Le Suore della Misericordia – probabilmente le loro insegnanti) furono elogiate per il loro lavoro.

Da Sunny Side, Arkansas.

Sunny Side, Ark., 30 giugno '96.

La giornata di ieri a Sunnyside è stata memorabile con la chiusura dell'anno scolastico e il primo picnic della colonia italiana.

Diversi signore e signori americani, oltre a un gran numero di italiani, hanno visitato la scuola; erano tutti molto compiaciuti del profitto dei bambini ottenuto nel breve spazio di due mesi. Le bambine e i bambini hanno letto e fatto lo spelling (compitato) nel sillabario (The First Reader), già in grado di leggere in inglese molto chiaramente e di tradurre in italiano, hanno pure cantato sia in inglese sia in italiano. Molti lodi sono dovute alla signorina Alma Parenti per il discorso in inglese dedicato al Rev. Padre Bandini, perché era il giorno del suo santo patrono, San Pietro. Si devono complimentare soprattutto le Sisters of Mercy per il progresso degli alunni.

La banda di Sunny Side ha accompagnato i bambini e i visitatori a bordo di un treno speciale dalla scuola all'arca picnic di Sunny Side dove c'erano tavole imbandite con pane, frutta, limonata, ecc., per quattrocento persone. La signora e il signor W.F. Watkins sono stati instancabili, i loro sforzi hanno reso tutto piacevole. I bambini hanno ricevuto un sacchetto di caramelle ciascuno, sono poi andati a divertirsi con i dondoli, le altalene, ecc., preparati per loro mentre i più grandi indulgevano nel ballo. Tutto è trascorso in tal ordine ed armonia che sia gli americani sia gli italiani hanno convenuto unanimemente di non avere mai passato una giornata così gradevole.

Il pieno successo del picnic è da attribuire soprattutto alla signora e al signor Watkins, a loro molti ringraziamenti. I nostri ringraziamenti vanno estesi alla Banda di Sunny Side composta dai giovani membri della colonia italiana. Questa è stata la loro prima esibizione in pubblico, e hanno suonato tutto il giorno in modo tale da meritare gli applausi e l'ammirazione di americani e italiani.

Vedi l'Appendice a pagina 313 per il testo originale in inglese

Come menzionato in precedenza, nel gennaio 1896 Alessandro Oldrini rassegnò le dimissioni dall'Italian Bureau per lavorare per la Sunny Side Company. Il 15 marzo 1897, Oldrini fornì una relazione a Saverio Fava, l'ambasciatore italiano negli Stati Uniti. Nella categoria delle informazioni generali, Oldrini trasmise il seguente resoconto:

"Quest'anno (1897) tutta la colonia è composta da 176 famiglie per un totale di circa 1.000 persone..." In seguito aggiunge:"...la Sunny Side Company ha dotato la colonia di una chiesa, una scuola sotto la direzione del Rev. Padre Bandini e del suo coadiutore Rev. J. Gastaldi e di tre maestre di scuola di cui due sono suore: la scuola è frequentata da 150 bambini di ambedue i sessi..."[1]

L'annuario ufficiale della Chiesa cattolica del 1897 e 1898 elenca rispettivamente 120 e 250 alunni.

Ultima fila: Padre Bandini, fotografia di Austin Corbin sul tronco dell'albero, Padre J. Gastaldi, coadiutore.
Fila di mezzo: Rosa Bastianelli (insegnante), tre Suore della Misericordia
(di Little Rock, insegnarono pure a Sunny Side).
Prima fila: due signorine, probabilmente insegnanti in tirocinio.

---

[1] Edward C. Stibili, *Pietro Bandini: Missionary, Social Worker, and Colonizer, 1852 – 1917* (New York: Scalabrini International Migration Network, 2016), 252, 253.

La Scuola di St. Anthony a Hyner, Piantagione di Sunnyside, circa 1910

La scuola di St. Anthony, situata a est del cimitero di Hyner, rimase aperta dai primi mesi del 1896 fino al 1913, quando Padre Galloni incoraggiò le famiglie italiane a mandare i propri figli al di là del lago, nella nuova scuola di St. Mary's a Lake Village. La scuola di St. Anthony non era più in uso già a metà degli anni Venti.

1911 – La scuola di Hyner frequentata dai bambini di Sunnyside e delle comunità circostanti: 1. Julio Bariola 2. Cesare Ruggeri 3. Pete Catalani 4. Raffaele Viccari 5. Willie Alpe 6. Ottavio Pieroni 7. Ben Floriani 8. Mike Floriani 9. Arturo Marchetti 10. Pierina Baratti 11. Serafino Borgognoni 12. Santo Borgognoni 13. Silvio Fratesi 14. Bass Aureli 15. Augusto Pieroni 16. Louise Bariola 17. Johnny Floriani 18. Johnny Cicoleni (Cingoluni) 19. Anna Bariola 20. Gregorio Viccari 21. Vickie Enboutten 22. Rev. J. F. Galloni 23. Tony Bariola 24. Mengini Baratti 25. Nick Fratesi 26. Frankie Borgognoni 27. Elvira Eusepi 28. Mary Enboutten 29. Rosa Bastianelli 30. Teresa Borgognoni 31. Cecilia Floriani 32. Filomena Aureli e la cagna Queenie.

La Scuola di Fawnwood nella ex Piantagione di Sunnyside, Anni Venti

Padre Galloni fu nominato parroco residente della chiesa di Our Lady of the Lake a Lake Village nel 1913. Fu lui a convincere molte famiglie italiane a trasferirsi dall'altra parte del lago Chicot, perché vivere nella parte occidentale del lago sarebbe stato più comodo per fare affari, andare in chiesa, e per i bambini andare a scuola. La scuola St. Mary's era poi preferibile perché ad insegnare erano le Suore Benedettine di Fort Smith che abitavano di fianco alla scuola.

Un numero considerevole di famiglie continuò a risiedere nella parte orientale del lago. Chi rimase, comprò infine degli appezzamenti della proprietà di Sunnyside, costruì case, e continuò a coltivare.

Una volta, la scuola di Fawnwood era stata una casa con due stanze ma rimuovendo la parete divisoria fu trasformata in una scuola con un'unica aula che accoglieva 53 scolari. La scuola era riscaldata da un unico camino, la legna da ardere fornita da diverse famiglie della zona. I 53 scolari erano in 6 classi distinte, e la loro maestra, Sallie Jarboe Ford, abbinava più classi possibili per includerli tutti. Si riunivano dalle 08:30 del mattino fino alle 4:00 del pomeriggio.

Ai bambini si insegnava un po' di tutto ma soprattutto a leggere, scrivere, fare di conto, e storia. Ogni tre mesi, l'ispettore della contea, D. T. Henderson, veniva a far visita e dare una mano all'affollatissima scuola.

La signorina Jarboe era a pensione dal signor e signora Crenshaw, e insegnava alla loro figlia Virginia nella scuola di Fawnwood.

Raccontava la signorina Jarboe: "Andava tutto molto bene e i bambini andavano molto d'accordo."

Negli anni Venti, tra gli alunni della scuola di Fawnwood c'erano Andrew Alpe, Geno (Gino) Alpe, Stella Alpe, Bonina Alpe, Stella Grassi, Mary Grassi, Mary Borgognoni, Corinne Borgognoni, Mafalda Santucci, Rosie Santucci, Adolph Catalani, e Marie Catalani.

CHAPTER II - EXPLORING FURTHER
THE SUNNY SIDE-LAKE VILLAGE SETTLEMENT

Capitolo II – Ulteriore Approfondimento dell'insediamento di Sunnyside – Lake Village

Nelle pagine seguenti seguono immagini ingrandite della scuola di Fawnwood

Immagini ingrandite della scuola di Fawnwood.

Immagini ingrandite della scuola di Fawnwood.

La Scuola di St. Mary's

La scuola parrocchiale di St. Mary's fu fondata nel 1908 da Padre Matthew Saettele per dare un'istruzione cattolica ai bambini della parrocchia.

Con i soldi sollecitati e raccolti da molte fonti fuori Lake Village, Padre Matthew costruì una piccola casa per le suore che erano venute a insegnare a St. Mary's.

L'anno scolastico 1908-09 fu insegnato dalle suore Benedettine Olivetane provenienti da Jonesboro, Ark.

La signorina Kate Johnson di Lake Village insegnò a partire dal 1909-10. Nel settembre del 1910, le suore Benedettine provenienti da Shoal Creek vennero a Lake Village a prendere in carico la scuola. Queste brave sorelle hanno insegnato e supervisionato la scuola fino ai nostri giorni.

All'inizio le classi si tenevano in chiesa. Nel 1912 fu annessa un'aula scolastica sul retro della chiesa ma con l'aumento delle iscrizioni fu necessario fornire più spazio per accogliere gli allievi che si erano aggiunti. Fu così, che una casa in legno, costruita in precedenza sulla proprietà della chiesa per essere affittata, venne ristrutturata per soddisfare le esigenze della scuola.

Attraverso la lungimiranza di Padre Galloni e sotto la sua supervisione, nel 1925 fu costruita una nuova scuola di mattoni completa di auditorium e quattro ampie aule per sostituire la vecchia struttura in legno.

Un controllo a campione del registro delle iscrizioni riflette le fluttuazioni nel numero degli alunni presenti:

1910 -11	19	1931-32	141
1912-13	12	1944-45	130
1921-22	77	1955-56	130
1925-26	105	1969-70	102

Di seguito l'elenco delle suore che hanno prestato servizio nella nostra scuola nel corso degli anni – a loro il nostro eterno apprezzamento.

1910-11 Suore Bernadine, Rosalia, Vincent
1911-12 Suore Louis, Catherine
1912-13 Suore Louis, Catherine
1913-14 Suore Louis, Catherine, Pauline
1914-15 Suore Louis, Catherine, Pauline
1915-16 Suore Catherine, Rita, Pauline
1916-17 Suore Patricia, Pauline, Dorothy
1917-18 Suore Patricia, Pauline, Magdalen
1918-19 Suore Patricia, Julia, Magdalen
1919-20 Suore Patricia, Julia, Magdalen
1920-21 Suore Patricia, Julia, Magdalen
1921-22 Suore Patricia, Liguori, Bridget
1922-23 Suore Patricia, Liguori, Magdalen, Cecilea (Cecilia)
1923-24 Suore Patricia, Lawrence, Magdalen, Cecilea
1924-25 Suore Patricia, Lawrence, Magdalen, Cecilea
1925-26 Suore Patricia, Lawrence, Amata, Irene Schmidt
1926-27 Suore Pauline, Jane Frances, Mary James, Magdalen
1927-28 Suore Patricia, Jane Frances, Claudine, Magdalen
1928-29 Suore Patricia, Jane Frances, Claudine, DeSales
1929-30 Suore Patricia, Jane Frances, Claudine, Antonita, DeSales
1930-31 Suore Patricia, Jane Frances, Claudine, Hilda, Pancratius
1931-32 Suore Patricia, Hilda, Claudine, Pancratius

La casa costruita sulla proprietà della chiesa per essere affittata fu ristrutturata e usata come primo edificio scolastico della parrocchia.

Vedi l'Appendice a pagina 314 per il testo originale in inglese

1932-33 Suore Cunigunda (Cunegonda), Ernestine, Hilda, Pancratius

1933-34 Suore Cunigunda, Hilda, Winifred, Generose, Pancratius

1934-35 Suore Cunigunda, Hilda, Winifred, Generose, Ferdinand

1935-36 Suore Jerome, Cunigunda, Hilda, Generose, Pancratius, Winifred

1936-37 Suore Cunigunda, Hilda, Roberta, Generose, Pancratius, Winifred

1937-38 Suore Cunigunda, DeSales, Hilda, Roberta, Generose, Winifred

1938-39 Suore Cunigunda, Hilda, Tarcisia, Generose, Winifred, Joan

1939-40 Suore Gregory, Cunigunda, Tarcisia, Generose, Winifred, Joan

1940-41 Suore Gregory, Cunigunda, Liguori, Generose, Joan, Jeanne

1941-42 Suore Ernestine, Liguori, Joan, Jeanne, Marcella, Generose

1942-43 Suore Ernestine, Liguori, Joan. Jeanne, Marcella, Generose

1943-44 Suore Ernestine, Geraldine, Generose, Joan, Jeanne, Marcella

1944-45 Suore Ernestine, Geraldine, Generose, Joan, Jeanne, Marcella

1945-46 Suore Pauline, Geraldine, Annunciata, Generose, Joan, Marcella

1946-47 Suore Geraldine, Annunciata, Generose, Joan, Marcella, Rosemary

1947-48 Suore Adelaide, Annunciata, Rosemary, Valeria, Angela, Benoit

1948-49 Suore Julia, Annunciata, Romana, Rosemary, Mary Celeste, Angela

1949-50 Suore Julia, Frances, Annunciata, Romana. Mary Celeste, Barbara

1950-51 Suore Julia, Romana, Hermana, Edith, Barbara

1951-52 Suore Wilhelmina, Julia, Hermana, Barbara

1952-53 Suore Wilhelmina, Julia, Hermana, Barbara

1953-54 Suore Wilhelmina, Hermana, Barbara, Christopher

1954-55 Suore Wilhelmina, Hermana, Barbara, Christopher

1955-56 Suore Wilhelmina, Rita, Hermana, Mary Linus

1956-57 Suore Wilhelmina, Rita, Hermana, Mary Linus

1957-58 Suore Regina Marie, Rita, Hermana, Dismas

1958-59 Suore Regina Marie, Rita, Hermana, Dismas

1959-60 Suore Boniface, Regina Marie, Irma, Dismas

1960-61 Suore Jeanne, Irma, Rosetta, Dismas

1961-62 Suore Jeanne, Irma, Rosetta, Dismas

1962-63 Suore Jeanne, Irma, Rosetta, Paul Ann

1963-64 Suore Florentine (sei mesi), Irma, Rosetta, Rebecca (sei mesi), Paul Ann

1964-65 Suore Eulalia, Irma, Rebecca, Agnes

1965-66 Suore Eulalia, Rebecca, Agnes

1966-67 Suore Jeanne, Patrick, Regina

1967-68 Suore Jeanne, Patrick, Regina

1968-69 Suore Jeanne, Patrick, Regina

1969-70 Suore Jeanne, Patrick

Nel 1963, 1964 e 1965, a causa della scarsità di suore presso la casa madre, la signora James New aiutò le tre suore qui residenti nell'insegnamento della terza e quarta classe elementare.

Dal 1965 in poi la signora Francis Rossini rilevò queste classi e dopo la perdita di un'altra insegnante suora nel 1969, la signora John Mulligan è stata aggiunta al personale per l'insegnamento dei corsi di inglese e scienze.

Storia degli insegnanti 1910-1995   *Vedi l'Appendice a pagina 315 per il testo originale in inglese*

Chiesa Cattolica di Our Lady of the Lake (a sinistra la canonica originale)

La nuova scuola di St. Mary's (foto sotto) fu ricostruita nel 1925 sotto la direzione di Padre Galloni e così rimane a tutt'oggi. La scuola ha funzionato ininterrottamente dal 1908 al maggio 2015 allorché è stata sorprendentemente chiusa per ordine del vescovo e del voto a scrutinio segreto del consiglio parrocchiale.

I motivi addotti per la chiusura sono stati la mancanza di fondi e di studenti. Al momento si spera che, dato l'alto numero di studenti cattolici della zona, la scuola possa magari essere riaperta.

Intanto, continua ad essere utilizzata per le classi di istruzione religiosa di 120 studenti, dalla prima elementare all'ultimo anno delle superiori. Ospita inoltre le classi della RCIA (Rito di iniziazione cristiana per adulti) e i corsi di formazione per adulti.[2]

Scuola cattolica di St. Mary's
Lake Village – costruita nel 1925

---

[2] Il numero degli studenti per il 2019 è stato fornito all'autrice da Debbie Vaughn, responsabile dell'istruzione religiosa della Chiesa cattolica di Our Lady of the Lake di Lake Village, Arkansas.

Qui sotto, Esempi di Classi Scolastiche:[3]

GRUPPO SCOLASTICO 1921-22

Prima fila, da sinistra a destra: Constance Avery, Bonina Alpe, Bobbie Wilson, Kathie Wilkerson, Maydell Wages, Ermelinda Nodini, Ellena Sartini, Anna Scucchi, Margaret Karam, Catherine Forte, Marie Carletti, Onelia Catalani, Travis Hicks, Jewel Mansour, Ermelinda Reginelli, Constance Cingolani, Ermelinda Mengucci. Seconda fila: Jimmy Karam, Joe Mazzanti, Mack Alpe, Tony Forte, Domenico Mengucci, Joe Baby Forte, John Mulligan, Ezio Nicolini, Duilio Cingolani, Bo Busti, Buster Ferri, Louis Alpe, Scott Dabney, Johnny Scucchi, Jetulio Nodini, James Arten. Terza fila: Ida Floriani, Zelmira Nicolini, Theresa Mengucci, Margaret Scucchi, Marcella Nodini, Rosa Reginelli, Little Theresa Reginelli, Victoria Cingolani, Valentine Banchetti, Mario Baratti, James Perry, Natale Carnevaletti, Flagett Elder, Quinto Nicolini, Mario Carletti, Big Theresa Reginelli. Quarta fila: Berto (Piasti) Ferri, Robie Scucchi, Settimo Reginelli, Augusto Reginelli, Pasquale Reginelli, Sammie Forte, Fiore Rossini, Mike Piersantelli, Victor Mazzanti, Olen Scott, Robert Forte, Gino Olivi. Quarta fila: Suor Bridget, Lena Reginelli, Cesira Zucconi, Rosie Scucchi, Stella Alpe, Pasquino Nicolini, Vincenzo Olivi, Suor Liguori, Suor Patricia, Rosie Forte, Rosie Ferri, Mary Busti, Nedina Sampolesi, Rosie Alpe, Camille Forte, Etherl Elder, Eliza Cingolani, Suor Magdalen.

CLASSE DELLA COMUNIONE DEL 1923

Prima fila: da sinistra a destra: Marie Carletti, Jewel Mansour, Duilio Cingolani, Domenico Mengucci. Seconda fila: Ermelinda Reginelli, Lena Elizabeth Mulligan, John Scucchi, Vincent Mazzanti. Terza fila: Annie Scucchi, Catherine Forte, Non identificato, Non identificato. Quarta fila: Settimia Reginelli, Non identificato, Johnnie Cingolani, Ezio Nicolini.

---

[3] Libby Borgognoni; *Album from St. Mary's School Classes from Inception to Present,* Our Lady of the Lake Church and Italian Museums, Lake Village, Arkansas.

**PRIMA COMUNIONE
CLASSE DEL 1924**

*Prima fila: da sinistra a
destra: Nello Reginelli, Vincent
Nicolini, Mike Mazzanti.
Seconda fila: Non identificato,
Mafalda Cingolani, Amalia
Rocconi, Dell Mazzanti,
Zelmira Busti, Bonina Alpe,
Mary Alpe. Terza fila: Corinne
Borgognoni, Mary Borgognoni,
Rose Liberto, Onelia Catalani*

CLASSE DEL 1929

*Da sinistra a destra:Suor
Jane Frances, Mary Jo
Forte, Ann Matthews,
Victor Mazzanti, Patricia
Mansour, Domenico
Mengucci, Vitri (Victor)
Mazzanti, Aldo Mazzanti,
Peter Nicolini, Settimo
Reginelli, Lena Sampaolesi.*

**2a e 3a MEDIA
CLASSE DEL 1931**

*Prima fila: da sinistra a destra:
Ed Mansour, John Mansour,
Peter Nicolini, Adella (Adele)
Reginelli, Philip Mansour,
Isabelle Mansour. Seconda fila:
Settimo Sampaolesi, Margaret
Mengucci, Amelia Reginelli,
Lella Cingolani, Paul Dolci,
Corinne Borgognoni. Terza
fila: Nello Reginelli, Marie
Mancini, Louis Alpe, Mary
Alpe, Mary Jo Forte. Quarta
fila: Suor Patricia, Peter
Mancini, Peter Dolci, Victor
Mazzanti, e Mike Mazzanti.*

**ST. MARY'S –
CLASSE DEL 1933**

*Prima fila: da sinistra a
destra: Philip Mansour,
Peachy Breckenridge,
John Mansour e Isabelle
Mansour. Seconda fila:
Amelia Reginelli, Altazina
(Aldesina) Giorgini,
Mary Joe Forte, Margaret
Mengucci, Paul Dolci
e Victor Mazzanti.*

**SCUOLA DI ST. MARY'S –
QUINTA ELEMENTARE
E PRIMA MEDIA, 1935**

*Prima fila: Ida Rossini, Dolly
Casali, Mary (Sis) Lovette,
Gloria Cook, Joe Mazzanti,
e Joe Floriani. Seconda
fila: Alex Borgognoni, Bill
Cingolani, George Mansour,
Valentine Mazzanti, Fred
Dolci, Chili DeAngelo, Al
Cingolani, Isadore Mazzanti,
e Mack Borgognoni.
Terza fila: Daisy Gee,
Olga Mazzanti, Cesarina
Mazzanti, Mabel Pesaresi,
Virginia Pesaresi, Rosie Alpe
e Agnes Mansour. Quarta
fila: Francis Forte, Alford
Mansour, Fred Sellers,
Quinto Dolci, Louis Reginelli,
Al Mazzanti, Tony Reginelli,
Vincent Busatti, e Floyd Fong.*

**DIPLOMANDI ST. MARY'S
– CLASSE DEL 1937**

*Prima fila: Suor Jerome, Rose
Mazzanti, Daisy Gee, Elizabeth
Mansour. Seconda fila: Gaines
Fricke, Sam Sampaolesi,
Non identificato, Franklin
Fong, e Bick Rossini.*

PRIMA COMUNIONE – CLASSE DEL 1938

Prima fila: Marylin Mansour, Lena Mazzanti, Elizabeth Dolci, Gloria Catalani, Ruth Floriani, e Catherine Floriani. Seconda fila: Bruno Carnevaletti, Joe Pieroni, John Bariola, Johnnie Casali, Augie Pieroni, e Tony Pete Borgognoni. Terza fila: Suor Winifred.

GRUPPO SCOLASTICO – 1943

Da sinistra a destra: Maria Mulligan, Grace Marie Forte, Carolyn Forte, Catherine Floriani, Suor Marcella, Lena Mazzanti, Gloria Mazzanti, Catherine Pieroni, e Gloria Catalani.

PRIMA COMUNIONE 1945

DIPLOMANDI DI ST. MARY'S – CLASSE 1946

Da sinistra a destra: Catherine Floriani, Alex Reginelli, Marie Pesaresi, Lawrence Bariola, Suor Pauline, Ted Forte, Philip Reginelli, Joy Carletti, Louis Bariola, Bruno Carnevaletti, John Bariola, e Grace Marie Forte.

PRIMA COMUNIONE CLASSE 1948

Prima fila: Ben Floriani, Julius Bariola, Della Olivi, Dorothy Pambianchi, Patsy Catalani, James Scucchi, Billy Marchetti, ed Eugene Grassi. Seconda fila: Padre George Carns e una suora non identificata.

1941 Altar Boys
L to R   Bariola, Augie Pieroni, Joe Pieroni, Ted Forte, Johnny Casali, Alex Reginelli
Gelio sampolesi, Phillip Reginelli, Tony Pete Borgognoni, Francis Rossini, Gene Mazzanti
Donald Mazzanti, Joe Borgognoni, Frank Casali, Geno Mazzanti, Ned Pieroni, Frank Pesaresi

CHIERICHETTI – 1942

Prima fila: John Bariola, August Pieroni, Joe Pieroni, Ted Forte, Johnny Casali, Alex Reginelli. Seconda fila: Gelio Sampaolesi, Philip Reginelli, Tony Borgognoni, Francis Rossini, Joe Mazzanti. Terza fila: Donald Mazzanti, Joe Borgognoni, Frank Casali, Geno Mazzanti, Ned Pieroni e Frank Pesaresi

A Lake Village le Tradizioni Italiane Continuano

La Spaghettata Annuale dal 1910

*Teresa Olivi e
Vincenza Reginelli*

*Teresa Olivi, Julia Floriani,
Doreen Pieroni*

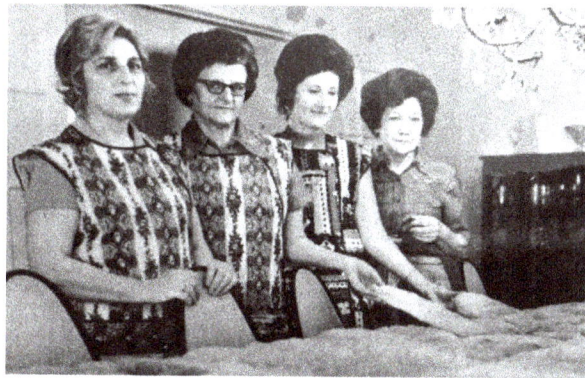

*Isabelle Mansour, Virginia Rocconi,
Libby Borgognoni, Lena Forte*

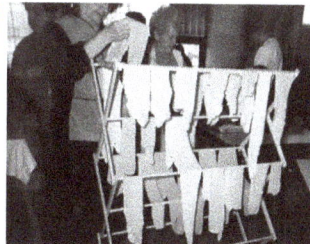

Sopra: Catherine Grassi e Mary G. Grassi

*Julia Floriani,
Isola Rossini*

Libby Borgognoni

Ricordi dei Vignaioli di Lake Village, Victor Grassi e Santo Rossini

Victor (Vick) Grassi (a destra) e Santo Rossini (a sinistra)

15 maggio 1947: Santo Rossini sul ponte di Greenville, Mississippi

Lonza, prosciutti, vini – Johnny Grassi – Salsiccia

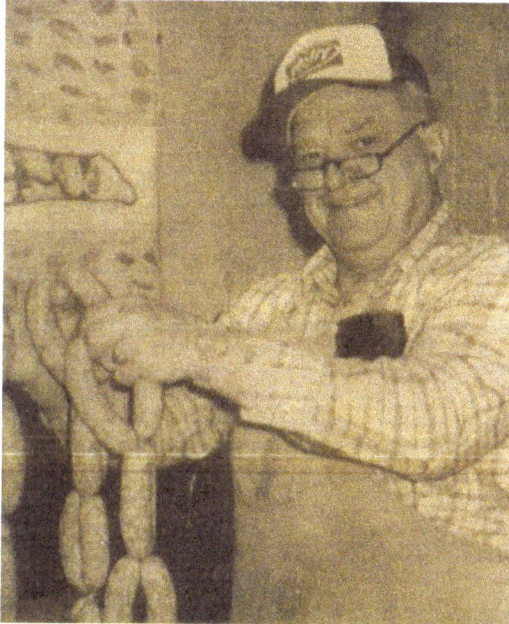

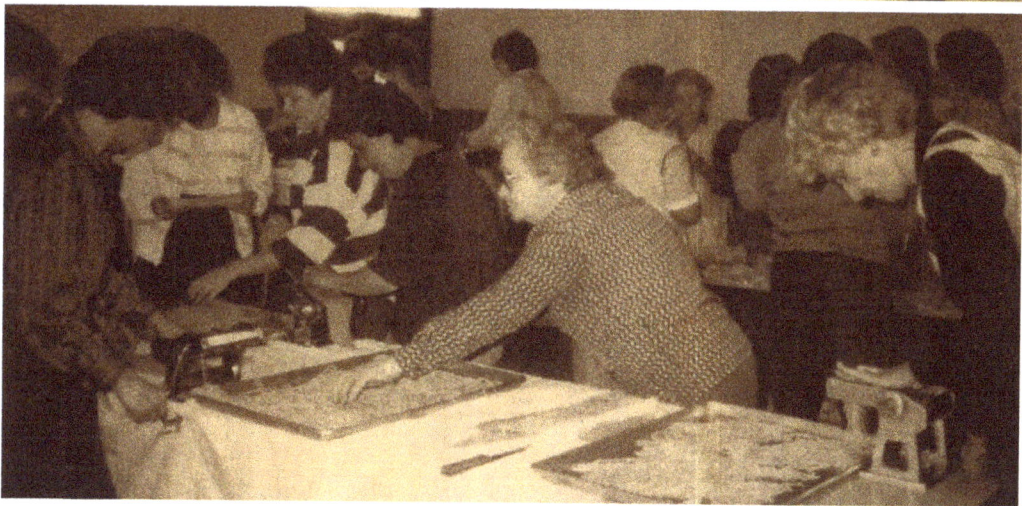

Johnny Grassi nella sua Food Bank (macelleria – letteralmente banca del cibo) mentre stagiona la lonza ottenuta da un lombo di maiale.

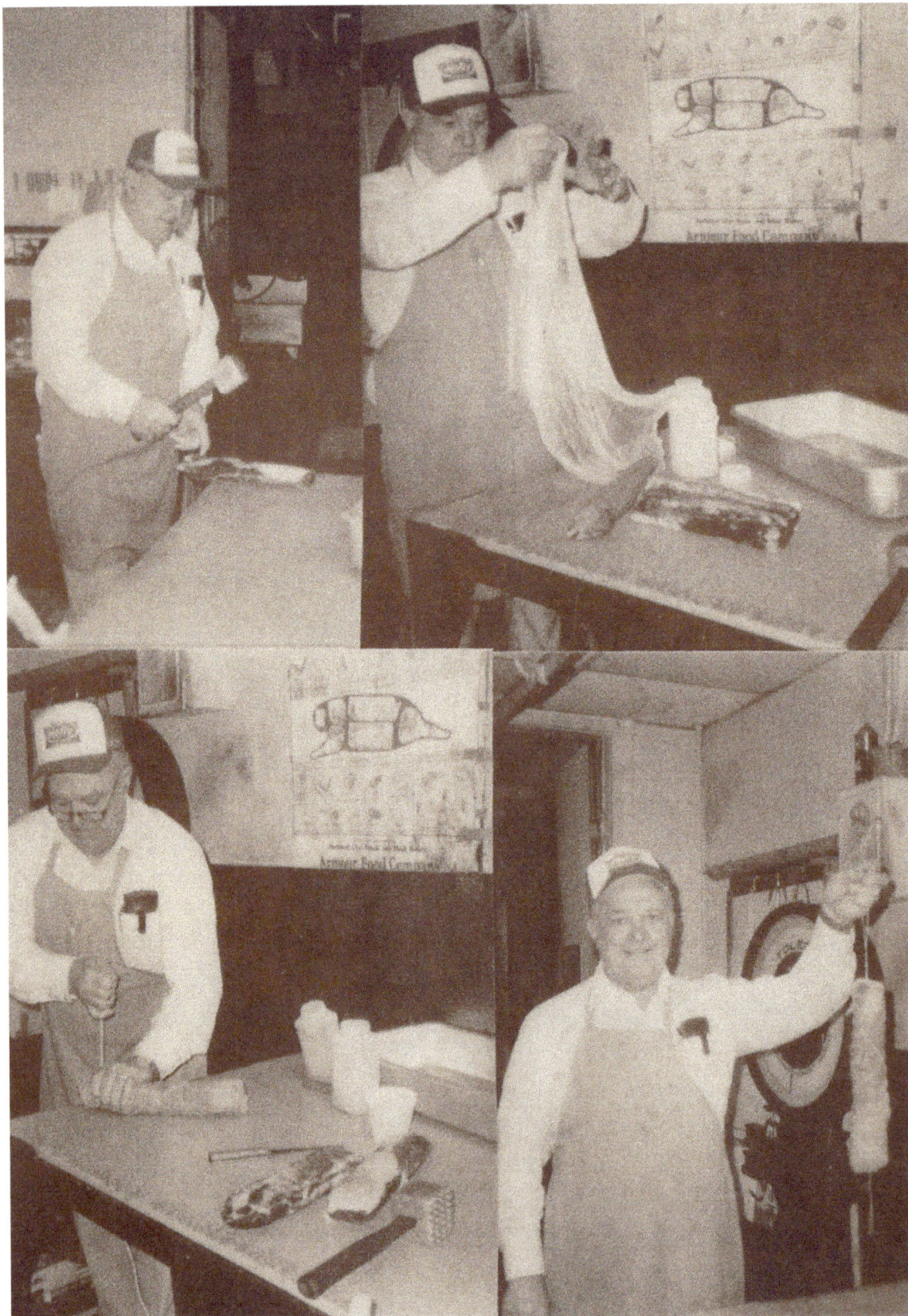

Johnny Grassi mentre fa le salsicce

Senigallia, provincia di Ancona: Anthony Borgognoni a casa del cugino Geraldo Borgognoni. Questa è la sua dispensa, piena di prosciutti stagionati, salsiccia, salami, lonza, pomodori e vino.

Nel 1910 i discendenti italiani diedero inizio alle spaghettate annuali che proseguono a tutt'oggi. Ecco le signore che preparano l'impasto, fanno gli spaghetti e li asciugano per la spaghettata.

Spaghettate: In alto: le cameriere della spaghettata. Al centro: Ann Davis, Mary McIntosh, Ann Mazzanti, Corinne Rocconi, e Libby Borgognoni festeggiano davanti a una tazza di caffè. Sotto: Jerry Mazzanti e Dan Smegelski

Le signore che anni dopo ricorrono all'aiuto di alcuni uomini. Padre Turner approva.

Anno 2000 e oltre – Le Tradizioni Proseguono nel 21° Secolo

Leila Claire Olivi

Annsley Olivi

Georgia Sabbatini

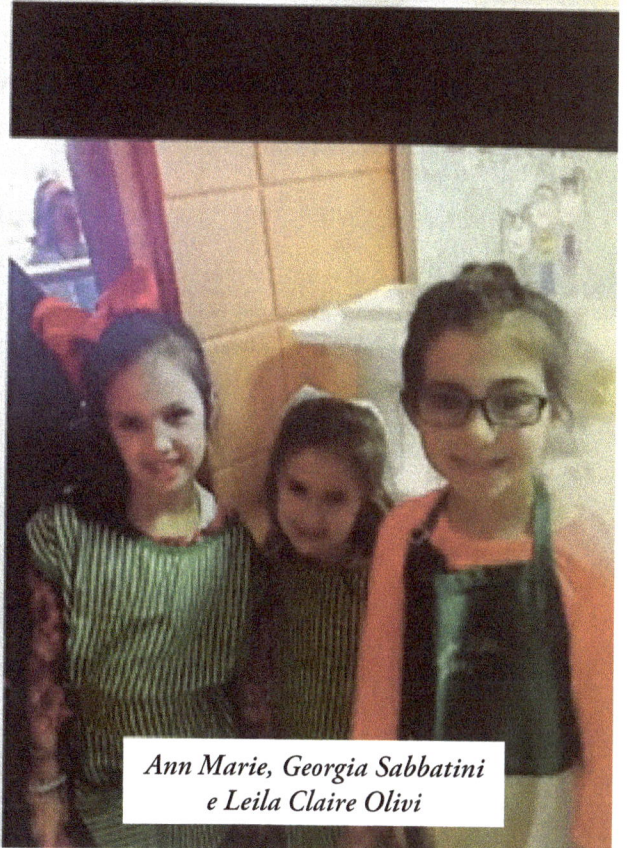

Ann Marie, Georgia Sabbatini
e Leila Claire Olivi

Strumenti Tradizionali: Forni e Mattere

Il "forno" esterno era usato da quasi tutte le famiglie italiane per cuocere il fabbisogno settimanale di pane, carni varie, patate e ortaggi. Per accendere il forno era necessario metterci la legna e farla bruciare fino a renderla brace ardente. Una volta consumata la brace, le padelle venivano riempite di cibo e messe a cuocere per un'oretta. In occasioni speciali nel *forno* si arrostiva un maiale intero.

Qui sotto è disegnato il portapane in legno, la *mattera*. Poteva contenere un sacco di farina da 11 chilogrammi mescolata con acqua tiepida e una porzione di pasta di pane fermentata dalla settimana precedente come lievito, della grandezza di una palla da baseball. Si faceva la sera prima e si lasciava lievitare fino al mattino seguente. Si

Forno

divideva in molte padelle e si infornava. Ne risultavano pagnotte così deliziose, irresistibili da far venire l'acquolina in bocca. Spesso si invertivano le parti per versare polenta calda insaporita con il *condimento* (salsa di pomodoro) e abbondante cacciagione - uccelli, conigli e scoiattoli come pure polli, carne di maiale e manzo.

Mattera

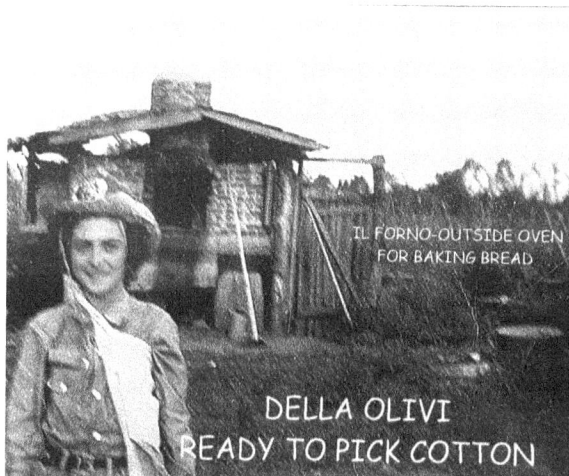

Forno costruito da Charlie Santucci
per gli Olivi, anni quaranta.

Giovanna Pandolfi e Annetta Biagioli

Produzione di vino. Come mostrato qui sopra, tutti gli italiani facevano e apprezzavano il vino, e avevano *grotti* (cantine) sotto casa. Una volta fatto il vino, lo conservavano in botti di rovere. Il vino era tenuto nei *grotti* sia per una temperatura più controllata sia per l'invecchiamento.

In alto: a sinistra: una bella fotografia di un forno ben fatto. (Il forno esterno era usato

Da sinistra a destra: Giovanna Capitani e Maria
Caprini Pandolfi mostrano come si fa il pane.

soprattutto per cuocere il pane e le carni, ecc.). Le zappe appoggiate al forno servivano nei campi e nell'orto. Il cancello sulla destra (vedi fotografia in alto a sinistra) porta all'orto dietro casa. Nella fotografia, Della Olivi, pronta per raccogliere il cotone con il sacco a tracolla.

È tempo di Ammazzare il Maiale

Cingolani, Rossini, Nicolini, e un afro americano non identificato preparano i maiali per l'abbattimento, a seguire la raschiatura delle setole dalla pelle.

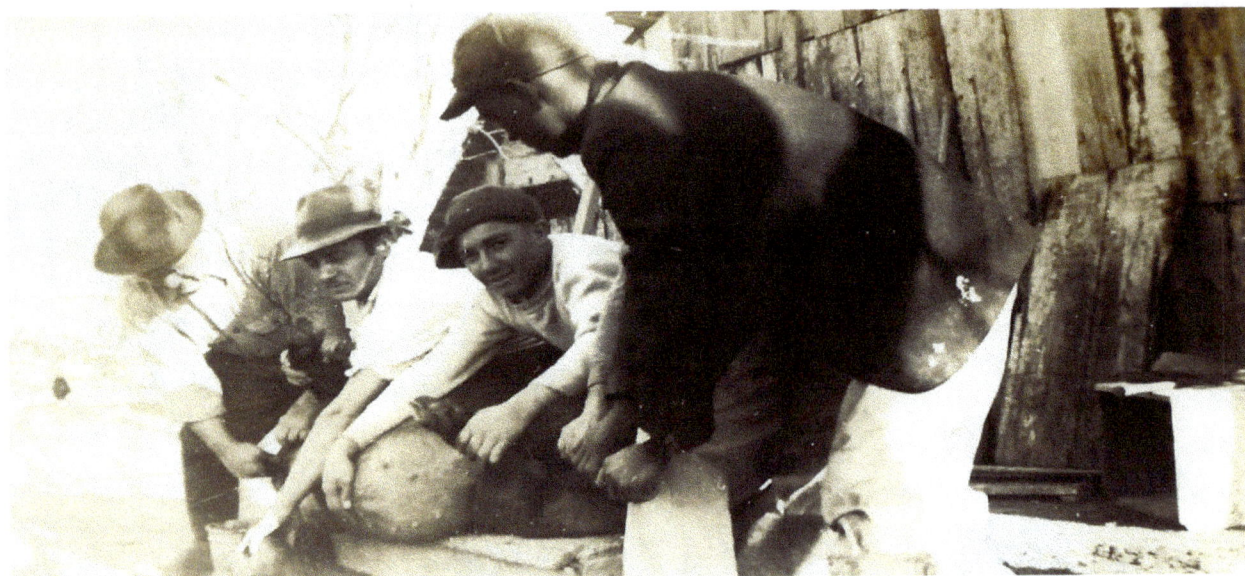

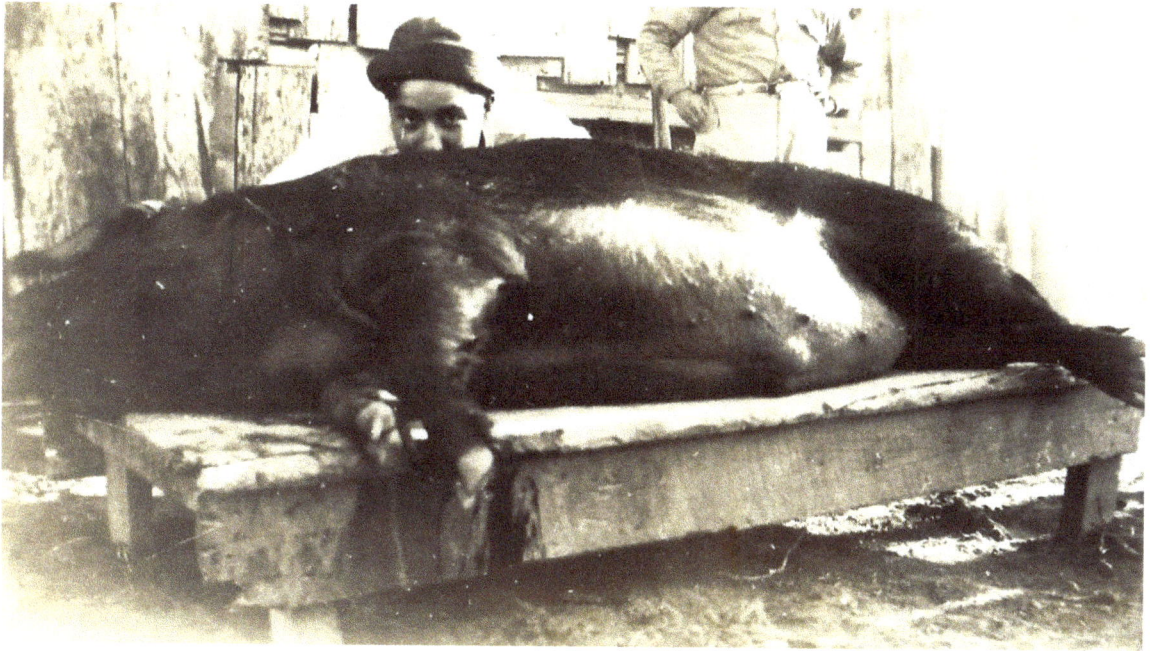

Pulito, lisciato, appeso, e pronto per essere inciso col coltello

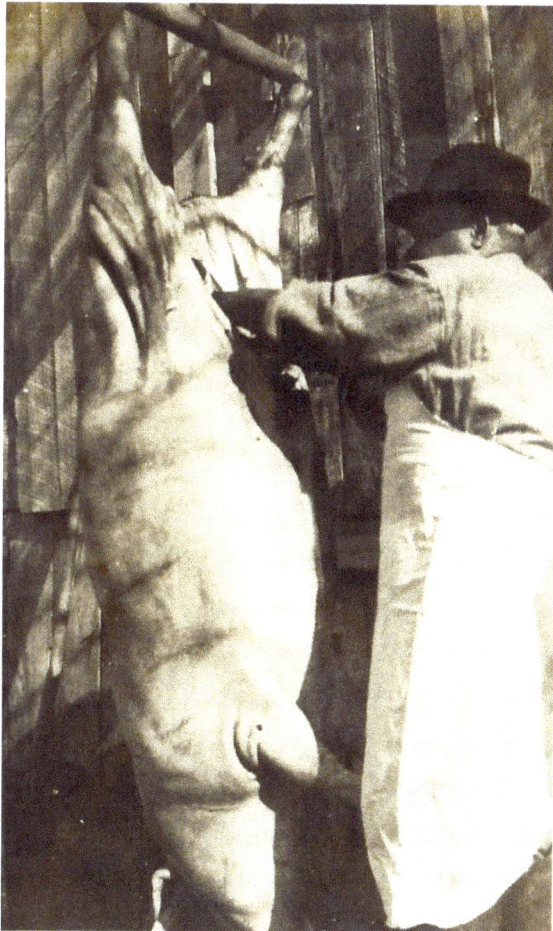

Il maiale è tagliato a metà, spaccato in due, e pulito per la lavorazione

Florio e Mariano Cingolani con rispettive moglie e figli.

Sunnyside e Lake Village

Lake Village, Arkansas: Main Street

Commercianti e Titolari di Attività Italiani nell'Area di Sunnyside

BORGOGNONI, MARY – THE FRIENDLY STORE, LAKE VILLAGE (*Negozio di abbigliamento e accessori*)

BORGOGNONI, GIUSEPPE (JOE) – THE FRIENDLY STORE, EUDORA. (*Negozio di abbigliamento e accessori*)

BORGOGNONI, TONY – DONALDSON'S PARTS AND LAKE VILLAGE TIRE & SERVICE (*Ricambi, gomme e assistenza*)

CARNEVALETTI BRUNO & ROSIE FERRI – CARNEVALETTI 'S GROCERY & LIQUOR (*Generi alimentari e liquori*)

CARNEVALETTI, NATALE & LENA AURELI – GROCERIES & DELICATESSEN (*Specialità alimentari e gastronomiche*)

CASALI, FRANK - FAIRVIEW LIQUOR STORE (*Negozio di liquori*)

CATALANI, PETE & MARGARET – MAJESTIC CAFE' (*Caffè e tavola calda*)

CATALANI, NED – AL'S TRUCK STOP & CAR WASH (*Stazione di servizio e lavaggio automobili*)

FELL, GEORGE & MARGARET SCUCCHI – FELL'S GARAGE AND REPAIR SHOP (*Garage e auto officina*)

FLORIANI, BEN, SENIOR, & JULIA SCUCCHI – FLORIANI'S GAS STATION (*Area di servizio Gulf*)

FLORIANI, JOE AND ELDA – FLORIANI' STATION (*Stazione di servizio*)

FLORIANI, MIKE – FLORIANI'S SHOEMAKER SHOP (*Calzolaio*)

FLORIANI, ROSA FEDRIZZI – ROSA FLORIANI'S RESTAURANT (*Ristorante*)

FLORIANI, JOE AND SAM FORTE – FORTE'S GROCERY (*Negozio di generi alimentari e vari*)

FORTE, ROBERT – FORTE'S GROCERY STORE (*Negozio di generi alimentari e vari*)

FORTE, SANTO – FORD MOTOR COMPANY (*Concessionario automobili Ford*)

FORTE, SAMMY – MOBIL OIL COMPANY (*Stazione di servizio Mobil Oil*)

GRASSI, JOHNNY & MARY – JOHNNY'S FOOD BANK & THE HICKORY (*Macelleria e caffetteria/paninoteca*)

GRASSI, EUGENE AND JUANITA – THE COWPEN (*Ristorante – Il tema: un vecchio fienile dove si servivano bistecche, gamberi, pesce, cibo messicano e italiano*).

LANDI, CESARE – LANDI'S MERCANTILE. GRAND LAKE *(Negozio di ferramenta, abbigliamento e generi alimentari)*

MARCHETTI, GUIDO & LENA – LAKEPORT GROCERY STORE *(Negozio di generi alimentari e vari)*

MAZZANTI, NED & O.B. MAZZANTI - HOLLOWAY'S DRUG STORE *(Bottega di generi alimentari, tabacchi, coloniali e di articoli da toilette)*

MAZZANTI, AL & FIORE MAZZANTI – AL'S TRUCK STOP & CARE & CAR WASH ((*Stazione di servizio e lavaggio automobili)*

MAZZANTI, JOHN – MASSEY FERGUSON EQUIPMENT – PINES MOTEL, EUDORA *(Attrezzature agricole)*

MAZZANTI, FRANCIS – FAIRVIEW SERVICE STATION *Stazione di servizio)*

MORARA, AB & GLORIA – DOLLAR STORE & LAKESHORE CAFE' – LAKE VILLAGE *(Negozio di ferramenta, abbigliamento e generi alimentari – caffetteria)*

MORARA, AB & GLORIA - EUDORA DOLLAR & CAPRI SANDS CAFE' *(Negozio di ferramenta, abbigliamento e generi alimentari – caffetteria)*

MORARA, AB & GLORIA – READLAND MERCANTILE - READLAND *(Negozio di ferramenta, abbigliamento e generi alimentari)*

MORARA, LUCIO – FAIRVIEW LIQUOR *(Negozio di liquori)*

OLIVI, DELLA - GROCERY (MS IDELL) . 1930'S & 1940'S *(Generi alimentari)*

OLIVI, ROBERT – OLIVI'S CORNER, GREENTOP LIQUOR & OLIVI AUTO *(Angolo Olivi – Negozio di liquori e auto)*

PESARESI, MIKE, SR & MIKE, JR. & LINDA PESARESI HOWSEN – MIKE'S CAFE' *(Caffetteria – tavola calda)*

PIERINI, FLOWERS – PIERINI'S GROCERY AND SUNDRY *(Negozio di generi alimentari e vari)*

PIERINI, PODGY & CATHERINE GRASSI PIERINI -THE COWPEN *(Ristorante di proprietà della famiglia Pierini, poi venduto alla famiglia Grassi)*

PIERONI, NED – NED'S STATION – RESTAURANT & GROCERY *(Ristorante e negozio di generi alimentari vari)*

PIERONI, RANDY – COTTON PICKER WORKS *(Assistenza per i raccoglitori di cotone)*

REGINELLI, TONY – PINKUS LIQUOR STORE *(Negozio di liquori)*

ROCCONI, PETER AND SONS – ROCCONI IMPLEMENT CO., JOHN DEERE *(Attrezzature macchine agricole – John Deere)*

ROSSI, UNIDA – UNIDA ROSSI'S CAFE' *(Caffetteria – tavola calda)*

SAMPAOLESI, SAM & LENA FLORIANI – SAM'S SEED & FEED STORE *(Negozio di sementi e mangimi)*

SAMPAOLESI, SETTIMIA – TINA'S BEAUTY SHOP *(Salone di bellezza)*

SANTUCCI, CHARLIE – FAIRVIEW STATION AND CAFE' *(Stazione di servizio, caffetteria e tavola calda)*

SANTUCCI, CHARLIE & MAFALDA – SANTUCCI'S RESTAURANT & SERVICE STATION *(Ristorante e stazione di servizio)*

SCUCCHI, UGO & ROSSINI, FIORE – SCUCCHI SERVICE STATION *(Stazione di servizio)*

SIKORA, EUGENE – LIQUOR STORE *(Negozio di alcolici)*

SILVETTI, DELMO – DELMO'S RESTAURANTE *(Ristorante)*

Friendly Store: Negozio fondato nel 1941 – Venduto nel 1989 Corinne Borgognoni- Rocconi e Mary Borgognoni (Proprietaria)

Lake Village (Sunnyside), Arkansas 2020

GRUPPO della CHIESA di OUR LADY of the LAKE del 1926

La congregazione della chiesa è composta in larga parte da italiani

1. Mazzanti
2. ?
3. ?
4. Lena Sampolesi
5. Rosa Mengucci
6. Ezio Nicolini
7. Gina Mazzanti
8. Olga Mazzanti
9. Lena Fioriani
10. ?
11. Delgido Mazzanti
12. Margaret Mengucci
13. Aldo Pambianchi
14. Viri Mazzanti
15. Eido Mazzanti
16. Pete Dolci
17. Edwin Mancini
18. Mike Mazzanti
19. Victor Mazzanti
20. Dullio Cingolani
21. Allen Banchetti

22. Jim Pambianchi
23. Ned Mazzanti
24. ?
25. ?
26. Cecilia Dolci
27. ?
28. Orlando Cingolani
29. Vincent Mazzanti
30. Settimo Cingolani
31. Paul Dolci
32. Nello Reginelli
33. Domenico Mengucci
34. Rose Mengucci
35. Lelia Cingolani
36. Big Rosa Mazzanti
37. ?
38. ?
39. Ermelindo Reginelli
40. Mario Girassi
41. Delia Reginelli
42. Herbert Fioriani

43. ?
44. Marie Corletti
45. Settimo Sampolesi
46. Cecilia Dolci
47. Mary Alpe
48. Bonino Alpe
49. ?
50. Natzzareno Sampolesi
51. Aldivio Baccioni
52. Louis Alpe
53. Ned Catalani
54. ?
55. Giuliano Rossini
56. Armando Pambianchi
57. Adolph Catalani
58. Joe Catalani
59. Terry Catalani
60. Andrew Alpe
61. Mario Girassi
62. Vincent Mazzanti
63. Silvano Reginelli

64. James Reginelli
65. Vincent Dolci
66. ?
67. Bruno Carnevaletti
68. Marcellini
69. Rosa Marcellini
70. Annunciato Sampolesi
71. Peppa Banchetti
72. Fiore Rossini
73. Gius Reginelli
74. Antonio Mazzanti
75. Gino Olivi
76. Mike Fescresi
77. Anna Catalani Cingolani
78. Florio Cingolani
79. Santo Rossini
80. Enselio Mazzanti Reginelli
81. Julius Bariolo
82. Franchina Carnevaletti Mazzanti
83. Hector Mazzanti
84. Santo Serio

85. Santo Joe Forte
86. Gino Mazzanti
87. Santo S. Forte
88. Primo Aurali
89. Louis Mazzanti
90. Maria Nicolini
91. Emilio Casoli
92. Ubaldi Carnevaletti
93. ?
94. ?
95. Amadeo Gustine Banchetti
96. ?
97. ?
98. ?
99. Antonio Bariolo
100. Vincent Reginelli
101. Maria Marchetti
102. Fred Reginelli
103. Mack Reginelli
104. Lisa Reginelli
105. ?
106. Gefulio Reginelli
107. Nadlino Sampolesi Reginelli
108. Rosie Fani Carnevaletti

109. ?
110. Ida Dolci
111. Louis "Gigetti" Mazzanti
112. ?
113. Maria Nicolini
114. Mary Lillian Catalani
115. Ricardo Nicolini
116. Marietta Reginelli Pescresi
117. ?
118. ?
119. Lilly Forte
120. Mancini
121. Angelina Rossini
122. Nryrha Shamoun
123. Camille Forte
124. Ermelindo Mengucci
125. Cesira Zucconi
126. Vittoria Cingolani
127. Julild Scucchi Fioriani
128. Pasquina Nicolini
129. Ren Fioriani

130. Vincenzo Olivi
131. Theresa Reginelli Pieroni
132. Lena Reginelli Olivi
133. Theresa Reginelli Olivi
134. Pietrina Bramucci
135. ?
136. Girardo Reginelli
137. Rosa Fioriani
138. Theresa Mengucci
139. Otto Cingolani
140. Rosa Catalani
141. Ornella Catalani
142. Mario Catalani
143. Franzike Giorgini
144. Gino Catalani
145. Primo Aurali
146. Angelo DeAngelo
147. Rico Marchetti
148. Valentine Banchetti
149. Santo Giorgini
150. Mike Fescninelli
151. Natale Carnevaletti
152. Gena Girassi
153. Alex Alpe
154. Willie Girassi
155. August Catalani
156. Johnny Cingolani
157. Guirino Nicolini

Our Lady of the Lake – Musei della chiesa e italiano

La comunità italo americana di Lake Village si è data molto da fare per tutelare la sua storia. Il Museo Italiano, situato nella proprietà della chiesa Cattolica di Our Lady of the Lake conserva una vasta collezione di memorie familiari comprendente fotografie, documenti ed espositori.

Alcuni esempi sono riportati qui sotto.

Schedario con molte delle primissime famiglie arrivate a Sunnyside a partire dal 1895 fino al 1923 e oltre. I cognomi delle famiglie sono in ordine alfabetico da A a Z.

La famiglia Mazzoni arrivò nella piantagione di Sunnyside nel settembre 1902 per coltivare il lotto n. 116. Cinque dei loro sei figli nacquero tra il 1906-1917, prima del loro trasferimento in Pennsylvania: Guido, Fiore, Giovanna, Giuseppe e Nello.

MAZZONI

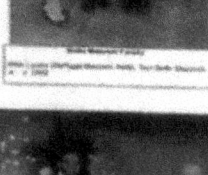

Vedi mappe alle pagine 49 e 54

Ecco un altro esempio di pannello tratto dallo schedario della famiglia Franceschini arrivata a Sunnyside nel 1905. Ci sono oltre 50 pannelli come questo che riguardano famiglie originali di Sunnyside; si possono trovare nel museo situato nella chiesa Cattolica di Our Lady of the Lake a Lake Village, Arkansas.

Fotografie di alcune delle prime famiglie italiane che rimasero a Sunnyside

Le fotografie qui sotto mostrano: I risultati del primo raccolto di cotone a Sunnyside nel 1896 – la storia da Sunnyside a Tontitown – a scuola con il secondo prete, Padre Galloni e Rosa Bastianelli, l'insegnante italiana appena tredicenne – la prima chiesa di Sunnyside dedicata a Sant'Antonio – il traghetto – una casa di italiani circondata dal cotone quando George S. Edgell, genero di Corbin stracciò i contratti e affittò la terra ai mediatori di cotone di Greenville, Mississippi – le prime suore benedettine che insegnarono agli italiani (erano di Bull Shoals, Arkansas).

I Primi Documenti

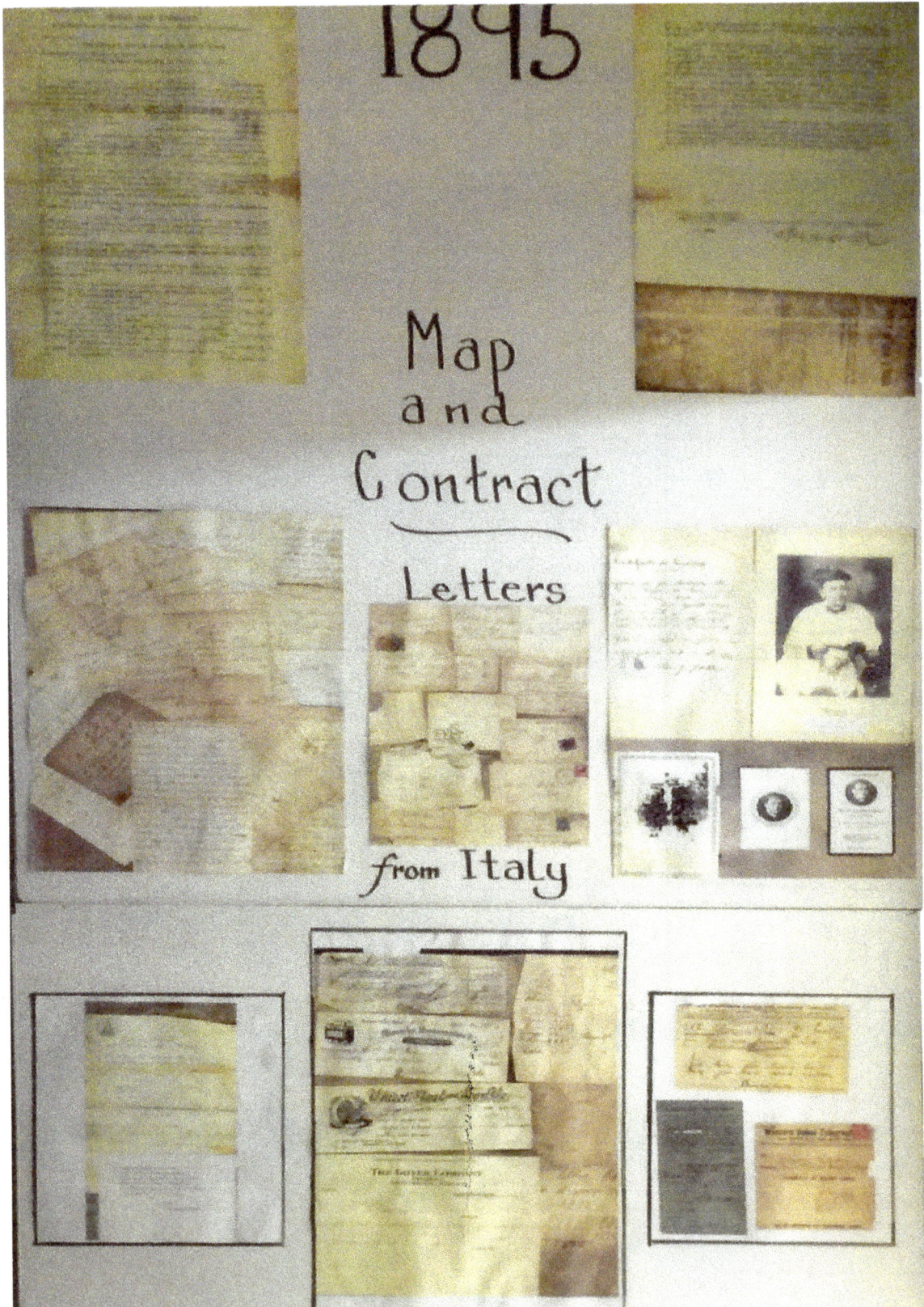

Lettere di congratulazioni in occasione del Centenario da parte
del Presidente, Governatore, e altre autorità.

Inaugurazione: Our Lady of the Lake – Church and Italian Museums

*Elizabeth (Libby) Borgognoni, Vescovo Anthony Taylor, Padre
Theo Okpara, e Anthony (Tony) Borgognoni*

*In visita al museo: da sinistra a destra: Janis Reginelli, Shirley Reginelli, Frank
Casali, Mary Jane Grassi, Lena Sampaolesi e il signor Russell*

La Celebrazione del Centenario

Nel 1995 gli italiani di Sunnyside celebrarono il 100° anniversario dell'arrivo dei loro antenati. I festeggiamenti incominciarono con tre giorni di eventi, dal primo al tre settembre. Fu una festa memorabile!

Italian Centennial a success!

BY NANCY RUSSELL
Staff Writer

The Centennial Celebration of the Italians of Sunnyside was a tremendous success as an estimated 5,000 folks gathered at Our Lady of the Lake Catholic Church and the adjoining St. Mary's School for the Sept. 1 - 3 celebration.

The event, which was coordinated and executed by Libby Borgognoni, featured something for everyone. Libby has been working on the project for a year and all the planning paid off!

The centennial celebration marked the anniversary of Italians coming to the Lake Village and Delta area. The families who immigrated to the Delta came from crowded conditions and working for someone. They dreamed of owning their own land and were told if they came to America, they would be landowners and have plenty of room for their families.

Hundreds came and hundreds died as illness and disease spread. Conditions in America were not as promised. These immigrants were not used to the high temperatures or the high humidity. They had farmed cotton before and their families were tucked away in the cabins on area plantations.

It took many years, but many did eventually own land and their descendants are here today. A large population of Lake Village is made up of these descendants and contribute greatly to our area.

The last living immigrant from Italy residing in Lake Village, Rossini, died in February.

THE CELEBRATION

Friday evening a huge crowd was on hand for the reception at St. Mary's School. Our Lady of the Lake Altar Society hosted the reception which included a book signing.

Following the reception, former nuns and priests of the school were introduced. Historical memorabilia was on display out the three-day celebration featuring old photos as well as deeds and documents the Italians received when purchasing land.

Games for the weekend included Bocce Ball, card games, races, and potato sack races. A variety of snack foods were available. The Knights of Columbus were overwhelmed with orders on Saturday. The rigatoni was donated by Cat Ronco Foods of Jackson, MS., but the Knights ran out. Knights then went to every grocery store in Lake Village to find rigatoni available. "Finally, they resorted to spaghetti. They served 700 dinners Saturday!"

At 10 a.m. Saturday, Jeanne Whayne, author of "Sunnyside", spoke to a crowd that filled the St. Mary's adjoining classrooms, and the stage. She is with the University of Arkansas, Fayetteville, and wrote the Sunnyside book. Whayne holds her Ph.D. in history and is very knowledgeable of Sunnyside immigration and the Delta.

Ernesto Milani of Gallarate, Italy spoke to the crowd on "Italians of Arkansas". He is currently the Director of Italy. Canadian airlines International, at the reception. Milani has written several articles on the Sunnyside and has made several contributions to books.

A demonstration of spaghetti making was given by Haverkamp, Patty Pierini, Mafalda Santucci, and Mary Reginelli in the Parish Hall.

Vincent Pieroni and Johnny Ferri did a demonstration on Italian wines, and Italian cured pork products.

Randolph Boehm of Bethesda, MD. spoke on the Sunnyside and Mary Grace Quackenbos Paper at St. Mary's. He is the research senior editor for the University of America in Maryland. He researched and presented the Quackenbos and Berardinelli from the National Archives in Washington D.C. on peonage in the Mississippi Delta in the early 1900's.

At 2 p.m., Father Paul Canonici told of how life was difficult. His parents were Italian immigrants and he currently is president of St. Joseph High School. He makes frequent visits to the Marche region where the Marchigiani in the Arkansas and Mississippi Delta. He plans to publish a book based on his research.

Johnny Grassi and Freddie Rossini played bocce and bocce in the Parish Hall. ... Canonici.

At 3 p.m., Dr. Edward C. Stibili, spoke on Father Pietro Bandini, the first priest at Sunnyside. Dr. Stibili is with Calumet College of St. Joseph in Whiting, IN.

Mary Bush, associate professor of Creative writing and literature at California State University at Los Angeles, was also a speaker Saturday afternoon. She is currently working on a book of experiences at Sunnyside. She is the granddaughter of Sunnyside immigrants who were at Sunnyside from 1900 - 1910.

A large representation was on hand at the Hyner Cemetery at 4 p.m. Saturday afternoon for a Memorial Service to honor the immigrants buried there. The memorial service was conducted by Father Henry Berkowski, priest of Our Lady of the Lake Catholic Church in Lake ...

... the weekend. Saturday evening, ... three services were ... 10 ...

Page 6—The Chicot County Spectator/Enterprise--September

281

La sera di venerdì 1° settembre 1995, la cerimonia di apertura della celebrazione del Centenario degli italiani di Sunnyside ebbe luogo nel salone parrocchiale di Our Lady of the Lake. Una folla straripante gradì una grande quantità di salami italiani, *prosciutto e lonza*, e molte specialità tra cui dolci fatti in casa e altre prelibatezze.

LAKE VILLAGE, ARKANSAS 1, 2, 3 SETTEMBRE 1995

Dimostrazione del ballo della Saltarella e il suono della fisarmonica
per ricordare le tradizioni italiane di Lake Village.

Membri della Chiesa cattolica di Our Lady of the Lake e la direttrice della Camera di commercio di Lake Village, Brianne Connelly ballano la Saltarella, una danza popolare italiana al ritmo della canzone, "C'è la luna mezz'o mare". Secondo Libby Borgognoni la danza ebbe origine nella regione Marche da cui emigrarono gli italiani di Sunnyside a fine Ottocento.

I discendenti italiani onorano i loro antenati ballando la Saltarella durante una celebrazione sulle rive del lago Chicot, Lake Village, Arkansas. Da sinistra a destra: Anna Giovingo, Kaitlin & Andrea Mazzanti Hill, Christa Mazzanti, Madeline & Joanie Cannatella, Kaitlin Casali, Brooke Borgognoni, e Kathleen Mazzanti.

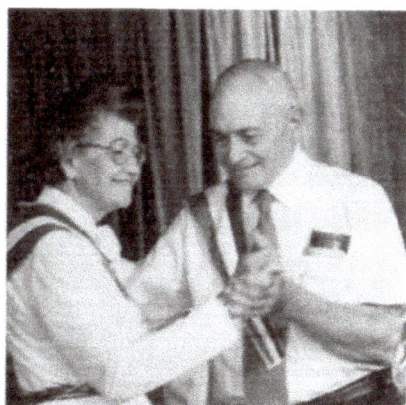

Louis Mei e la moglie, Amarina Mei

Florinda Biagioli Pieralisi e suo cugino, Terry Baioni suonarono la fisarmonica durante i balli, 1995.

Negli anni Venti, una volta che le famiglie si erano sistemate ed avevano comprato delle proprietà attorno a Lake Village, si ricorda che un gruppo puliva per bene una vecchia casa colonica per fare delle feste. Allora, i Mazzanti, Nicolini, Pambianchi, Rocconi, (e in seguito) gli Alpe, si riunivano a ballare la danza popolare italiana "La Saltarella" mentre Mondo Pambianchi e Primo Aureli suonavano la fisarmonica. A mezzanotte, andavano tutti a casa.

CURIOSITA': Ancona, in Italia, era il centro di produzione delle fisarmoniche.

I bambini della scuola St. Mary's ballano "La Saltarella" durante le celebrazioni del Centenario tenutesi i giorni 1-2-3 settembre 1995

CELEBRAZIONE SUNNYSIDE 1995

Zelmira Scucchi, Libby Olivi Borgognoni, Pat Scucchi e Paul Scucchi.

Delgizia Borgognoni Taylor, Corinne Borgognoni Rocconi e Ida Borgognoni Werner, 1995.

Suor Patrick Cingolani, Stella Alpe Grassi (sullo sfondo), Suor Annella Reginelli, e Suor Concetta Mazzanti.

Lisa Cingolani Reginelli, Ann Rossini Mazzanti, Suor Patrick Cingolani e Mafalda Cingolani Santucci.

Susie Landi Ferretti e Ned Fioranelli

Joe B. Mazzanti, Catherine Floriani Casali e Joseph Borgognoni.

SUNNYSIDE CENTO ANNI DOPO

*Sono andati in America, in un posto chiamato Sunnyside
lasciando le loro case e famiglie piansero e risero:
piansero perché forse non avrebbero rivisto più i loro cari
risero per l'eccitazione per quello che avrebbero trovato.*

*L'esuberanza era evidente: in America sarebbero andati!
molte opportunità essi aspettavano dalla generosa terra.
Hanno venduto i loro averi per pagare il viaggio;
le navi mercantili li portavano verso un ignoto destino.*

*Trenta giorni di duro viaggio tra bagagli ed animali,
sulla paura dell'ignoto prevalse la fede.
New Orleans, Greenville, Sunnyside, con vapori e traghetti,
a Sunnyside iniziava una nuova vita.
Case essenziali, clima insalubre, lavoro duro, giornate*

*lunghe;
le terre diventavano produttive,
la febbre gialla li devastava: morirono a migliaia;
pianti e grida si sentivano anche di notte.*

*Nella preghiera era il conforto,
uomini, donne e bambini esausti lavoravano il cotone,
pregavano per uscire da questa triste situazione.
L'amore per la famiglia era l'unica speranza.*

*Gente di fede, di valore, che credeva in Dio;
gente oppressa costretta a subire per una zolla di terra.
In America, a Sunnyside arriverà la fine,
per quelli che sopravvivranno la giusta ricompensa.*

*La perseveranza è stata la loro forza,
hanno risparmiato ogni centesimo per pagare i debiti,
divennero modelli da seguire invidiati ed applauditi,
devono tutto all'amore e all'orgoglio per i loro antenati.*

*Passeranno alla storia come un popolo abbandonato;
in tutto quello che facevano l'anima e il cuore mettevano.
Fede in Dio, amore per la famiglia, speranza infinita!
Una grande lezione che durerà per l'eternità.*

La poesia di Libbi Borgognoni, tradotta da Marco Jacussi, è tratta dal libro/documentario "Italians of Sunnyside 1895-1995," edito in occasione delle celebrazioni dei cento anni dalla fondazione della colonia di Sunnyside. Nella traduzione viene meno la rima, ma non il significato. Tenendo conto delle realtà descritte, sembra di ascoltare uno spiritual dove amore, odio, speranza e fede si fondono insieme. E' la voce della nostra gente che nelle piantagioni di cotone lungo il Missisipi, stroncata dalla fatica e dalla malaria e dagli inganni, ha lasciato la speranza e spesso la vita. I figli, i nipoti non lo hanno dimenticato.

Il libro, interamente scritto in inglese, corredato da fotografie e documenti originali, è stato portato in Italia dai sig.ri Alpe-Jacussi ospiti delle famiglie di Sandro, Mario ed Edoardo Jacussi loro parenti. A casa di Edoardo ho incontrato gli "americani"; lo scopo era quello di conoscere meglio i fatti successi nella piantagione di cotone di proprietà del Principe Ruspoli e del Sig. Corbin, cercando di dare continuità all'articolo de "il passaparola" del mese di giugno del 1996.

Giova ricordare che nel 1895-96, il principe Emanuele Ruspoli, insieme al socio americano Austin Corbin, aveva acquistato in Arkansas, lungo

il Missisipì, una rilevante quantità di terreno con lo scopo di coltivare cotone. Viene fondata la colonia di Sunnyside, ed il Principe, il quale risiede saltuariamente a Montignano, facilita l'emigrazione di intere famiglie residenti nella nostra zona. In seguito, per una serie di circostanze sfavorevoli ,morte di Corbin, calo del prezzo del cotone, il principe Ruspoli si ritirava dall'impresa, lasciando alla mercè degli eventi il popolo dei piantatori di cotone.

I ricordi più vivi sono quelli di Gloria Alpe-Jacussi, figlia di Antonia . Ha settantuno anni e parla esclusivamente inglese; ha partecipato alla rievocazione storica a Sunnyside, e, nonostante una imperfetta deambulazione, dovuta ad una grave malattia, è voluta tornare nel paese dei suoi avi.

Parla lentamente, tuttavia quando si toccano argomenti a lei cari, la sua voce è tagliente e piena di significative sottolineature. E' accompagnata da Angela, Misty sue nipoti e Clyde Rodgers, marito di Angela.

Per la traduzione ,come si suol dire, sono "in una botte di ferro" in quanto ho due interpreti: Don Natale e Marco. Don Natale Biondini di Ostra, parla un inglese perfetto; il sacerdote fa la spola tra Ostra e l'Arkansas. Marco Jacussi, laureato in farmacia, per ragioni di studio ha soggiornato a lungo negli States.

Gloria, tua madre è nata a Montignano, cosa ricordava del suo paese?

Quando è partita la mamma aveva otto anni, ricordava la grande miseria. Il paesaggio lasciato, fatto di colline e mare era rimasto dentro i suoi occhi, il volto dei suoi cari, nella mente. Nonostante le minuziose descrizioni, fatte anche di gesti, noi ragazzi non riuscivamo a capire. Una cosa mi è sempre rimasta nella memoria, ed ancora non riesco a dare una spiegazione; mamma parlava di donne che portavano brocche e ceste sulla testa. Sapessi quanto ho fantasticato!

E sulla colonia di Sunnyside?

Non bene. Anche in quel posto il lavoro era duro e pochi guadagni. Mio padre Alpe, di origine friulana, era nato a Sunnyside, parlava bene l'inglese, così abbandonò la piantagione. Aiutò tanti altri ad andare in altre località che permettevano un modo di vivere decente.

Dopo cento anni, i discendenti della terza e quarta generazione, si sono ritrovati a Sunnyside e Lake Village. Come si è inserito questo popolo nel tessuto sociale americano?

I discendenti godono di grande stima ed operano in tutti i settori. Per i sopravvissuti la colonia è stata il trampolino di lancio ed ha permesso di sviluppare le naturali potenzialità della nostra gente. Comunque siamo fieri della nostra origine e per questo ci siamo ritrovati. Una cosa mi rammarica:la tomba di mio fratello morto nella piantagione non esiste più ; il suo corpo è finito in una fossa comune.

Prima di partire quale opinione avevi dell'Italia?

Non precisa. Ero stata troppo condizionata dai "pacchi" che dopo la guerra mandavamo ai nostri parenti; io stessa aiutavo a confezionarli, mettevamo tutto: capi di vestiario, generi alimentari e giocattoli. In seguito gli americani che visitavano l'Italia descrivevano una nazione in ripresa.

ITALIANS SUNNYSIDE

CENTENNIAL CELEBRATION

OUR LADY OF THE LAKE PARISH HALL

SEPTEMBER 1, 2, 3, 1995
LAKE VILLAGE, ARKANSAS

Opuscolo della manifestazione per il Centenario

Sunnyside 1911 - Bambini italiani a scuola

Poesia per la celebrazione del Centenario tradotta in italiano e pubblicata dal giornale VOCI NOSTRE a Senigallia, Ancona, Italia.

Discendenti di italiani di Sunnyside

La progenie più giovane al 100% italiana di Lake Village, Arkansas

Chris Pieroni, età anni 52 nel 2020

Nato il 1° febbraio 1968

Figlio di Ned e Virginia Cingolani Pieroni

1995

2021

Janet Reginelli Stapp, età anni 53 nel 2020

Nata l'8 aprile 1967

Figlia di Herman e Virginia Aureli Reginelli

1995

2021

Chris e Janet erano pure i più giovani discendenti diretti nell'anno 1995 quando ci furono le celebrazioni del Centenario. Ambedue avevano, allora, 27 anni.

I discendenti diretti italiani più vecchi di Lake Village, Arkansas

La coppia più vecchia

Tony Borgognoni, anni 90
Nato il 6 febbraio 1931

Elizabeth "Libby" Olivi
Borgognoni (86)
Nata il 28 ottobre 1935

Si sposarono il 5 novembre
1956
(65 anni di matrimonio
al momento di questa
pubblicazione)

L'uomo più vecchio

Fiore Mazzanti, anni 95
Nato il 21 aprile 1926

La donna più vecchia

Louise Catalani Mazzanti,
anni 95
Nata il 16 aprile 1926

Gli Italiani di Sunnyside e la Stampa

A partire dalle celebrazioni del Centenario del 1995, l'interesse verso l'emigrazione italiana nel sud degli Stati Uniti e nell'America rurale non ha fatto altro che crescere.

Reporter Italiani Ritrovano l'Italia a Sunnyside

Giulia Frigieri, Daniela Garutti e Paolo Battaglia fanno tappa a Lake Village nel corso di un tour di storia italo americana.

Nel 2013, Paolo Battaglia pubblicò *Explorers Emigrant Citizens: Visual History of the Italian American Experience* nella collezione della Library of Congress (Biblioteca del Congresso). Mentre stava lavorando alla compilazione del libro, si accorse che qualcosa non quadrava con la sua conoscenza dell'immigrazione italiana negli Stati Uniti. C'era più immigrazione nell'America rurale di quanto gli avessero insegnato. Decise quindi di pubblicare un seguito, *Italian American Country: Finding Italy in Small Town America.*

Nel 2014, Paolo Battaglia, autore del progetto di ricerca "Finding LaMerica", pianificò un tour storico per trovare l'Italia in "Small Town" USA. Il viaggio doveva coprire 6.000 miglia ovvero oltre 9.600 chilometri con visite programmate in quindici o più cittadine lungo la strada. Con lui, Daniela Garutti (Storica, social media reporter, e regista), e Giulia Frigieri (fotografa, antropologa e giornalista).

Il 13 ottobre 2014, i tre si ritrovarono nel mezzo di una terribile tempesta. Il gruppo si rifugiò presso il centro di informazioni turistiche di Lake Village, Arkansas. Siccome venivano dall'Italia fu loro suggerito di chiamare i Borgognoni (Era stata Bev Cortiana-McEuen di Tontitown a suggerire a Paolo di fare tappa a Lake Village mentre erano in viaggio per andare a una presentazione programmata a Tontitown).

Tony e Libby Borgognoni estesero la loro abituale ospitalità e invitarono Paolo e le sue compagne di viaggio a casa loro. Libby chiamò con entusiasmo alcuni discendenti italiani della piantagione di Sunnyside (di coloro arrivati nel 1895 per coltivare il cotone per Austin Corbin) per incontrare il gruppo di Paolo. Il tempo era ancora minaccioso e così arrivarono soltanto quelli in grado di muoversi in sicurezza durante la tempesta. La riunione pomeridiana si dimostrò così appassionante e istruttiva che il gruppo decise di pernottare in un motel vicino.

La conversazione fu animata, Paolo, Daniela e Giulia proclamarono di non essersi mai imbattuti in condizioni meteorologiche così estreme (un tornado a Vicksburg con pioggia torrenziale e grandine) che li avevano costretti a fermarsi in diversi posti durante il viaggio da New Orleans a Lake Village mentre erano diretti a Tontitown.

Quel venerdì sera al gruppo fu offerta una cena italiana preparata da Regina del Pasta Shop e Libby Borgognoni. Il mattino seguente, 14 ottobre 2014, proseguirono per Our Lady of the Lake – Church and Italian Museums di Lake Village, indi ritorno a casa dei Borgognoni. Continuarono a fare visite e raccogliere informazioni da un gruppo di italiani che li stavano aspettando.

I discendenti italiani di Lake Village che parteciparono furono: i Borgognoni, Catherine Grassi Haverkamp, Mary Pieroni McIntosh, Vincent & Randy Pieroni, Jerry Mazzanti, Gloria Mazzanti Morara, Frank Casali, Santo Olivi, Regina DeAngeli Moyer, Lena Floriani Sampoalesi, Tim Sampolesi, Sandra Mazzanti, Steve Ferri, Butch Sabbatini, e Mike Pesaresi jr. Tutti condivisero i loro ricordi con Paolo, Daniela e Giulia. Attraverso il dialogo, il cibo, le fotografie, la famiglia e le tradizioni, i reporter italiani furono in grado di capire quanta Italia continuava a vivere in questa comunità.

***

Il viaggio di quasi 6.000 miglia (oltre 9.600 chilometri) durò 35 giorni attraverso 25 stati. Tutto questo culminò nella produzione di un bellissimo libro (scritto da Paolo Battaglia e pubblicato da Anniversary Books) dal titolo, *Italian American Country: Finding Italy in Small Town America (Trovare L'Italia nella Provincia Americana)*. Il libro fu pubblicato e distribuito in America e in Italia sia in inglese sia in italiano dando un meritato riconoscimento agli italiani della "Old Country." (Italia - Il Paese d'origine)

THE ECONOMIST VIENE VISITARCI

Nel maggio 2017, Andrew Miller, corrispondente della rivista *The Economist* pubblicò un pezzo su Lake Village e Tontitown dal titolo "Moses of the Ozarks: The Parable of the Italians in the South" (Mosè negli Ozarks: La Parabola degli Italiani nel Sud") che attirò un grande interesse verso le due comunità in questa pubblicazione internazionale. L'articolo si concentrava su Padre Bandini e raccontava l'improbabile storia dell'immigrazione italiana in una regione conosciuta quasi esclusivamente per la sua storia di tensioni tra i negri e i bianchi americani. Il lavoro di Miller procurò ulteriore attenzione verso gli italiani di Sunnyside e i loro discendenti.

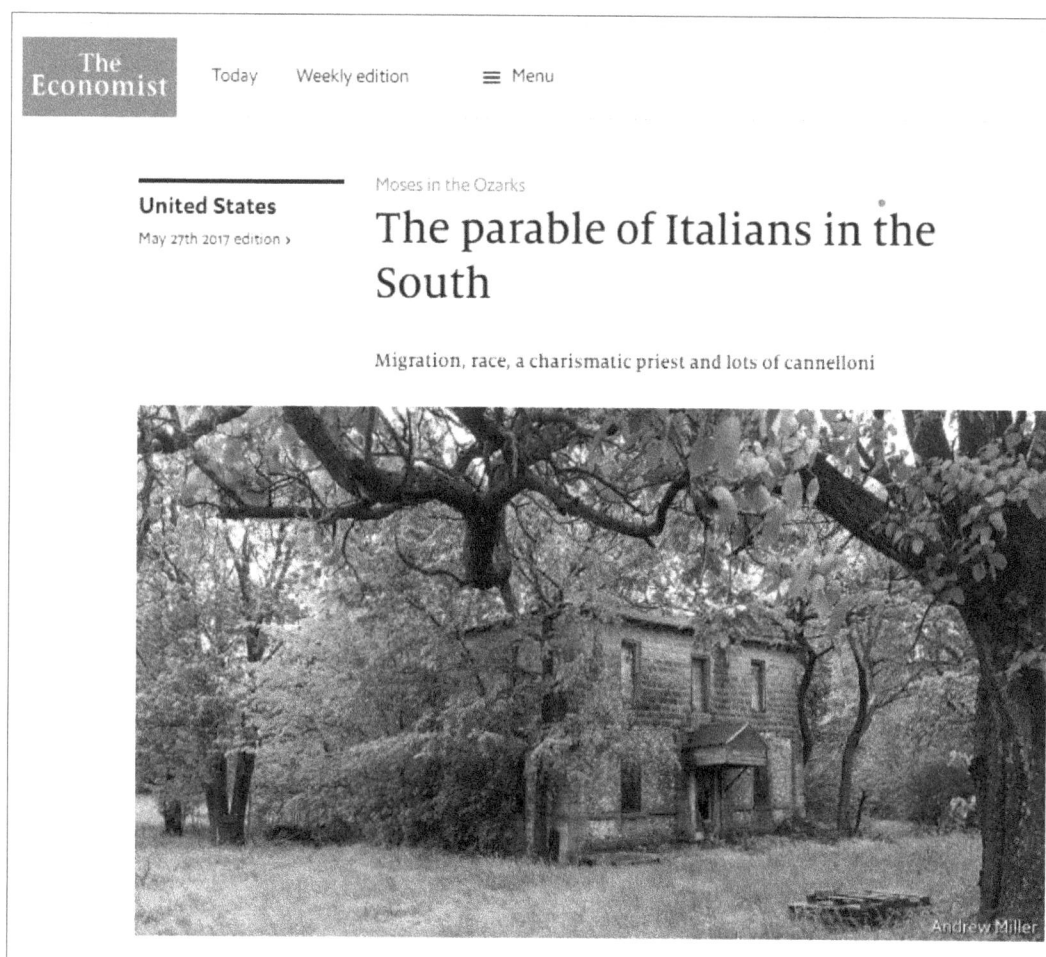

La Parabola degli Italiani nel Sud
Migrazione, razza, un prete carismatico e tanti cannelloni

Italians of Sunnyside Foundation

a cura di Anthony Borgognoni

Conservare l'eredità culturale per le generazioni future

Più di un milione di italo americani hanno le loro radici in questa prima colonia italiana in America, fondata a Sunnyside, Lake Village, Arkansas. Purtroppo, la stragrande maggioranza di questi discendenti è completamente all'oscuro di questa eredità. Fortunatamente, la tecnologia è oggi in grado di mettere a portata di mano i dati degli antenati e di contribuire a preservare le nostre preziose storie italiane per le generazioni future. Il nostro obiettivo a lungo termine è l'identificazione di tutti i nostri antenati che hanno fatto parte della storia di Sunnyside, e quindi di collegarli con ogni discendente.

La Italians of Sunnyside Foundation (La Fondazione degli Italiani di Sunnyside), non - profit e approvata dall'IRS (Agenzia delle Entrate), è stata creata per condividere questa storia così ricca, non soltanto per noi, ma anche per le prossime generazioni. Ci dedichiamo alla conservazione dei moltissimi documenti storici, oggetti, memorie familiari, e cimeli che ci permettono di ripercorrere le orme dei nostri antenati. Inoltre, perseguiamo l'obiettivo di mantenere le tradizioni e gli usi della nostra cultura. Queste comprendono la nostra cucina, canzoni, musica, lingua, danze, vinificazione, norcineria o arte della lavorazione delle carni suine, fede e tradizioni spirituali. Tra l'altro abbiamo il grande compito di salvaguardare le località originali dove i nostri antenati hanno vissuto e faticato. Questi luoghi straordinari sono quelli dove i nostri antenati sono andati a scuola, hanno coltivato, pregato in chiesa ed ora riposano nel sacro suolo dei nostri cimiteri italiani.

Eminenti storici italiani e accademici provenienti da tutti gli Stati Uniti hanno studiato questa epica storia americana. In molti hanno esplorato questo argomento, e molti ancora desiderano farlo. La Fondazione spera di poter agevolare tutte le iniziative per studiare e ricordare i memorabili avvenimenti dei nostri antenati a partire dalla colonia originale di Sunnyside fino a tutte le comunità derivate attraverso gli Stati Uniti.

La nostra Fondazione ha un grande bisogno di volontari. Vi invitiamo ad aiutarci soprattutto se siete bravi in graphic design, editing, editoria, fotografia, social media, video/film, ricerche genealogiche, antropologia, storia, curatela di musei e raccolta fondi.

Le opportunità sono grandi ma le nostre risorse sono limitate. Unitevi, per favore, ai nostri discendenti facendo una donazione alla Italians of Sunnyside Foundation, un'organizzazione non – profit, approvata dall'IRS (Agenzia delle Entrate), 501 (c) (3). Non dimenticheremo i nostri genitori, nonni e bisnonni. Dobbiamo conservare la loro eredità, tradizioni, cultura e storia per le generazioni future.

Le donazioni possono essere spedite direttamente all'indirizzo qui sotto, o potete chiamare e dare un contributo per telefono con la carta di credito. I contributi online si possono effettuare con il link qui sotto per il quale riceverete una ricevuta detraibile dalle imposte.

Un grazie infinito per il vostro aiuto nell'onorare l'eredità dei nostri antenati.

Anthony e Gina Borgognoni
Co-Executive Directors (Condirettori Esecutivi)
Italians of Sunnyside Foundation
1904 South Lakeshore Drive
Lake Village, AR 71653
Tel: 214-718-4848
Italiansofsunnyside@gmail.com
Italiansofsunnyside.org

Altre Pubblicazioni sugli Italiani di Sunnyside

Scrittori popolari e accademici hanno dedicato particolare attenzione a Sunnyside, ai suoi discendenti, alle loro comunità, e all'impatto permanente di ciò che ebbe inizio nel 1895.

Battaglia, Paolo. *Explorers Emigrant Citizens: Visual History of the Italian American Experience in the Collections of the Library of Congress*. Anniversary Books, 2013.

Battaglia, Paolo. *Italian American Country: Finding Italy in Small Town America*. Anniversary Books, 2019. *(Trovare l'Italia nella Provincia Americana)*.

Boehm, Randolph. "Mary Grace Quackenbos and the Federal Campaign against Peonage: The Case of Sunnyside Plantation." *Arkansas Historical Quarterly* 50, n 1 (Primavera 1991):40-59.

Canonici, Paul V., *The Delta Italians: Their Pursuit of "The Better Life" and Their Struggle Against Mosquitoes, Floods, and Prejudice*. P.V. Canonici, 2002.

Canonici, Paul V., *Delta Italians*, Vol. II. P.V. Canonici, 2013.

Canonici, Paul V., *La Befana: The Italian Christmas Legend*. P.V. Canonici, 2012.

Gatewood, Willard, "Sunnyside: The Evolution of an Arkansas Plantation, 1848-1945." *Arkansas Historical Quarterly 77*, n. 4 (Primavera 1991): 5-29.

Howard, Rebecca A. "Sons of Columbus: War and Assimilation in Tontitown, Arkansas." *Arkansas Historical Quarterly 77*, n. 4 (Inverno 2018):355-80.

Jackson, Jessica Barbata, *Dixie's Italians: Sicilians, Race, and Citizenship in the Jim Crow Gulf South*. Baton Rouge: Louisiana State University Press, 2020.

Lemke, W. J. and Pietro Bandini: The Story of Tontitown, Arkansas. Washington County Historical Society. (Bulletin Series, n. 44). Fayetteville, Ark.: Washington County Historical Society, 1963.

Milani, Ernesto R "Peonage at Sunnyside and the Reaction of the Italian Government." *Arkansas Historical Quarterly* 50, n. 1 (Primavera 1991): 30-39

Rothrock, Thomas. "The Story of Tontitown, Arkansas." *Arkansas Historical Quarterly* 16, n. 1 (1957): 84-88

Stibili, Edward C. *Pietro Bandini: Missionary, Social Worker, and Colonizer, 1852-1917,* New York: Scalabrini International Migration Network, 2016.

Whayne, Jeannie M., ed. *Shadows Over Sunnyside: An Arkansas Plantation in Transition, 1830- 1945.* Fayetteville: University of Arkansas Press, 1993. (Collezione curata da Jeannie Whayne, tratta dall'edizione di Primavera 1991 dell'*Arkansas Historical Quartely* con commenti aggiuntivi).

Wyatt-Brown, Bertram: "Leroy Percy and Sunnyside: Planter Mentality and Italian Peonage in the Mississippi Delta." *Arkansas Historical Quarterly* 50, (Primavera 1991): 60-85.

Young, Susan, ed. *Memories I Can't Let Go of: Life Stories from Tontitown, Arkansas:* Farther Along Books, 2012 (*Memories I Can't Let Go Of: Life Stories from Tontitown, Arkansas. Storie di Vita da Tontitown, Arkansas, 2020*)

Young, Susan, *So Big, This Little Place: The Founding of Tontitown, Arkansas, 1898-1917,* Tontitown, Ark.: Tontitown Historical Museum, 2009. (*So Big, This Little Place. Questo Paesino così Grande, "La Fondazione di Tontitown, Arkansas, 1898-1917., 2020*)

Informazioni sull'autrice

Libby Olivi Borgognoni è figlia e nipote di immigranti italiani che a Sunnyside hanno tenuto duro. È lei che ha organizzato la celebrazione del Centenario dell'arrivo degli italiani di Sunnyside nel 1995, e pubblicato nel medesimo anno la prima edizione di questo libro.

Decenni prima, nel 1956, ha sposato Tony Borgognoni, figlio di italiani immigrati a Sunnyside. A partire dal 1969, per oltre 50 anni, Libby ha raccolto la più ampia collezione di documenti ed oggetti per conservare il patrimonio culturale di questa storia così avvincente. In quanto fondatrice e curatrice, lei e Tony sono stati la forza trainante nel creare e gestire i musei della chiesa e degli italiani (Our Lady of the Lake – Church and Italian Museums) di Lake Village, Arkansas. Attualmente Libby à la storica emerita della Italians of Sunnyside Foundation.

La famiglia di Libby: 4 generazioni di italiani
Nata nel 1935, fotografata nel 1936

1938. Lingua madre, l'italiano

A 10 anni, completamente
immersa nella
cultura italiana

1964, a 34 anni
Comincia la raccolta del
patrimonio culturale

1995 – Un giro in
gondola a Venezia, Italia

2021 – Storica emerita

Italians of Sunnyside Foundation
Il lavoro e la gioia continuano

Appendice

Versione originale in inglese dei documenti tradotti

FEBRUARY 15, 1894 150 CONVICTS BELONGING TO ARKANSAS PASSED DOWN RIVER SUNDAY TO SUNNYSIDE

JANUARY 26, 1895 IT IS AUTHORITATIVELY STATED THAT MR. AUSTIN CORBIN OF NEW YORK, HAS SOLD HIS SUNNY SIDE CHICOT COUNTY ARKANSAS PLANTING PROPERTIES TEN MILES BELOW GREENVILLE TO 250 ITALIAN FAMILIES

DECEMBER 1, 1894 SALE SUNNYSIDE PLANTATION

NOVEMBER 27, 1895 SUNNYSIDE PLANTING COMPANY ARE GOING INTERESTED COLONIZATION BUSINESS GOOD ERNEST . THERE ARE NOW 700 ITALIAN SETTLERS ON WAY TO NEW ORLEANS FROM GENOA

JULY 9, 1896 FROM SUNNY SIDE ARKANSAS JUNE 30 CLOSEING EXERCISES OF SCHOOL AND 1ST PICNIC OF THE ITALIAN COLONY - LONG ARTICLE **GET COPY**

APRIL 2, 1898 "SUNNYSIDE"

DECEMBER 17, 1896 SUNNY SIDE, ARKANSAS DANCE DECEMBER 10TH

Vedere le traduzioni in italiano a pagina 45

SYNOPSIS

Austin Corbin, a banker and owner of the Long Island Railway, along with John C. Calhoun, grandson of a famous American statesman, incorporated in April 9, 1887 the Sunny Side Company which owned 10,000 acres of neglected lands in need of restoration around Lake Chicot. Austin Corbin was president. A small railroad was built to carry the cotton crops to the landing and ship them across the Mississippi to market in Greenville.

To solve the manpower shortage on Sunnyside, Corbin made a deal with Baron Saverio Fava of Italy and Alessandro Oldrini head of the Italian Bureau of Labor. They sent Emanuele Ruspoli, a landowner and politician to Sunnyside and eventually the SunnySide Company was set up for the recruitment of 100 families a year for five years.

The contract was made and the first group to arrive in New Orleans November 29, 1895 consisted of 98 families, 303 adults, 110 adolescents, and 127 children for a total of 540 passengers from the regions of the Marche, Emilia, and Veneto area of Italy.

June of 1896 they began their first crops, and then Corbin was killed by a team of runaway horses in a carriage accident.

The second group consisted of 72 families who left Genoa December 17, 1896 and arrived at Sunnyside January 5, 1897.

$160.00 per acre was the cost of the plots, 50-60% the price of the most productive land in the area. Primitive houses were overvalued at $150.00, etc.

Seventy-two died in the yellow fever epidemic the end of 1897. (44 children and 18 adults)

Some then left for Tontitown, Arkansas; Knobview, Missouri; Irondale, Alabama; and Shelby, Mississippi.

174 families shrank to only 38.

Others were lured to Sunnyside by Lessees with the help of a few Italians who took to gain.

By 1905 there were 127 families at Sunnyside.

By 1912 the number fell to 60.

By 1920 no Italians remained at Sunnyside although most of them still remained in the Lake Village area.

Vedere le traduzioni in italiano a pagina 56

The Sunny Side Company,
192 Broadway,
New York,

Left N.Y. onboard
SS. Tartar Prince
Ap. 9. 1898
for Genoa.

FAMILIES ASSISTED BY SUNNY SIDE COMPANY
TO RETURN TO ITALY.

Curzi,	Voyage expenses	$120,50	
	Cash	50,00	$170,50
Moruzzi,	Voyage expenses	90,00	
	Cash,	25,00	115,00
Paolazini,	Balance Voyage exp.		.51,00
Matteucci	" "		51,25
Campore	Fare to New York		59,00
Delpidio,	Cash		100,00
Piazza Ern.,	"		50,00
Alpe,	"		55,00
Pianalto Cel.,	"		15,00
Dalle Rive,	"		30.00
		Total.....	$696,75

P.S.- This list does not include several other allowances made to
them at the settlement of the accounts.

Vedere le traduzioni in italiano a pagina 94

Families gone to Springdale.

Alpe A.	Marangoni A.	Zulpo D. T.
Bariola G.B.	Olivari C.	Zulpo P.
Bariola P.	Parenti D.	Zulpo Tomaso

Aggregati

(x)Bisetti G.	Pianalto E.	Galante G.
Bastianelli P.	Pianalto D.	Ardemagni F.
Cichelero A.	Pirondelli F.	Corra' G.B.
Ceola R.	Pianalto C.	Morsani F.
Cortiana E.	Pianalto L.	
Degli Antoni D.	Piazza G.	
Degli Antoni S.	Papili G.	(x)Married with widow ELMI
Fabbri A.	Papili P.	x " " " Pianalto
Fabbri R.	Papili S.	
Fiori G.	Pozza G.R.	
Fiori P.	Penzo D.	
Fiori D.	Roso Gius	
Landi E.	Roso Giov.	
Ladetto F.	Rosa Z.	
Maestri P.A.	Serri S.	
Mattioli A.	Taldo Giov.	
Morsani A.	Taldo Gius.	
Mascagni A.	Tomiello G.	
" S.	Tessaro C.	
" L.	(x) Veruchi G.	
" E.	Zanni C.	
" Silvio	Zucconi L.	

Vedere le traduzioni in italiano a pagina 95

Families gone to Irondale,Ala.

Barbetti D

Barbetti L.

Brescaglia C.

Bai P.

Bernabei F.

Baruffi G.

Barbetti P.

Cati L.

Cobianchi G.

Delpidio (widow)

Baghini G.

Fiocchi A.

Goffredi G.

Gentilini G.

Celsi G.   *gone in 96*

Lorenzini P.

Lorenzini G.

Merli A.

Polmonari E.

Selva G.
Mattioli P.
Fiocchi C.
Tarozzi G.
Tarozzi & Fughelli

Leota, Miss.

Brunini (widow)

Contini F.

Dalle Rive P.

Mazzocchi A.

Santini O

Vivarelli G.

S u n d r y

Baccolini G.

Cumerlato I.   *gone (89) early*

Domenichini G.

Filippi A.

Franceschi G.   *d°*

Innocenzi V.   *d°*

Piazza M.

Patrignani G.

Pranzini G.B.

Venturi G. No.2

Vedere le traduzioni in italiano a pagina 96

Families gone to St.James, Mo.

Asnicar G.	Piazza A.
Asnicar F.	Spanevello Ant
Asnicar A.	Spanevello Aless.
Bettale A.	Spanevello M.
Brunetti P.	Sbabbo F.
Bruni L.	TIsato A.
Bacialli D.	Tessaro B.
Caprifogli A.	Trattenero Ant.
Contini P.	Traatenero Ang.,
Ederati G.	Tessaro G.
Guidici ni G.	Venturi G. No.1
✗ Ghibellini(sons)	Venturi E.
Lolli P.	Zulpo A.
Lenzi G.B.	Zulpo G.B.
Lovato G.	
✗ Malatesta M.	
Marchi S.	
Marchi P.	(x) returned to Sunny Side
Masotti E.	
Porgi M.	
Piazza F.	
Piazza A.M.	
Piazza L.	
Piazza P.	
Pezzalato G.	

Vedere le traduzioni in italiano a pagina 97

SUNNY SIDE COLONY, ARK.

O. B. CRITTENDEN & CO., Lessees,
COTTON FACTORS.

In the southeastern part of the State of Arkansas at a bend of the Mississippi River, a long narrow stretch of land is cut off from the outside world by a circular lake twenty-two miles in length which shapes itself into a horseshoe.

In the bed of the lake there are 16,393 acres of rich soil, - and of the many alluvial lands of the Mississippi delta regions, these are perhaps most famous for their fertility as well as for their poisonous fevers.

Sunny Side is in the eastern portion of this enclosure and is recognized as the largest Italian "Colony" of the South. Sometimes it is spoken of as a model of foreign settlements; but whatever has been said of the prosperity of Sunny Side, it is a complete failure as an Italian colony. It is simply a huge cotton plantation divided into four parts - Sunny Side, Hyner, Hebron, Fawnwood - in which Italians work for American bosses. "The rent system" is in operation at Sunny Side and "labor" is "held on contract."

Vedere le traduzioni in italiano a pagina 117

Rental Contract.

This contract made and entered into this day by and between O. B. Crittenden and Company, Landlord, and_____ Tenant, Witnesseth:—

That the said Landlord has this day, and does hereby lease and to farm let, for the year 19........, to said tenant, that certain tract of land comprising............acres, on the _____ Plantation, in Chicot County, Arkansas, which said tract of land has been pointed out to the said tenant by said landlord, and accepted by said tenant, as pointed out and defined by said landlord, for which said tenant agrees to pay to said landlord for the year 19........, a rental of $ ....per acre, aggregating $ ...., and the said tenant is to pay all of the indebtedness for monies, supplies, provisions, mules and implements which said landlord may furnish during the year, at prices to be agreed upon, but at current prices if no prices are agreed upon; and to secure the payment of the said rent and supply bill, in addition to the statutory liens provided by law, said landlord is to have a lien, with power of sale, upon the live stock and farming implements of said tenant, described as follows:

_____

_____   _____

_____

_____

and also upon any other live stock and implements which the said tenant may place upon said property during the said year; and in default of the payment of said indebtedness, when due; and in the event of the breach of the covenants and conditions of this contract, the landlord may take immediate possession of all of said property, and may sell it, at public outcry, to the highest bidder, for cash, at the front door of the Court House of Chicot County, or at some point on the leased property, after having first given ten days notice of the time, place and terms of the said sale, by notice posted on said leased property; and, at said sale, the landlord may become the purchaser. Out of the proceeds of the sale, shall be paid the indebtedness due to the landlord, and the balance shall be paid over to the tenant.

The tenant agrees to work the land leased, as directed by the landlord, and under his supervision, and to keep the ditch banks and turn rows weeded, and to gather all of the crops raised on said leased premises and to prepare the same for market. The cotton raised on said leased premises is to be delivered at the landlords gin at Sunny Side, Arkansas.

If the tenant fails or refuses to cultivate the land leased, as directed by the landlord, the landlord shall have the privilege of hiring, at the tenants expense, labor to cultivate said crop, or he shall have the privilege of terminating the lease, and taking possession of the property and crops, the tenant to be responsible for the rent of the land and for the supplies advanced up to the time, for the payment of which the security hereby given can be enforced.

It is agreed that all of the cotton and cotton seed grown by the tenant shall be handled by the landlord, the same to be paid for at current prices, the cotton to be bought by the landlord at prices agreed upon between him and the tenant, but, if the tenant so desires, the cotton is to be sold by O. B. Crittenden and Company, as Cotton Factors, for the account of the tenant, accounts of sale to be rendered to the tenant, and only the ordinary commissions charged other customers are to be charged said tenants. However, when the tenant has paid his entire indebtedness to the landlord, including his rent and supply bill, he shall have the privilege of handling said cotton, after it has been ginned, himself, and dispose of it as he may see fit.

The following rate of charges is agreed upon: The landlord is to gin the cotton, charging therefor 50 cents per hundred pounds of lint cotton, and................................ for the bagging and ties necessary to wrap each bale; and he is, if desired by the tenant, to haul all cotton to the gin. Where such cotton is hauled by wagon, a charge of..........cents per hundred pounds of lint cotton will be made; and where hauled by railroad, ...cents per

Vedere le traduzioni in italiano a pagina 127

hundred pounds of lint cotton. The charge for hauling the cotton from the gin to the landing is to be _____cents per bale, and the landing charge on cotton _____ cents per bale.

If the crops on said land have not been gathered at the end of the year, the tenant is to be allowed to gather them, and, for that purpose, is to have ingress to, and egress from, the leased premises, until he shall have the opportunity of gathering them, without paying additional rent therefor, but this right is not to interfere with the rights of the landlord to take possession of the house and premises.

This contract is written in duplicate, and in Italian and English.

Witness the signatures of the landlord and tenant hereto affixed, this_____day of_____ 190___ .

_____
                                            Landlord.

_____
Witness.

_____
                                            Tenant.

_____
Witness.

STATE OF ARKANSAS.
COUNTY OF CHICOT.

Be it remembered that on this day personally appeared before me,_____
a Justice of the Peace in and for the County aforesaid,

_____

to me well known as the tenant in the foregoing lease, and stated that he had executed the same for the consideration and purposes therein mentioned and set forth.

Witness my hand and official seal as such Justice of the Peace on this the_____day of_____ 190___.

_____
Justice of the Peace of Chicot, Arkansas.

il proprietario dovrà pulire il cotone a ragione di 50 cents per ogni cento libbre di cotone greggio e_____ cents per l'imballaggio di ciascuna balla e se desiderato dal fittaiuolo, il proprietario dovrà portare il cotone allo stabilimento. Pel cotone trasportato con carri_____ cents per ogni cento libbre di cotone greggio saranno pagatidel fittaiuolo, ese trasportato per ferrovia_____cents per ogni cento libbre di cotone greggio. Il prezzo pel trasporto del cotone dall'opificio allo scalo é di _____cents per balla, e le spese di sbarco sono di_____cents per balla.

Nel caso che la raccolta non fosse stata fatta per la fine dell'anno, una dilazione sarà accordata al fittaiuolo per raccoglierla, e a tale uopo gli sarà concesso il transito nella terra affittata finché avrà avuto l'opportunità di completare la raccolta, senza pagare altra pigione, ma questo privilegio non deve interporsi nei diritti del proprietario di prender possesso della casa e terra.

Questo contratto é scritto in duplicato, in Italiano e Inglese.

Testimoni alle firme del proprietario e fittaiuolo qui sottoscritti oggi_____ di_____ 190___

_____
                                          Proprietario.

_____
Testimoni.

_____
                                          Fittaiuolo.

_____
Testimoni.

STATO DI ARKANSAS.
CONTEA DI CHICOT.

Si fa noto che oggi personalmente si presentó davanti di me_____
giudice di pace nella Contea_____
a me noto quale fittaiuolo nel precedente contratto, e dichiaró di aver eseguito il medesimo per i termini e le condizioni in esso menzionati ed esposti.

A testimoni di che appongo qui la mia firma e il mio bollo ufficiale quale giudice di pace oggi li_____ di _____190___

_____
Giudice di pace della Contea di Chicot, Arkansas.

Vedere le traduzioni in italiano a pagina 128

5.   Amendments to 1907 Contract. Mary Grace Quackenbos negotiated with Percy and Crittenden.

AMENDMENTS.

1.   O. B. Crittenden and Company hereby agree to give the option to the tenant of disposing of his cotton in any one of the three following ways:

I.   The Company will buy the cotton in the seed at current prices. This must be bought at the gin. The tenant will pay the cost of transportation to the gin, or haul it to the gin, as he sees fit.

II.   The Company will buy the cotton after it is ginned and will pay the current price thereof to the tenant.

III.   The Company will sell the cotton for the tenant at the Greenville market realizing the best price for the tenant and charging him only the ordinary commission of two and one half percent (2 1/2%).

If the Company buys the cotton after it has been ginned (II) or sells it at Greenville market (III) the tenant agrees to pay for the ginning, bagging and ties.

2.   The Company agrees that the tenant or the Italian Government shall have a representative at Sunny Side at the gin, or at the store where all of the cotton sales are made, who can keep the tenants posted in regard to the current prices on list and seed cotton and who can advise with the tenants as to the method they shall pursue in disposing of their cotton. The Company agrees that this representative, or another, shall be present in Greenville where the cotton of the tenant is to be sold by the Company, said representative to discuss whether the price at which the cotton is sold is a fair price.

3.   O. B. Crittenden and Company agree that they will properly ceil the tenants' houses and make them weather-proof doing such repairs as will place them in this condition.

Vedere le traduzioni in italiano a pagina 129

4.   The Company agrees that an Italian doctor selected by the Italian Government shall practice medicine at Sunny Side, he to charge One Dollar ($1.00) per visit to the tenants. Where the tenants are unable to pay the doctor's fee in cash, the Company agrees to advance the money, charging the tenant 6% interest on such advances. The Company agrees to accept no rebate from the doctor and to pay to the doctor a monthly salary of Twenty-five Dollars ($25.) for actual subsistence.

5.   The Company agrees to distribute free of charge to the tenant any quinine furnished by the Italian Consul.

6.   The Company agrees that they will permit in Sunny Side two or more Sisters of Mercy or an Italian school teacher, selected by the Italian Government, to live on the Sunny Side property and have free intercourse with tenants for purposes of education, religion, nursing and advice. The Company agrees to furnish a house for said Sisters of Mercy or school teacher.

7.   The Company agrees that hereafter only a yearly interest shall be charged and that interest shall never in any instance be reckoned "flat" (which means interest on the amount and not annual interest).

8.   The Company agrees to advance to the tenants One Dollar ($1.) per acre for living expenses and to pay to the tenant from said amount twenty five percent (25%) in cash.

9.   The Company agrees to employ the tenants, so far as practicable, as day laborers, to work on the railroads, ditching, clearing land and picking cotton other than their own.

10.   The Company agrees to make no speculation on medicine sold by the doctor.

11.   The Company agrees to have groceries weighed in the presence of the tenant when requested by him.

12.   The Company agrees to have each purchase sold to the tenant marked by the storekeeper in a proper book to be kept by the tenant so that he may control the exactness of the monthly bills sold to his account, if the tenant so requests.

13.   The Company guarantees that it will use its best efforts to see that its resident managers and clerks at Sunny Side carry out the terms of this contract in honesty, kindness and consider-

Vedere le traduzioni in italiano a pagina 130

ation toward the tenant, and that all matters of controversy brought to the members of the firm will be heard and passed upon in accordance with what is right and just.

> Approved and to be adopted
> by
> O. B. Crittenden & Co.
>
> by Leroy Percy, Atty
> and member of the firm

> The Italian physician, and Italian cotton expert mentioned, have been promised by Sig. Siciliani Consul at New Orleans, now in Rome, etc. The Italian Government has promised to send its best quality of quinine free of charge. The question of Italian School I have taken up with Mr. Percy & the priest and I hope to see the Bishop while in Little Rock. The Corbin heirs will also be requested to deed part of land.

Vedere le traduzioni in italiano a pagina 131

Article in Arkansas Democrat Gazette, Sunday April 13, 1997

SHADOWS OVER THE DELTA

The Investigation

Randolph H. Boehm focuses on the investigation and particularly on the confrontation between Mary Grace Quackenbos, the first woman federal investigator, and Leroy Percy, one of the three Sunnyside landlords and a southern gentleman of the old school.

The decision to dispatch Mary Grace Quackenbos to investigate the Crittenden Company's operations would not have come at a worse time for the company. The three senior partners were Orlando B. Crittenden, a wealthy planter; Morris Rosenstock, a prominent Greenville merchant; and Leroy Percy, a lawyer, cotton planter and Delta political leader [who was the late writer Walker Percy's great-uncle. Walker Percy described Leroy, in *The Last Gentleman*, as a man who "knew what was what and said so and acted accordingly and did not care what anyone thought."] After investing their resources in encouraging Italian immigration to Sunnyside, the enterprise was in jeopardy. By the Spring of 1907 the plantation was beset with discontent among its immigrant tenants. Letters complaining of abusive treatment by the plantation managers and unhealthy living conditions had reached the Italian government with such frequency that the New Orleans consulate effectively closed off immigration to the entire Delta. A rash of absconding families after advances were paid to the tenants in the spring of 1907 caused Leroy Percy to worry

Courtesy of Libby Borgogognoni
Mary Grace Quackenbos

that if the exodus were not stemmed, it might end in the ruin of the entire plantation.

Enter Mary Grace Quackenbos. She was the product of a radically different environment—the great metropolis of New York—where she pioneered as a woman lawyer in the immigrant slums of lower Manhattan. She had single-handedly created the "People's Law Firm" in 1905 in order to supplement the work of the city's Legal Aid Society among immigrants, laborers and the poor in general. She subsidized this ambitious undertaking with her own modest inheritance and further demonstrated her commitment to see that justice was not denied to the poor by undertaking a dangerous private investigation of labor camps in the Florida, Alabama and Tennessee in 1906. Those camps were suspected of practicing peonage on immigrants lured from New York. On her return she presented the results of the investigation to the Justice Department and she so impressed Assistant Attorney General Charles Wells Russell that he moved to have her brought into the Justice Department as a special assistant United States attorney—the first woman ever assigned to a United States attorney's office.

Quackenbos' first strategy for investigating Sunnyside was to proceed undercover as she had in her peonage investigations in the southeastern states. The plan misfired badly, however, when one of the Italian-speaking detectives in her party was apprehended by the plantation managers and convicted of trespass by a local justice of the peace. Thus Quackenbos resorted to a second strategy. She approached acting Governor Xenophon O. Pindall and secured a letter from him to the O.B. Crittenden Company requesting the company to grant her admission to Sunnyside. Armed with the letter she visited Leroy Percy. Percy was as yet unaware of Quackenbos's earlier foray into Sunnyside and of the agent's arrest. Percy was initially impressed with the woman and welcomed her proposal for an investigation. He apparently thought an investigation would vindicate the Sunnyside operation. Quackenbos was also impressed with Percy and reported him to be "a man of common sense."

Vedere le traduzioni in italiano a pagina 133

Quackenbos was given the run of the plantation for several days, but apparently Percy grew alarmed about her activities and began to obstruct her investigation. Her interviews and her study of the Sunnyside account books disclosed widespread violations of the alien contract labor law, monopoly business practices by the company in buying and marketing tenants' cotton, price gouging on food and farm implements, substandard living conditions, serious health problems, profiteering on advances for medical care and a pervasive atmosphere of intimidation fostered by the walking bosses.

On the matter of peonage, Quackenbos was initially unsure. The vivid evidence of physical brutality and forced labor she found in the peon camps of the southeastern region was not readily apparent at Sunnyside. What she found was a more subtle system of intimidation in Arkansas. She wrote three increasingly authoritative reports on the Sunnyside Plantation for the Justice Department that highlighted every point of exploitation. She held out hope, however, that the plantation's business operations could be reformed, conferred with the Italian consulate in New Orleans and entered into negotiations with Leroy Percy and O.B. Crittenden to change the labor contract for the Sunnyside tenants. They initially responded by adopting some of the changes she suggested and Quackenbos even spent a social evening with the Percys in their home. But when Quackenbos investigated an allegation of peonage and recommended that O.B. Crittenden be indicted, the amicable relationship turned sour.

Opposition to the investigation took a strange turn when Quackenbos's legal portfolio inexplicably disappeared from her Greenville hotel—and turned up in the hands of Percy's close friend and political ally, the former U.S. congressman from the Delta, Thomas C. Catchings. The portfolio contained evidence that Quackenbos was developing a credible peonage case. Convinced that no local jury would convict Crittenden, Percy was concerned that Quackenbos might draft additional indictments against the Sunnyside Plantation managers for other acts. These managers would be more difficult to defend than his patrician partner and their indictments might be drawn in Arkansas, where his influence was less pervasive. Even more troubling was the prospect of a public relations disaster that would endanger his plan to reopen the Delta to Italian immigration. 6

Determined to force Quackenbos's withdrawal from the investigation, Percy drew on his personal relationship with President Theodore Roosevelt to achieve this goal. He met with Roosevelt in Washington, D.C., and successfully portrayed Quackenbos's emotional indignation—which was readily apparent in her reports—into an anti-feminist argument that she lacked judgment. He also charged that she had insufficient knowledge of plantation operations and had misunderstood and misrepresented them. Roosevelt sided with Percy and thus ended her investigation.

Randolph Boehm concludes his essay with an analysis of the shortcomings of Quackenbos's successor. The manuscript census returns for 1910 suggest that the Italian population of Sunnyside remained much at the same level as at the end of 1907. But the flood of 1912 practically wiped out the plantation and the Crittenden Company sold its interests in Sunnyside. The Italians bitterly opposed the new landlord's determination to change from a rental to a sharecrop system and refused to work on shares, which meant that the colony disintegrated.

Family illness -unable to pay debts

Vedere le traduzioni in italiano a pagina 134

"ITALIANS!

If you have parents or friends to be called to America, do not lose this great opportunity to buy the tickets from me, which tickets you can have at a great reduction.

I can sell you tickets for the steamer

MANILLA!

which starts from Italy in the month of August, for $45.30 with railroad fare paid to Greenville, Miss; but I will give you two dollars commission for each full ticket.

As you well know I can sell you the tickets for any steamship company and at lower prices and guarantee the protection of your passages.

Yours truly,

UMBERTO PIERINI,

Sunnyside, Ark.

P. S. If you have not money to send passage fares to your parents, I have the possibility of making them come here, with the understanding that they will place themselves to where they are assigned; lands of the most fertile and conditions the best."[17]

Vedere le traduzioni in italiano a pagina 135

From Sunny Side Arkansas.

Sunny Side, Ark., June 30th '96:

Yesterday was a memorable day for Sunny Side, the closing exercises of the school and the first picnic of the Italian colony took place.

A number of American ladies and gentlemen and a great number of Italians visited the school; all were much pleased with the progress of the children, during the short space of two months. The girls and boys read and spelled in the First reader, being able to read English very distinctly and transposed it into Italian, they also sang both in English and Italian. Much praise is due Miss Alma Parenti for the delivery of an address in english to the pastor, Rev. Father Bandini, the day being of St. Peter, his patron saint. On the whole the Sisters of Mercy are to be complimented on the advancement of the pupils.

The Sunny Side band accompanied the children and visitors on a special train from the school to the Sunny-Side picnic ground, where tables were laden with bread, fruit, lemonade etc., for four hundred people. Mr. and Mrs. W F Watkins were untiring in their efforts to make everything pass off pleasantly. The children received a bag of candy each, and went to enjoy the swings, seesaws etc., that were prepared for them, while the older ones indulged in tripping the fantastic toe. Everything passed off in such order and harmony that Americans and Italians agreed unanimously that they never enjoyed a more pleasant day.

Mr. and Mrs. Watkins are due. principally. for the full success of the picnic, and many thanks to them. Our many thanks are also extended to the Sunny Side Band, which is composed of the young members of the Italian colony. This was their first performance in public, and they played all day in such a manner as to merit the applause and admiration of Americans and Italians.

GREENVILLE TIMES 29 1896

Vedere le traduzioni in italiano a pagina 239

St. Mary's School

The Parochial School of St. Mary's was founded in 1908 by Father Matthew Saettele to provide a Catholic education for the children of the parish.

With money solicited and collected from many sources outside Lake Village, Father Matthew built a small home for the nuns who had come to teach at St. Mary's.

The school term, 1908-1909, was taught by the Olivetan Benedictine Sisters from Jonesboro, Ark.

Miss Kate Johnson of Lake Village taught from 1909-1910. In September 1910, the Benedictine Sisters from Shoal Creek, came to Lake Village to take charge of the school. These good Sisters have taught and supervised the school to this present time.

In the beginning classes were taught in the Church. In 1912 a schoolroom was annexed to the back of the Church, but with an increased enrollment it was necessary to provide more room to accommodate the added pupils, so a small frame house which had previously been built on the Church property for renting purposes was remodeled to suit the needs of a school.

It was through Father Galloni's foresight and under his supervision that in 1925, a new brick school was built complete with auditorium and four large classrooms to replace the old frame schoolhouse.

A spot check of enrollment records reflect the fluctuation in the number of pupils attending:

1910-11	19	1931-32	141
1912-13	12	1944-45	130
1921-22	77	1955-56	130
1925-26	105	1969-70	102

Following is the list of the Nuns who have served our school these many years — to them, our appreciation is everlasting.

1910-11 Sisters Bernadine, Rosalia, Vincent
1911-12 Sisters Louis, Catherine
1912-13 Sisters Louis, Catherine
1913-14 Sisters Louis, Catherine, Pauline
1914-15 Sisters Louis, Catherine, Pauline
1915-16 Sisters Catherine, Rita and Pauline
1916-17 Sisters Patricia, Pauline, Dorothy
1917-18 Sisters Patricia, Pauline, Magdalen
1918-19 Sisters Patricia, Julia, Magdalen
1919-20 Sisters Patricia, Julia, Magdalen
1920-21 Sisters Patricia, Julia, Magdalen
1921-22 Sisters Patricia, Liguori, Bridget
1922-23 Sisters Patricia, Liguori, Magdalen, Cecilea
1923-24 Sisters Patricia, Lawrence, Magdalen, Cecilea
1924-25 Sisters Patricia, Lawrence, Magdalen, Cecilea
1925-26 Sisters Patricia, Lawrence, Amata, Irene Schmidt
1926-27 Sisters Pauline, Jane Frances, Mary James, Magdalen
1927-28 Sisters Patricia, Jane Frances, Claudine, Magdalen
1928-29 Sisters Patricia, Jane Frances, Claudine, DeSales
1929-30 Sisters Patricia, Jane Frances, Claudine, Antonita, DeSales
1930-31 Sisters Patricia, Jane Frances, Claudine, Hilda, Pancratius
1931-32 Sisters Patricia, Hilda, Claudine, Pancratius

Vedere le traduzioni in italiano a pagina 245

1932-33 Sisters   Cunigunda,   Ernestine,   Hilda, Pancratius

1933-34 Sisters Cunigunda, Hilda, Winifred, Generose, Pancratius

1934-35 Sisters Cunigunda, Hilda, Winifred, Generose, Ferdinand

1935-36 Sisters Jerome, Cunigunda, Hilda, Generose, Pancratius, Winifred

1936-37 Sisters Cunigunda, Hilda, Roberta, Generose, Pancratius, Winifred

1937-38 Sisters Cunigunda, DeSales, Hilda, Roberta, Generose, Winifred

1938-39 Sisters Cunigunda, Hilda, Tarcisia, Generose, Winifred, Joan

1939-40 Sisters   Gregory,   Cunigunda, Tarcisia, Generose, Winifred, Joan

1940-41 Sisters   Gregory, Cunigunda, Liguori, Generose, Joan, Jeanne

1941-42 Sisters Ernestine, Liguori, Joan, Jeanne, Marcella, Generose

1942-43 Sisters Ernestine, Liguori, Joan, Jeanne, Marcella, Generose

1943-44 Sisters Ernestine, Geraldine, Generose, Joan, Jeanne, Marcella

1944-45 Sisters Ernestine, Geraldine, Generose, Joan, Jeanne, Marcella

1945-46 Sisters   Pauline,   Geraldine, Annunciata, Generose, Joan, Marcella

1946-47 Sisters Geraldine, Annunciata, Generose, Joan, Marcella, Rosemary

1947-48 Sisters Adelaide, Annunciata, Rosemary, Valeria, Angela, Benoit

1948-49 Sisters Julia, Annunciata, Romana, Rosemary, Mary Celeste, Angela

1949-50 Sisters Julia, Frances, Annunciata, Romana, Mary Celeste, Barbara

1950-51 Sisters   Julia, Romana, Hermana, Edith, Barbara

1951-52 Sisters Wilhelmina, Julia, Hermana, Barbara

1952-53 Sisters Wilhelmina, Julia, Hermana, Barbara

1953-54 Sisters   Wilhelmina,   Hermana,   Barbara, Christopher

1954-55 Sisters   Wilhelmina,   Hermana,   Barbara, Christopher

1955-56 Sisters   Wilhelmina, Rita, Hermana, Mary Linus

1956-57 Sisters   Wilhelmina, Rita, Hermana, Mary Linus

1957-58 Sisters Regina Marie, Rita, Hermana, Dismas

1958-59 Sisters Regina Marie, Rita, Hermana, Dismas

1959-60 Sisters Boniface, Regina Marie, Irma, Dismas

1960-61 Sisters Jeanne, Irma, Rosetta, Dismas

1961-62 Sisters Jeanne, Irma, Rosetta, Dismas

1962-63 Sisters Jeanne, Irma, Rosetta, Paul Ann

1963-64 Sisters Florentine (one-half year), Irma, Rosetta, Rebecca (one-half year), Paul Ann

1964-65 Sisters Eulalia, Irma, Rebecca, Agnes

1965-66 Sisters Eulalia, Rebecca, Agnes

1966-67 Sisters Jeanne, Patrick, Regina

1967-68 Sisters Jeanne, Patrick, Regina

1968-69 Sisters Jeanne, Patrick, Regina

1969-70 Sisters Jeanne, Patrick

In 1963, 1964 and 1965 because of the shortage of nuns at the Motherhouse, Mrs. James New aided the three sisters stationed here in teaching the third and fourth grades.

In 1965 continuing until the present Mrs. Francis Rossini took over these grades, and after the loss of another nun teacher in 1969, Mrs. John Mulligan was added to the staff, to teach English and Science courses.

Vedere le traduzioni in italiano a pagina 246

Indice dei Nomi

Notabene: I numeri di pagina in **grassetto** indicano
che in quella pagina c'è una fotografia della persona indicizzata

www.ingramcontent.com/pod-product-compliance
Lightning Source LLC
Chambersburg PA
CBHW080517030426
42337CB00023B/4545